儒家哲学研究丛书

山东社会科学院文化研究所主办

涂可国　主编

先秦儒家义利观研究

杨冬　著

中国社会科学出版社

图书在版编目(CIP)数据

先秦儒家义利观研究 / 杨冬著. —北京：中国社会科学出版社，2019.11（2020.6 重印）

ISBN 978-7-5203-5414-1

Ⅰ.①先… Ⅱ.①杨… Ⅲ.①儒家—义利观—研究—中国—先秦时代 Ⅳ.①B82②B222.05

中国版本图书馆 CIP 数据核字(2019)第 245549 号

出 版 人 赵剑英
责任编辑 冯春凤
责任校对 张爱华
责任印制 张雪娇

出　　版 中国社会科学出版社
社　　址 北京鼓楼西大街甲 158 号
邮　　编 100720
网　　址 http：//www.csspw.cn
发 行 部 010-84083685
门 市 部 010-84029450
经　　销 新华书店及其他书店

印　　刷 北京君升印刷有限公司
装　　订 廊坊市广阳区广增装订厂
版　　次 2019 年 11 月第 1 版
印　　次 2020 年 6 月第 2 次印刷

开　　本 710×1000　1/16
印　　张 14.25
插　　页 2
字　　数 232 千字
定　　价 88.00 元

序

义利观思想作为中国传统哲学中的一个基本价值范畴，集中反映了人们对涉及国家、社会、集体利益与个人利益关系问题的基本看法和处理态度。可以这样说，义利之辨贯穿了中国社会发展史的整个过程，既是古代思想家讨论的焦点，又渗透于中国现代经济活动、社会治理、道德生活等众多领域。

义利观思想是价值观的体现，本质上是一种价值选择。从个体而言，义利观广泛地涉及到人们的日常生产生活的各个方面，蕴含着人们对义、利及其关系的认识和取向，以及如何规范自己和对待他人的价值观念。从社会方面来讲，义利观彰显了社会生活中人际互动的基本价值准则和社会治理的基本价值诉求，对于形成良性的社会运行与社会治理具有重要的理论指导作用。从国家方面来讲，义利观标示出一国处理内政外交的伦理准则，对国家的治理、国际关系的把握具有关键的导向作用。那么，无论是个人还是社会、国家，妥善处理义利问题，都应树立和坚持正确的义利观，这就需要从古代典籍和思想中寻求有现代价值的思想智慧。

在不同的历史时期，不同的社会群体的需求存在差异性，特别是个体的谋求不尽相同，这使得人们对义利关系有不同的选择。历史长河中的各家各派秉持着立场不同、观念不同、路向不同的义利观，并随着历史的发展而不断衍变。不同的义利观在传统文化这一共同体中既相互冲突，又相互涵化。其中，儒家学派的义利观最具代表性和影响力，既是我国传统道德规范的基本原则和传统价值观念的重要内容，也是我国传统文化的重要组成部分。因此，讨论中国人的义利观在很大程度上离不开儒家义利观。

而以孔、孟、荀为代表的先秦儒家的义利观作为我国古代社会的道德规范和价值观念的源头和依据，为传统义利观奠定了深厚而凝重的理论基础，开启了中国传统义利观的篇章，对整个传统社会产生了广泛而深远的影响，对中华民族的生存和发展起过积极而又复杂的作用，直到今天仍然影响着人们的社会心理与公共选择。因而，我们有必要重温和回溯先秦儒家义利观，这对于新时代义利观的形成和发展、确立和完善都具有重大的现实意义和深远的发展意蕴，这也是此书作者杨冬写作的初衷。

《先秦儒家义利观研究》此书从“理论前提”“理论内容”“理论特质”“理论价值”四个方面对先秦儒家义利观进行论述和阐释，资料丰富，考辨翔实，比较完整地勾画出了先秦儒家义利观的发展脉络和理论系统。书中强调，剖析先秦儒家的义利思想，既要看到先秦儒家学派内部思想的继承与创新，还要看到先秦儒家与其他各派之间思想的融合与分歧。相比较囿于先秦儒家内部思想形成和发展的研究，这种综合的、全面的认识更具理论深度。作者还提出，审视先秦儒家的义利思想需将其嵌入流动的历史变迁中去，充分考虑其产生的独特语境，这不仅使我们对先秦儒家义利观的理解进一步丰满，而且能够深化我们对整个古代义利观的认识。

《先秦儒家义利观研究》此书的创新之处，在于作者注意到在孔子之前，“义”观念与“利”观念尚未构成一组哲学命题，故而梳理了“义”“利”字义的沿革流变，以解答“义”观念与“利”观念之关联性何以成立以及义利观思想何以形成的问题。作者总结出，“义”字由“宗教性”、“宗法性”发展至“自觉性”的概念演变路径，以及“利”字所包含的“中性”（人与自然的互动）和“义理”（人与人的互动）两层含义。进而作者认为，孔子对周代“德”观念的改造和“仁学”的发明，直接影响着“义”与“利”之关联性的成立以及其“义利观”思想的形成。只有在“义”字表现为它的第三层意义“自觉性”和“利”字进入“人与人互动”的视角时，“义”字和“利”字才会成为对应的价值概念出现。只有“义”字不再表示为一种固定的宗教仪式和“教条”式的行为规范，而是表达一种“自觉性”的追求自我完善及内在人格诉求时，才会真正地用来表达“人”的社会和“人”的世界，进而与“人与人互动”视角的“利”字产生关联和对应，形成一对价值范畴以供人探讨，这其实是孔子继承西周“人文转向”后的另一个思想突破，即，以“人文”的视角来解释和解决“人”的问题。从而，作者以此作为研究基础，对先秦儒家义利观思想与墨家、道家、法家义利观思想之间的异同性作出了比较和分析，并进而将先秦儒家义利观思想嵌入现代社会的研究视角当中，从当代的国家（德治与法治）、社会（公德与私德）、个人（权利与义务）三个方面对先秦儒家义利观思想作出了现代性的评述。作者的这种考察，不仅理清了义利之辨的形成以及演变的历史脉络，而且突出了先秦儒家义利观的学派特点和独特的历史价值，对于传统义利观思想的研究具有重要的学术价值。

《先秦儒家义利观研究》是杨冬在他的博士论文基础上反复修改而成，作为他的博士生导师，我深知此书写作的艰难，得闻此书即将出版，我倍感高兴，欣然接受了他的请求，为其作了这一篇书序。《先秦儒家义利观研究》是杨冬的处女作，从而既有学术活力的一面，也有学术稚嫩的一面，在文献整理、文字打磨和理论阐释方面有待进一步的改善和提升。同时，希望我的学生杨冬以此书出版作为新的学术起点，为新时代中国传统文化的创造性转化和创新性发展作出自己力所能及的学术贡献！

王杰
中共中央党校（国家行政学院）教授、博士生导师
中国实学研究会会长
2019 年 10 月 13 日于中央党校

目　录

前言

一　选题背景

“义利观”思想是中国传统文化的精髓与核心观念，贯穿于中国几千年的文明史中，指引着人们的道德行为和价值规范，先秦儒家“义利观”思想是其最主要的理论源头和重要的组成部分，对中国的经济、政治、文化等诸多方面产生了深远的影响。在当代，随着经济一体化和市场商品化的进一步发展，人们的道德意识并没有随之提升，相反是利己主义泛滥、价值规范失衡等问题不断出现，不得不让我们深思和反思社会的种种病态。所以，充分并辩证地运用先秦儒家的“义利观”思想去分析和解决社会问题，是当今国家和社会的一大课题。先秦儒家“义利观”思想通过在当代的发展，势必会对建设社会主义核心价值观、实现美丽“中国梦”、建立知荣知耻新型社会、提高国民素质和激发主体个人的道德风貌发挥巨大的作用。

二　先行研究——对先秦儒家义利观研究方式的探析

最早将“义”与“利”作为一对哲学范畴进行讨论的是儒家学派，“虽然‘义’的观念在孔子之前已经出现，但一般认为，只是在孔子那里，‘义’才成为一个重要的哲学观念。”① 儒家认为义、利关系是人类社会生活中的基本矛盾和主要问题，“义利之说，乃儒者第一义”②，孔子

① 张岱年：《中国哲学大纲》，中国社会科学出版社 2008 年版，第 386 页。

② 朱熹：《与延平李先生书》，《朱子全书》第二十一册，上海古籍出版社 2002 年版，第 1082 页。

说："君子喻于义，小人喻于利"[①]，开启了中国传统哲学中的"义利之辩"，从而也奠定了"义利之辩"的本质基础，即道德价值与功利价值何者应当成为人生和社会的基本价值取向。

对于先秦儒家"义利观"的研究，可谓是蔚为大观。在前人的众多研究中，笔者认为不只是观点各异，更重要的是研究方式的不同。研究方式不同，则导致研究视角以及侧重点不同，从而导致研究结果的不同。所以，笔者想通过对各家研究方式的辨析，对先秦儒家"义利观"问题的研究成果做一个系统的梳理。

1. 将先秦儒家"义利观"研究嵌入整部哲学史或传统文化论集中进行论述，只是把"义利"问题作为其理论基础或是理论依据的一部分，没有将"义利之辨"单独当作一个理论问题来进行论析。这样做的好处是将具体的"义利"问题放入一个大的理论框架之中，从历时性和共时性两方面入手，将"义利"问题做了清晰的论述。此种方式最大的优点便是在理论框架中进行各家的学术比较，并以此来发现新知。

比如张岱年先生在《中国哲学大纲》第四篇的第一章《义与利》以及在《中国伦理思想研究》第七章《"义利"之辨与"理欲"之辨》中对"义利"问题做了论述。张岱年先生对"义利"问题的阐述，是将"义利之辨"放在人生论研究和伦理思想研究之中，正如书中所言："《中国伦理思想研究》主要是选出伦理学史上关于重要理论问题的一些有典型意义的思想观点加以分析评论，借以表示进行伦理思想研究的方法。"[②]也就是说，"义利"问题的研究是为了"借以表示进行伦理思想研究的方法"，也正是在表述伦理思想研究方法的同时，对先秦儒家"义利"问题进行了论述。这样就形成了一种互生互补的关系，其规模宏大，令后学赞叹不已！

冯友兰先生的《中国哲学史》从理论高度以及各个学派的相互关系中阐述和分析了先秦时期的"义利观"思想。将先秦的"义利"问题以时间和人物为主线而展开，将时代背景和人物学术比较融为一体，令人一

---

① 李学勤主编：《论语注疏·里仁》，十三经注疏标点本，北京大学出版社 1999 年版，第 51 页（以下凡引该书，只标注书名、页码）。

② 张岱年：《中国伦理思想研究》，江苏教育出版社 2009 年版，第 1 页。

目了然。又如，侯外庐先生在《中国思想通史》中认为“孟子反对利、反对富，是有原则的。他的原则是什么呢？他的意思是说，当时社会求利求富的阶级关系超出了‘制度’所许可的范围。”① 对当时的“宗礼制度”和“血缘氏族制度”做了分析，提出其“义利”思想是在复兴“周制”的基础上所提出，所以不能对孟子的义利观泛泛而谈，要结合时代背景和儒家思想的内在逻辑去讨论和分析。侯外庐先生的“义利观”思想正是在宏大的理论构架中所体现出来的。

钱穆先生的《中国思想史》、任继愈先生的《中国哲学史》、萧公权先生的《中国政治思想史》、方东美先生的《中国人生哲学》等都是运用这种方式来阐述自己对先秦儒家义利问题的理解。从而为后学对先秦“义利”问题的研究奠定了坚实的理论基础，为我们指明了理论方向。无论在资料搜集、理论架构或是学理逻辑方面都为我们省了一大部分力气，“前人栽树后人乘凉”，此话不假！

2. 将先秦儒家“义利观”研究嵌入某一具体哲学问题中进行研究，在论述某一哲学问题时，将其进行清楚的辨析。具体的哲学问题可以是对一个人物或是学派的研究，也可是对一个哲学思想问题的研究。总之，这种研究方式表现各异，论题丰富，能够以点带面，又能化整为零。将“义利”问题作为某一具体哲学问题的一个基本要素和理论前提，进而对其进行充分的论述和辩证的分析。

比如黄俊杰先生的《孟学思想史论》一书第五章《义利之辨及其思想史的定位》，就是在研究孟子的背景下提出的。并将先秦儒家的“义利”思想与孟子的生命观、身心观、群己观和王道仁政思想相联系，互为前提进行研究，而不能偏废一方，将先秦儒家的“义利”思想纳入孟子的整个思想体系中进行考察，通过“研究孟子”这一具体论题而展开对先秦儒家“义利”思想的研究，从而确立了先秦儒家“义利”思想研究的理论前提——研究孟子的内在学理逻辑必须研究先秦儒家“义利”思想。将先秦儒家“义利”思想融入到“研究孟子”这个具体问题之中，才能通过“研究孟子”这个具体问题而与其他论题进行全方位的联系。

① 侯外庐、赵纪彬、杜国庠：《中国思想通史》第一卷，人民出版社 1957 年版，第 383 页。

在这一章中，黄俊杰先生从第二小节《孟子义利观的提出及其论辩的对象》到第三小节《孟子义利观念的源流：孔子的义利思想及其相关观念》、第四小节《荀子与先秦儒家义利思想的转折》再到结论《兼论先秦儒家义利观念演变的思想史含义》，其思想层层递进，以点带面，清晰地将先秦儒家义利思想的理论前提和理论依据展现出来，环环相扣。所以，这种研究方式可以为我们更加详尽地研究先秦儒家“义利”问题提供一种方法和视角。在这种互为前提和依据的理论架构中，更是会对先秦儒家“义利”思想做多视角、多维度和多层次的分析和阐述。

再比如，梁涛先生在《郭店竹简与思孟学派》中，通过出土文献“郭店竹简”对思孟学派的形成、学派思想特点及其影响作了详尽的分析和论述。通过对思孟学派的研究，梁涛认为：“‘义利之辨’之所以在儒家中占有如此重要的地位，不仅是因为涉及伦理学上道德与利益这一普遍问题，更重要的是，它还关涉政治学上权利与正义的问题。”[①]“儒家‘义利之辨’强调，政治制度和行为只有符合民众的普遍利益才是公正、合理的，反之，若只是满足少数执政者的私利，则是不公正、不合理的。”[②]梁涛先生对先秦儒家“义利”问题的分析，正是建立在对思孟学派的研究之上，将“义利”问题嵌入学派的研究之中，通过学派研究的深入而自然引出对“义利”思想的探析。看似是在论述思孟学派，却把先秦儒家的“义利”思想完整地呈现了出来。

另外还有牟宗三的《心体与性体》、徐复观的《中国人性论史·先秦篇》、小岛祐马的《中国思想：社会经济思想》、涩泽荣一的《〈论语〉与算盘》、田崎仁义的《中国古代经济思想及制度》、赵纪彬的《孔墨显学对立的阶级和逻辑意义》、孔繁的《论荀况对儒家思想的批判继承》、胡寄窗的《先秦儒家的经济思想》等著作和论文亦是用这种研究方式论述了先秦儒家的“义利”思想，并分别从一个学术问题出发，引出对先秦儒家“义利”思想的探析。比如胡寄窗的《先秦儒家的经济思想》，将先秦儒家“义利”思想研究嵌入到儒家的经济思想研究，指出义利观思想会涉及到物质与精神这一哲学根本问题，他在文中将孔子的“义利”

① 梁涛：《郭店竹简与思孟学派》，中国人民大学出版社 2008 年版，第 430—431 页。

② 同上书，第 434 页。

思想用伦理与财富这一对概念范畴来表述，认识到这一范畴对立统一的关系①。

此种研究方式所涉及的论文及著作较多，不再一一单列。

3. 将“义利”问题当作一个哲学概念或是价值范畴来研究，把“义利”思想研究作为一个相对独立的哲学问题思考。这样会深化对先秦儒家“义利”思想的研究，并通过对“义利”问题的研究，阐发出与其他哲学概念或是价值范畴的比较，正如张岱年先生在《中国观念史》中所说：“各个范畴之间又有包容、含蕴、区别、对立以及相反相成的关系”②。从通过“义利”问题这一“小树木”而见中国传统文化的“整片森林”。

例如，葛荣晋先生在《中国哲学范畴通论》中认为，“中国哲学所以不同于印度哲学，也不同于西方哲学，因为它有一套独特的哲学范畴思想体系”③，从而引出对“义利”问题的探析，将“义利”当作具有中国哲学特色的一对范畴。他还认为，“义”与“利”包含有两层意思：(1) 道德行为和物质利益的关系。(2) 动机和效果的关系。并对“利”做了“公利”和“私利”之分，对“义”做了“行为动机”和“行为效果”之分，其论述具体而微，凸显了“义利”问题的层次之分。将“义利之辨”分为三派：(1)“义利对立”，认为先秦的孔孟以及《大学》的作者均属于这一派，他们将“义”与“利”一分为二，主张“贵义贱利”和“以义代利”。(2)“义利合一”，认为先秦墨家属于这种派别，墨家在“利”的基础上将二者统一起来，提倡功利主义。(3)“义利兼顾”，先秦的荀子属于这种说法，认为在社会生活中，“义”、“利”皆不可去，但要“以义制利”。最后，葛荣晋先生认为在这三派之中，以孔子、孟子为代表的儒家正统学派，在中国古代历史上始终占据统治地位。也就是说，“贵义贱利”思想是其主流。

除了把“义利”问题当作哲学概念研究外，还有把它作为价值范畴来研究的方法，也就是从价值论的视角对“义利”问题进行探究。赵馥

① 胡寄窗：《先秦儒家的经济思想》，《教学与研究》1963年第1期。

② 王中江主编：《中国观念史》，中州古籍出版社2005年版，第5页。

③ 葛荣晋：《中国哲学范畴通论》，首都师范大学出版社2001年版，第6页。

洁先生在《中国传统哲学价值论》中便是用价值范畴这一方法对“义利之辨”进行研究，认为“义利是中国传统哲学中最基本的价值范畴，义利之辨贯穿于中国古代哲学的整个过程，渗透于社会生活的许多领域。”[①]在萧萐父先生为其作的“序”中便有这样的论述：“在中国，儒家重义轻利，墨家以利为义，道家尚‘自然’，法家重‘权势’，趣向有别，致使儒、墨、道、法诸家所认定的价值、价值取向、价值标准、价值目标、价值选择均有所不同，不同的价值观在传统文化这一共同体中即相互冲突，又相互涵化，并形成某种相反相成的互补结构，从而产生极为深广的影响。”[②] 正是将“义利”问题纳入了价值范畴研究，随着价值观念的不断变迁和价值理论的不断分层细化，必将为先秦儒家“义利”问题的研究提供更加广阔的视野。赵馥洁将“义利之辨”分为五种：（1）“重义轻利”，认为孔子和荀子是其代表人物；（2）“崇义非利”，认为以孔子为代表的一派儒家学者，虽然重“义”，但是并不完全排斥“利”的价值，只是在价值层次上认为“义”高于“利”，而以孟子为代表的儒家一派却将其极端化；（3）“崇利简义”，认为这种义利观在先秦以商鞅、韩非一派法家为代表；（4）“义利兼重”，认为墨家是这一派别的主要代表，并认为“义利兼重”是比较全面的看法；（5）“义利双弃”，认为老子和庄子是其代表。

在王中江先生主编的《中国观念史》中，亦是用这种研究方式对先秦儒家义利思想做出了解析。第一篇文章便是张岱年先生的《论古代哲学的范畴体系》，论述了哲学范畴研究的重要性。黄俊杰先生的《“义利之辨”及其思想史的定位》这篇文章被编排在“先秦编”板块。这篇文章在第二种研究方式中笔者已经提到过，但是这篇被编排到这个位置并不与先前的论述产生矛盾，因为两者所强调的重点不同，在这里是将“义利”问题当作一个哲学范畴来单独对待，并不是专门用来阐述孟子的思想或是用作孟子思想的理论前提。

另外，傅宗良在《先秦儒家义利论述评》中，将“义利”问题分为宏观和微观两个层次，分别从“义与礼”和“义是利的保障”两个方面

① 赵馥洁：《中国传统哲学价值论》，人民出版社2009年版，第205页。

② 同上书，第1页。

论述先秦儒家义利观思想[①]。张国钧在《义利范畴的三层内涵》中认为，义利范畴的研究和分析可以从多个方面进行展开，并从古文字学、价值观、伦理观三方面作了探索[②]。

苗润田在《“放于利而行多怨”——儒家义利学说再探讨》中认为，儒家的义利观思想之形成原因分为社会原因和思想原因，其“重义轻利”的思想是针对当时社会世风日下、人心不古、重利轻义而言的，具有强烈的时代背景，其理论诉求便是改变当时重利轻义的社会风气，以此来影响社会价值指向和构建社会伦理道德[③]。罗世烈在《先秦诸子的义利观》中认为儒家既重“义”也重“利”，特别是重“人民之利”。与有些学者不同的是，他认为墨家重“义”而不重“利”，墨家所强调的“利”其实是其“苦行”的“义”。张书印则在《先秦儒墨义利观的共同点及其借鉴》中认为先秦儒家义利观有三方面：均以“利”释“义”，“利”均指私利，“义”均指公利[④]。

涉及第三种研究方式的著作和文章还有很多，限于篇幅，不再一一论述。

4. 将“义利之辨”放入时代背景中进行研究，通过对传统“义利”思想特别是先秦儒家“义利”思想的研究，来探讨当代社会所出现的问题及解决问题的办法，是传统“义利之辨”思想在当代社会背景下的逻辑延伸和学理扩展。

有少数学者认为“义利之辨”在当代中国社会根本不存在或是已不符合当代社会的发展，吕世荣在《义利之辨的哲学思考》中指出：“‘义利之辨’毕竟是陈旧的古典课题和话语，以为它可以解决今日问题不外乎是一种由观念史观而来的‘预成论’的设定……”[⑤] 但是，多数学者认为义利之辨的问题在当代中国仍需进行研究，并赋予其时代内容。如王泽应在《义利之辨与社会主义义利观》中批判了义利之辨是“古老的陈旧课题和话语”的观点，指出“义利之辨是古往今来一切伦

① 傅宗良：《先秦儒家义利论述评》，《学习与思考》1982 年第 4 期。

② 张国钧：《义利范畴的三层内涵》，《人文杂志》1992 年第 3 期。

③ 苗润田：《“放于利而行多怨”——儒家义利学说再探讨》，《哲学研究》2007 年第 4 期。

④ 张书印：《先秦儒墨义利观的共同点及其借鉴》，《理论探讨》1990 年第 5 期。

⑤ 吕世荣：《义利之辨的哲学思考》，《哲学研究》1998 年第 6 期。

理学？寻求正确的价值观所必须开展的伦理思维活动，并分析了社会主义条件下的义利之辨，探讨了义利之辨与社会主义义利观之间的关系，认为只有通过义利之辨，才能真正形成义利并重和义利统一的社会主义义利观。"①

钱逊先生在《先秦义利之争》中认为，"义利关系问题，是我国思想史上一个重要问题。今天，这个问题又提到了我们面前。经济体制改革把怎样对待物质利益的问题提到了重要的位置，而对现实问题的思考，又推动人们回过头去，重新审查在这个问题上的传统观念。在这样的情况下，重温先秦时期关于义利问题的争论，是很有意义的。"②

刘舸在《义与利的本质和目前我国义利观建设的根本原则》中认为，义利观问题的研究，不能只从抽象的理论层面展开论述，而应该将其放入具体的时空中来探讨，"义与利作为不可分割的一对具体历史范畴，其本质是社会上层建筑与经济基础的另一概括形式，对义利问题只有用历史唯物主义进行审视才能得出科学结论。"③ 罗国杰《论新时期的义利观》指出，在社会主义市场经济条件下，正确的义利观应该是国家利益与个人利益的统一，是个人权利与义务的统一④。王泽应在《义利并重与义利统一》认为，要在新的历史时期，坚持和弘扬了把国家利益放在首位，同时又充分尊重公民个人的合法利益的社会主义义利观⑤。对于进一步发展和完善社会主义市场经济体制，促进全民族整体素质的提高，具有十分重要的理论和实践意义。黄亮宜在《社会主义义利观——面向21世纪的价值选择》中，重点论述了在社会主义市场经济的时代背景下该怎样建设当代义利观的问题⑥。欧阳润平在《义利观新论》中指出，义利关系结构是一个多维的系统，"义"包含公益、人道和公平，"利"包含私益、物

① 王泽应：《义利之辨与社会主义义利观》，《道德与文明》2003年第5期。

② 钱逊：《先秦义利之争》，《清华大学学报》1986年第2期。

③ 刘舸：《义与利的本质和目前我国义利观建设的根本原则》，《学术交流》2003年第4期。

④ 罗国杰：《论新时期的义利观》，《北京日报》1997年5月4日。

⑤ 王泽应：《义利并重与义利统一》，湖南人民出版社2001年版，第15页。

⑥ 黄亮宜：《社会主义义利观——面向21世纪的价值选择》，河南人民出版社2002年版，第2—8页。

用和效率，因此，具有三重含义的义与利对应构成公益与私益、人道与物用、公平与效率三重关系①。

涉及第四种研究方式的著作和论文较多，限于篇幅不再一一论述。

三 研究方式

以上便是对先秦义利思想研究方式的陈述。这四种研究方式的优点在文中已有表述，但它们亦具有某些不足之处。比如在第一种研究方式中，不能将先秦儒家“义利”思想作为一个独立的理论来进行阐述，否则会丧失“义利之辨”的某些理论价值，亦不能鞭辟入里地对“义利”问题进行剖析。有人会很自然地将“义利”问题当成一个论题来进行研究，笔者不禁要问，没有涉及和研究“义利”问题的理论前提即“义”与“利”之关系何以能成为论题？在第二种研究方式中，则容易受到所研究的学派或者人物等具体哲学问题自身所具有的理论特色影响，容易先入为主地给先秦儒家“义利”问题研究加上理论预设和理论前提，从而将“义利”问题研究局限于某一个具体哲学问题之中，使其研究没有很好地把握公正性和客观性。第三种研究将先秦儒家“义利”思想细化为一对哲学概念或是价值范畴来研究，虽然在研究深度和理论层次方面有所突破，但是笔者认为这种研究方式容易将“义利”问题的研究过度概念化，从而忽视了它具体的历史性。第四种研究方式，有赖于学者的深厚学术功力，否则便容易陷入过度诠释的误区，会用当代的问题和视角去解释和探析先秦儒家“义利”思想，从而丧失了先秦儒家“义利”思想的本真，有失学术研究的严肃性和客观性。

所以，通过对以上四种研究方式的论述，笔者在博士论文写作中会积极吸取其优势和优点，并尽量避免或是减少其中的缺陷，对以上四种主要的研究方式取长补短。

第一，逻辑与历史相统一的方法。要重视先秦儒家义利思想的内在学理逻辑，将先秦儒家义利思想作为一个单独的具体问题进行论述和探析，并赋予其理论前提、理论基础及其基本内涵。对先秦儒家的义利思想进行

① 欧阳润平：《义利观新论》，《求索》2000年第6期。

剖析和分层，既要看到先秦儒家与其他各派之间的思想同异，也要看到先秦儒家学派内部的思想同异，做到以点带面，全面而具体。还要将先秦儒家义利思想研究嵌入大的历史背景中进行阐述，在具体的历史背景下分析先秦儒家义利思想形成的原因及理论特色，而不是将先秦儒家义利思想孤立起来研究，从而扩大理论视角和理论维度。论文中既要有对先秦儒家义利思想的历史回顾，又要有对当前形势的分析，在回顾历史的基础上总结经验，从而为推进当代中国义利观的构建工作提供借鉴经验和对策建议。

第二，文献研究法。进行学术研究必须要参阅大量的文献资料，本文所依据的文献主要有两大来源：一是传统经典；二是理论界的相关研究成果。从而运用文献资料对先秦儒家义利观思想进行分析和阐释。

四 研究框架

先秦儒家义利观思想是先秦儒家的主要理论内容之一，亦是中国传统哲学主要哲学范畴、论题之一，其内容广泛、思想深邃、哲理丰富，很好地反映了先秦儒家以及中国传统文化的思想内核和理论面貌。本书主要探讨和分析先秦儒家义利观思想，侧重于在理论前提、理论内容、理论特质和理论价值四个方面对其进行论述和阐释。

理论前提。“义”观念与“利”观念在孔子之前的时期，两者不足以形成紧密的关联性，从而不可能构成一组哲学范畴或论题。故，本论文首先探讨先秦儒家义利观思想之理论前提的问题，即，“义”观念与“利”观念之关联性何以成立以及义利观思想何以形成的问题。笔者首先对“义”字和“利”字的字义演变作了梳理和阐释，总结出“义”字由“宗教性”、“宗法性”发展至“自觉性”的概念演变路径，以及“利”字所包含的“中性”（人与自然的互动）和“义理”（人与人的互动）两层含义。笔者进而认为，孔子对周代“德”观念的改造和“仁学”的发明，直接影响着“义”与“利”之关联性的成立以及其“义利观”思想的形成。因为，只有在“义”字表现为它的第三层意义“自觉性”和“利”字进入“人与人互动”的视角时，“义”字和“利”字才会成为对应的价值概念。只有“义”字不再表示为一种固定的宗教仪式和“教条”式的行为规范，而是表达一种“自觉性”的追求自我完善及内在人格诉求时，才会真正地用来表达“人”的社会和“人”的世界，进而与“人与人互动”视角的“利”字产生关联和对应，形成一对价值范畴以供人探讨，这其实是孔子继承西周“人文转向”后的另一个思想突破，即，以“人文”的视角来解释和解决“人”的问题。

理论内容。在本论文的第二部分内容中，笔者主要论述先秦儒家义利观思想的理论内容。承接第一部分对理论前提的论证，笔者在第二部分中主要阐述自孔子开启“义利之辨”后，先秦儒家义利观思想的理论发展，并以人物为主线：孔子、孔孟之间代表性（曾子、子游、子思）、孟子和荀子。在评述先秦儒家义利观的理论发展中，我们可以清晰地看到“义”观念和“利”观念在先秦儒家思想理论脉络中的发展和深化，并将“义利观”思想从不同的理论维度进行解析。如，曾子将其义利观思想分为“以利为利”和“以义为利”两个价值范畴；子游则在“天下为公”和“天下为家”两种政治模式下，发展了孔子的“义利之辨”；子思在前人理论基础之上，将义利观思想深化为“务内”与“主外”两种方法论的统一；孟子在“人禽之辨”和“王霸之辨”的理论框架内阐述了自己的义利观思想；而荀子则在“性伪之分”和“公义”论的价值指向中解析了何为义利观思想。总之，自孔子之后，先秦儒家义利观思想不断地得到发展和深化，并赋予了“义”字和“利”字更深的理论内涵，从而使两者的辩证统一关系在更为宏大的理论框架内得到论证和阐释，最终使“义”观念与“利”观念之辩证统一关系成为先秦儒家义利观思想的主要理论基调。

理论特质。在第三部分内容中，主要论述先秦儒家义利观的理论特质和思想特色。笔者主要通过三个方面对其进行论述：其一，先秦儒家义利观所体现的思维方式特点。如，重“和”的整体性思维方式、重“现实”的实用理性思维方式、重“天道”的实体性思维方式、重“反思”的内向性思维方式；其二，先秦儒家学派内部义利观之异同；其三，先秦儒家义利观思想与先秦各家（道家、法家、墨家）之比较。先秦儒家义利观思想正是在以上三个方面中，具体体现出自身学派所独具的理论特质，并在此理论特质中充分地展现了先秦儒家义利观思想的理论蕴含，进而让我们更为深刻地认识到其理论的发展历程和深厚底蕴。

理论价值。在第四部分内容中，笔者主要评估先秦儒家义利观的理论价值。其理论价值主要体现于对先秦哲学的贡献以及对当代的价值影响。

第四部分的内容，是对理论前提、理论内容和理论特质的总结，并尝试为先秦儒家义利观思想的“古为今用”提出理论路径，从而使其更好地服务于当下。

在本文的结论中，笔者主要论述了对先秦儒家义利观思想的评价、启示和局限性的解读。指出，“人”是“义”与“利”的统一，不可偏废一端。要借鉴先秦儒家义利观中“义”与“利”的辩证统一关系，在新时代背景下完成“道义”与“利益”的结合，既要将“道义”从“利益”的局限中发展出来，又要始终做到“以人为本”，尊重个体的合理之“利”，从而使“义”“利”统一于“人之为人”的价值指向当中。同时，亦要看到其理论的时代局限性，从而要求我们在新时代背景下对先秦儒家义利观思想作出新的解读和改造，以此促进国家、社会的秩序稳定、和谐运行。

第一章　义与利概念之历史演变

“义”、“利”观念贯穿于整个先秦儒家的学术思想之中，可谓是先秦儒家的主旋律。它涵盖了先秦儒家的“天人”观、“群己”观、“命力”观等主要哲学范畴或哲学概念，是打开先秦儒家密码的一把钥匙。所以说，不明了先秦儒家“义”、“利”观念的演变过程及内在逻辑理路，则不能很好地理解先秦儒家思想的内在精神和核心思想，更不能了解中华文明的发展历程及把握它的精神内核。中华文明历经数千年延续至今，有其必然的原因，就像一棵千年的参天大树一般，其存活的必要条件便是根茎枝叶之发达，阳光雨露之丰满，泥土地质之适宜。正是种种之条件和环境的配合，才塑造了生命力顽强的中华文明，让其经久不衰，这不能不说是人类文明史上的奇迹。笔者正是想通过对先秦儒家“义”、“利”观念的分析，从一个侧面反映出中华文明这种活泼的生命力和勇于突破的创造力。它必定不会被时代的浪潮所湮没，反而会在延续、创造和转化中不断地给我们输送精神的养分以及现实的指导和启示。

当我们面对一种思想理论或者哲学观念时，不能只是看到它们即成的“结果”，而且要清晰地看到其发展的“历程”；也不能只看到它们表面的文义，还要研究它们所蕴含的深层次缘由。从一个思想理论或者哲学观念的“历程”、“内在缘由”出发，我们才能发现其中的某些“蛛丝马迹”，将原本“碎片化”的东西重新拼接起来，从而构成一个完整的图景。形成一个完整的图景，并不是为了让某个思想体系变得更加“富丽堂皇”或者“气势磅礴”，而是让我们更好地了解它和应用它，从而更好地服务于当下。

第一节　“义”之字义流变

一　“义”的宗教性：殷商时期之宗教仪式

“义”字之甲骨文主要写为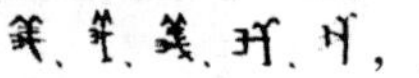，主要字形结构为+，为会意字。（我）字代表有利齿的戌，即一种武器①；（羊），即祭祀所用之牺牲。据陈梦家考证，现存的甲骨文资料中已表明当时人类已经开始豢养牛羊家畜，而“羊”因肉质鲜美且容易繁殖，故，“羊”成为祭祀仪式中常用的牺牲②。就目前所出土的甲骨文资料显示，甲骨文中的“义”字未有孔子以降的“宜”即“适宜”之说③，刘兴隆释“义”为地名和仪仗④，徐中舒释“义”为“善”或地名⑤。“义”字作为地名多以“义京”出现，据陈梦家考证，“卜辞的义京即宋地的义台”⑥。

那么，“义”字早期的字义究竟是什么意思呢？庞朴先生根据“义”与“宜”的相关性，并根据殷墟甲骨文及前人研究，认为“宜”为“俎”，进而释“义”为“杀”，认为“宜之本义为杀，为杀牲而祭之礼”⑦。“宜”即“宜祭”，如《尔雅·释天》谓：“起大事，动大众，必先有事乎社而后出，谓之宜”⑧，《尚书·泰誓上》云：“类于上帝，宜于冢土”，孔传：“祭社曰宜，冢土，社也”⑨ 中的“宜”皆指古代的一种重要祭祀仪式，在殷虚卜辞中亦是出现“宜牢”这种祭祀形式。

正如徐复观所讲：“一切民族的文化，都从宗教开始，都从天道天命

---

① 参见胡厚宣：《说》，吉林大学古文字研究室编：《古文字研究》第一辑，中华书局1979年版，第73页；徐中舒：《甲骨文字典》，四川辞书出版社2014年版，第1380页；刘兴隆：《新编甲骨文字典》，国际文化出版公司2005年版，第864页。

② 陈梦家：《殷墟卜辞综述》，中华书局1988年版，第556页。

③ 李孝定：《甲骨文字集释》，台北：“中央研究院”历史语言研究所1970年版，第3801页。

④ 刘兴隆：《新编甲骨文字典》，国际文化出版公司2005年版，第865页。

⑤ 徐中舒：《甲骨文字典》，四川辞书出版社1990年版，第1382页。

⑥ 陈梦家：《殷墟卜辞综述》，中华书局1988年版，第266页。

⑦ 庞朴：《儒家辩证法研究》，中华书局2009年版，第20—30页。

⑧ 李学勤主编：《尔雅注疏·释天》，第183页。

⑨ 李学勤主编：《尚书正义·泰誓上》，第273页。

开始”[1]，“义”字发展历程当然也不例外，在殷商宗教背景下而产生的“义”字，必会体现出其时代的特征。再加之“义”与“宜”、“宜”与“俎”的相联性，笔者认为，“义”字早期的宗教意味是可以肯定的，它在“宜”祭的仪式之中得到体现和完成，从而与“宜”相融相洽，这也验证自孔子以降，多将“义”与“宜”相联系和匹配绝非穿凿附会，只是意义发生了变化。

“义”字早期的宗教蕴含与当时殷商“率民以事神”所处的宗教文化背景相匹配，远古时期，人类的生产力和认知能力处于低级阶段，对于无法征服的自然环境充满了恐惧和敬畏，“自然界起初是作为一种完全异己的、有无限威力的和不可制服的力量与人们对立的，人们同它的关系完全像动物同它的关系一样，人们就像牲畜一样服从它的权力，因而，这是对自然界的一种纯粹动物式的意识（自然宗教）。”[2]自然界的“斗转星移”、“山泽风雷”、“寒暑更替”，现实生活中的“生老病死”、“分合离散”、“喜怒哀乐”让人们产生了困惑和焦虑，正如荀子在《荀子·天论》所描述，“星队（坠）、木鸣，国人皆恐”[3]。在“国人皆恐”的殷商时期，“天职”和“人道”往往是交杂而生、并行不悖。面对自然和人事而产生的疑惑、恐惧往往不从“我”（人道）出发寻找原因和解决问题的方法，而是寄托在外在于“我”的“帝”或“神鬼”，将自我意识融入到无休无止的奉神事鬼、卜筮祭祀、祖先崇拜的仪式当中，“殷墟卜骨数以万计，事无大小，都要请问鬼神”[4]，这种神秘的宗教气氛笼罩在殷商的政治结构和社会生活之中。从而将“我”之主体意识异化为种种宗教仪式，认为天上的秩序远比地上世俗秩序重要，而天上的秩序又是地上世俗秩序的投影。在殷墟卜辞中我们可以看到，当时的殷商人日日卜筮、事事卜筮，涉及范围之广，所用仪式之繁杂，所献牺牲之丰富令今人都瞠目结舌，表明殷商时期的卜筮和祭祀已渐趋规范化和秩序化。也正是在一次次的卜筮和祭祀之中，殷商人面对自然和人事所产生的疑惑、焦虑、恐惧被

---

① 徐复观：《向孔子的思想性格回归》，选自《新儒家学案》（下册），中国社会科学出版社1995年版，第608页。

② 《马克思恩格斯全集》第27卷，人民出版社1972年版，第436页。

③ （清）王先谦撰，沈啸寰、王星贤点校：《荀子集解》，中华书局2012年版，第306页。

④ 范文澜：《中国通史简编》第1编，人民出版社1964年版，第123页。

压缩到最低限度，使自我心理得到安慰和舒缓，又使人间的政治结构、社会生活安然有序，地上世俗的秩序与“天”（鬼神）一一对应，是一种“人”与“天”（鬼神）的互动和混杂，人们将自己与现实（自然）的关系转化成了“人”与“天”（鬼神）的关系，且在此关系中，“天”（鬼神）居于主导地位，至少人的内在自觉性处于萌芽阶段，并没有觉醒。

上文中所用的“天”是笔者为表达文义而用的抽象概念，“天”是西周时期才正式形成的思想观念，在殷商年代多用“帝”。在卜辞中多次出现“帝”字，如“帝令雨足年”（《殷墟书契前编》1·50·1）、“今三月帝令多雨”（《殷墟书契前编》3·18·5），“帝令”或“帝不令”已成为固定的句式，亦如《尚书》中的“予畏上帝”（《尚书·汤誓》）、“帝乃震怒”（《尚书·洪范》）等。“帝”在殷商时期具有绝对的至高权威，胡厚宣讲到：“殷代在武丁时就有了高高在上主宰着自然和人类一切命运的统一之神的宗教信仰。殷人相信在天上存在着一个具有人格和意志的至上神，名叫帝或上帝”[①]，侯外庐认为“殷代社会保存着氏族整体的制度，在观念世界亦当然呈现出氏族整体的全能一元神”[②]，进而认为殷商的先公先王并不是通常意义上的祖先，而是“先祖＝上帝”，但，陈梦家认为“上帝与人王并无血缘关系”，“殷人的上帝是自然的主宰，尚未附以人格化的属性。”[③] 围绕着“帝”的自然性与人格性以及“帝”与祖先的关系，有着诸多的争论和分歧。

原始的自然宗教信奉万物有灵，崇拜自然万物，如图腾崇拜、动植物崇拜、山川崇拜、性力崇拜。原始的自然宗教所信奉的对象主要是具体化的自然客体。同时，原始宗教相信巫术操控，对于看不见的神秘力量也会通过巫觋具体化为一种咒语、仪式或是肢体语言，从而将神秘力量通过人的视觉和听觉得以具体化，虽然殷商时期之宗教崇拜多神：

“一、天神：上帝；日，东母，西母，云，风，雨，雪

二、地示：社；四方、四戈、四巫，山，川

---

① 胡厚宣：《殷卜辞中的上帝和王帝》（上），《历史研究》1959年第9期。

② 侯外庐、赵纪彬、杜国庠：《中国思想通史》第一卷，人民出版社1957年版，第68页。

③ 陈梦家：《殷虚卜辞综述》，中华书局1988年版，第580页。

三、人鬼：先王、先公、先妣、诸子、诸母、旧臣”①

但值得肯定的是，殷商人已从自然神灵的崇拜和“万物有灵”的原始宗教信仰中取得了突破，从而抽象出“帝”的观念，再加之“祖先神灵化”思想的产生，已表明殷商人在“被动”地适应日月星辰、云风雨雪、山川河岳等自然现象而调节自身的同时，已将祖先（先公先王）置于“人（商王）”与“帝”之间，在殷墟卜辞中有“下乙宾于帝”（《殷墟文字乙编》7194）的表述。因为，在殷商的神灵观念里，地上世俗之事不能直接上告于“帝”，需由先王先公宾于“帝廷”、“帝所”从而向“帝”转告人间的种种请求，从而，使被神灵化的祖先去“调节”地上与天上的关系②，并通过各种规范化和秩序化的祭祀制度和占卜仪式来表达和预测自己（商王）的祈求。

笔者认为，正是因为殷商“天职”和“人道”交杂而生、并行不悖，先公先王又夹杂在“人（商王）”与“帝”之中，这便形成了“帝”——“祖先”——“人（商王）”三者所构成的宗教系统，三者不可分离而保持一种共生的关系，“上帝与先祖的分别并无严格清楚的界限，……殷人的‘帝’很可能是先祖的统称或是先祖观念的一个抽象”③，所以我们不能将其单独隔离而进行“帝”、“祖先”与“人（商王）”的区分，而应将这三者放入一个系统中进行研究。殷商的这种宗教系统论是对原始自然宗教的一种修正。

殷商人所崇拜的“帝”是自然属性和人格属性的结合，至少不是完全的自然属性，特别是殷商人（商王）将与自己具有直系血缘关系的“祖先”加入崇拜系统之中进行“人（商王）”与“帝”的沟通，“祭祖是殷代宗教中最重要、最隆重的活动”④，从而改变了原始自然宗教“对待神灵的方式实际上是和对待无生命物一样”⑤，已明显地在原始自然宗

---

① 陈梦家：《殷虚卜辞综述》，中华书局 1988 年版，第 561 页。

② 陈梦家认为，“帝”与人鬼的不同便在于他不直接接受人们的祈求，也不享用祭祀所献的牺牲，而先公先王不仅可享用祭品，还可直接接受人们对他的祈求，并影响上帝，从而风调雨顺。参见陈梦家《殷虚卜辞综述》，中华书局 1988 年版，第 361、580 页。

③ 张光直：《中国青铜时代》，生活·读书·新知三联书店 1982 年版，第 264 页。

④ 牟钟鉴、张践：《中国宗教通史》（上册），中国社会科学出版社 2014 年版，第 97—98 页。

⑤ ［英］弗雷泽：《金枝》，徐育新等译，中国民间文艺出版社 1987 年版，第 79 页。

教中添加了“人为的可操控性”的因素，不再将神灵作为无生命无人格的物体对待，也不再将神灵当作与己无关的神秘力量对待，而是把神灵与血缘结合在一起，从而满足自身心理的安全感和世俗政权的合法性。在当时原始氏族部落制为主导的时代可谓是一次重大的宗教改革，是对原始自然宗教“相似的联想”和“接触的联想”①的改造和突破，亦是原始巫术与原始宗教分离的开始，将与自身无切身关联且牵强附会的“相似联想”和“接触联想”转变为了与自身切身相联且有直系血缘关系的“帝——祖先——人（商王）”的宗教系统。这便是从“巫觋文化”到“祭祀文化”的转化②。

需要注意的是，商王“自己虽为政治领袖，同时仍为群巫之长”③，也就是说在殷商宗教系统的祭祀和占卜制度和仪式中，商王居于主导地位，是整个系统秩序化和规范化的主要制定者和操作者，即通过祖先的神灵化，与“帝”建立了血缘关系，从而保证自身世俗政权的合法性，以此达到自身权利的巩固和政权结构的稳定。在《尚书·盘庚上》有这样的记载：“古我先王暨乃祖乃父胥及逸勤，予敢动用非罚？世选尔劳，予不掩尔善。兹予大享于先王，尔祖其从与享之。作福作灾，予亦不敢动用非德”④，又如《尚书·盘庚中》的“古我先后既劳乃祖乃父，汝共作我畜民，汝有戕则在乃心！我先后绥乃祖乃父，乃祖乃父乃断弃汝，不救乃死”⑤，可见商王不但可以通过“宾于帝廷”的祖先向“帝”祈求所需，还可以通过祖先来影响天上的秩序，即可令“尔祖其从与享之”，又可“绥乃祖乃父”，从而使商王获得“天上”和“地上”秩序的控制权。在殷墟卜辞中亦有商王自称“余一人”的思想观念⑥，在《尚书》中亦有“听予一人之作猷”⑦的记载，意思是（你们）只能听从我一个人的（其他人的话不可听也不能听），集中体现了殷商时代的王权意识，这一至高

① ［英］弗雷泽：《金枝》，徐育新等译，中国民间文艺出版社 1987 年版，第 19 页。

② 陈来：《古代宗教和伦理：儒家思想的根源》，生活·读书·新知三联书店 2009 年版，第 112—113 页。

③ 陈梦家：《商代的神话与巫术》，《燕京学报》1936 年第 20 期。

④ 李学勤主编：《尚书正义·盘庚上》，第 232 页。

⑤ 李学勤主编：《尚书正义·盘庚中》，第 239 页。

⑥ 参见胡厚宣、胡振宇：《殷商史》，上海人民出版社 2003 年版，第 69—80 页。

⑦ 李学勤主编：《尚书正义·盘庚上》，第 234 页。

无上的“余一人”便是商王自己，任何人不可违背其命令，否则便会“罚及尔身，弗可悔”[①]。

原始宗教的人神关系经历了民神杂糅、民神异业及绝地天通三个阶段，由初期“任何人只要懂得用适当的仪式和咒语来巧妙地操纵这种力量，他就能够继续利用它”[②] 的“家为巫史”阶段，发展到形成了专门的“宗、史、祝、卜、巫”等职位机构，且商王在其中占据主导地位。通过对神权的垄断，达到了对世俗权力的操控，是当时氏族社会的特征，“原始宗教发展是为统治集团服务的国家宗教”[③]。即，从众多自然神灵之中得到了抽象的“帝”的观念，又在其中嵌入具有直系血缘的“祖先”崇拜，并形成和建立了专门的卜筮和祭祀阶层和机构，且由商王一人主导，垄断神权从而建立世俗的权威，通过规范化和秩序化的卜筮及祭祀仪式达到对王权的巩固和对被统治奴役阶层的控制，因而殷商的宗教便上升为“国家宗教”的层面，是殷商王权意识的集中体现。

同样值得注意的是，殷商之宗教观几乎没有道德因素夹杂其中，“道德观念在卜辞中没有痕迹”[④]，商王通过祖先神与“帝”进行单线而直接的联系，实为“人”与“自然”的互动，一切的稼穑、征战、风雨、灾祸皆占卜和祭祀于“帝”与被神化的先公先王，一切的灾异祸乱和贞吉安利皆求之于和受之于外在于“我”的客体即“帝”与“祖先神”，并没有意识到自身以及所处社会的因素，只是被动地接受外界的“影响”、“压力”或者“干扰”，从而将自身及现实的社会因素异化为通过祭祀和卜筮连接的神秘力量，这种异化与其说是一种向“帝”和“祖先神”的祈福攘祸，不如说是一种与大自然抗争时的心理寄托和心理安慰，并没有主动地去改造和影响“我”之外的客体，也没有认识到自身以及所处社会环境的因素，从而没有在“反思”之中去创造价值，设立道德。所以，“殷人所具有的宗教信仰本质上是属于‘自然宗教’的形态，而尚未进至‘伦理宗教’的形式。殷人的信仰不仅未能体现为一定的教义形式，而且

① 李学勤主编：《尚书正义·盘庚上》，第 235 页。

② ［英］弗雷泽：《金枝》，徐育新等译，中国民间文艺出版社 1987 年版，第 79 页。

③ 牟钟鉴、张践：《中国宗教通史》（上册），中国社会科学出版社 2014 年版，第 85 页。

④ 侯外庐、赵纪彬、杜国庠：《中国思想通史》第一卷，人民出版社 1957 年版，第 64 页。

殷人信仰的上帝只是‘全能’，而非‘全善’。”①

由“义”与“宜”祭的联系，我们可以肯定“义”字初期的宗教属性，再加之上文所述的殷商宗教特征，笔者认为“义”字初期的字义具有以下特征：1.“义”（宜）作为祭祀“帝”和“祖先”的重要宗教仪式，具有规范化和秩序化的宗教仪式，体现了殷商时期的王权意识，以及相随而生的等级制度。殷商时期“义”字的这种用法在周代的礼乐制度之中依然可以看到它的影子。2.“义”字早期几乎没有任何道德价值因素，只是“努力通过祈祷、献祭等温和谄媚手段以求哄诱安抚顽固暴躁、变幻莫测的神灵”② 的一种祭祀仪式，“义”并没有从“人道”方面进行阐释，而是商王与祖先神、“帝”单线联系的一种手段和工具，并没有任何道德价值方面的内容规定性，是一整套祭祀仪式，也就是说“义”在早期的字义，形式性大于内容性。

二　“义”的宗法性：西周时期之宗法制度

据上文所述，“宜”作为一种殷商时期重要的祭祀仪式，已具有相当完备的规章制度和礼仪秩序，作为与之联系紧密的“义”必然会在形式和内容上承继“宜”祭的某些祭祀仪礼。“义”字原为“礼仪”的“仪”字。据刘翔考证，在殷周时期“仪”字还没有单独出现，“义”与“仪”实为一字③。在殷虚卜辞中亦有“义行”字样出现，据庞朴先生考证“义行，或许正应读为仪行，即我武维扬之阵容”，接而认为“‘义’的这种威严的含义，可以容纳得下‘宜’的杀戮的意思”④。《说文》释“义”为：“義，己之威仪也。从我、羊……臣铉等曰：‘此与善同意，故从羊。’”⑤ 段玉裁注：“从羊者，与善美同意”⑥，将“己之威仪”与“善”联系在一起，表达一种秩序的美和行为的合法性，显然与殷商时期已规范化和秩序化的宗

① 陈来：《古代宗教与伦理：儒家思想的根源》，生活·读书·新知三联书店2009年版，第126页。

② ［英］弗雷泽：《金枝》，徐育新等译，中国民间文艺出版社1987年版，第84页。

③ 刘翔：《中国传统价值观诠释学》，生活·读书·新知三联书店1996年版，第112—113页。

④ 庞朴：《儒家辩证法研究》，中华书局2009年版，第24页。

⑤ （汉）许慎撰，（清）徐铉校订：《说文解字》（附检字），中华书局1963年版，第267页。

⑥ （汉）许慎撰，（清）段玉裁注：《说文解字注》，上海古籍出版社1981年版，第633页。

教仪式相同。据上文笔者所述，“义”（仪）在祭祀和卜筮中表现和突出了商王的王权意识和仪式的等级化、秩序化，并以此来保证氏族贵族的权利及统治的合法性。殷商所创立的宗教系统使殷人实现了从“巫觋文化”到“祭祀文化”的转变，正是由于祭祀文化所具有的特点，而衍生出秩序化和规范化的祭祀仪式，“巫觋文化发展为祭祀文化，才一方面有了后来由祭祀礼仪衍生出的整个规范体系——礼，另一方面发展了祭祀阶层，即分化的祝、宗、卜、史、巫。西周的礼乐文化正是在此基础上得以发展出来”①，殷商“有册有典”，周人正是在殷商的宗教礼仪基础上因革损益，才发展形成了“礼仪三百”和“威仪三千”的周礼文化。周礼文化的创立是对“小邦”、“旧邦”周克而取之大邑商，“鉴于殷”和“因于殷”的基础上作的一种反思，是对商纣王“我生不有命在天”天命观的正面回应，更是西周政权建立时其统治者所具有的忧患感而作的政权合法性的回应，更是为维护氏族贵族权力而作的一套礼仪制度，从而具有天生的氏族性，是对殷商维护氏族统治而创立的祭祀礼仪制度的延伸和深化。

殷商政权的覆灭，周人在取得胜利之余，亦是感到惊恐和忧患，这样一个庞大的政权组织和战争机器在周人的进攻和殷人的自相倒戈之中显得是那样的不堪一击。殷商的礼仪制度是在祭祀和卜筮中完成的，是“帝”—“祖先”—“商王”宗教系统的附属，其宗教属性是主要特征，没有涉及伦理方面的因素，这种封闭的和单线的路径，将氏族贵族的权利和对“帝”的祈求混为一体，且商王居其主要位置，这就造成了“单极”的政权组织形式，王国维在《殷商制度论》中讲到，“商人无嫡庶之制，故不能有宗法；借曰有之，不过合一族之人，奉其族之贵且贤者而宗之，其所宗之人，固非一定而不可易，如周之大宗小宗也”②，殷商的这种“兄死弟及”、“父死子继”的政治传统造成了极不稳定的政治后果，周人正是看到这样的政治后果，才在继承并改造一部分殷礼的同时，也创造了一部分自己的礼仪制度，与之相配的便是周代的氏族宗法制度。正是通过“义”（仪）来完成对氏族内的整合和控制，以及保证政权的稳定性和合

① 陈来：《古代宗教与伦理：儒家思想的根源》，生活·读书·新知三联书店 2009 年版，第 113 页。

② 姚淦铭、王燕：《王国维文集·殷周制度论》第四卷，中国文史出版社 1997 年版，第 42—46 页。

法性，从而“百世不迁”。

周人的氏族宗法制包括两个部分：一是“宗”，二是“法”。“宗”强调氏族之中谁为“主”及“主”死后谁是“继世之人”的问题，又可分为“大宗”和“小宗”，即周人“尊尊”的问题。“法”则是氏族内为规范化和秩序化的氏族生活而定的制度规范，即周人“亲亲”的问题。从而，“普天之下莫非王土”，在全国范围内形成了以“周天子”为中心、以血缘关系为纽带的宗法制度。周人将殷商宗教中的祭祀仪式从天上拉回了人间，来为氏族生活的有序化和统治的稳定性服务，西周时期的思想发展，沿着两条主线而展开：“一条是仍沿袭殷商时期的天命神权思想格局，但做了一定程度的修正、损益，即把殷商时期的无限天命神权改造为有限天命神权，主要体现在天命靡常、天命转移等理论的提出；另一条则是周人的创造发明，即在有限天命神权的框架下制定了严密的宗法等级制度和礼乐制度，并提出了敬德、保民、慎罚等一系列思想观念和政治主张”[①]，周人在提出“天命靡常”、天命转移的同时，提出了“皇天无亲，惟德是辅”、“以德配天”的思想观念，这种“援德入天”的做法，表明周人已从世俗的行为中寻找王朝兴替盛衰的原因，即为了保存氏族贵族的政治权利，也认识到了自己该尽的责任和义务，也正是意识到了自身在氏族生活中的责任和义务，才将原本作为祭祀仪式的“义”（仪）拉回了人间，使其面对的不再是喜怒无常、降灾降福的“帝”，而是活生生的人及其所处的社会环境（受当时生产力的影响，人类社会尚处于氏族制，周人所面对的社会其实就是“氏族社会”），因而需要对人（主要是氏族贵族）进行行为、穿戴、仪容等各个方面的界定和规范，以保证整个氏族社会生活的秩序化和规范化，从而形成了大大小小的“义”，如君臣之义、成妇之义、父子之义、长幼之义、上下之义、班爵之义，《礼记·礼运》将“义”的具体规定性阐释的相当清晰，“何谓人义？父慈、子孝、兄良、弟弟、夫义、妇听、长惠、幼顺、君仁、臣忠十者，谓之人义。讲信修睦，谓之人利。争夺相杀，谓之人患。故圣人所以治人七情，修十义，讲信修睦，尚辞让，去争夺，舍礼何以治之？”[②] 又如《国语·周语

① 王杰：《先秦儒家政治思想论稿》，人民出版社 2010 年版，第 34 页。

② 李学勤主编：《礼记正义·礼运》，第 689 页。

上》中的“义所以节”和“义节则度”，强调“义”之“节”和“度”的作用，旨在对氏族贵族的行为、上下、长幼、亲疏、贵贱进行严格的规范化和秩序化，具有氏族内部的规定性，亦是周代时期“义”（仪）的氏族性的表现。

所以，周人之“义”已从殷商宗教系统中“义”的祭祀仪式的形式性升华到了具体的氏族内容规定性，进而形成了一整套完整的礼仪制度，正所谓《左传》中所记载的“名以制义，义以出礼”[①]，这是周人的一种发明和进步。

例如，在《诗经》中“义”字共出现三次：1.“宣昭义问”（《诗经·文王》）；2.“而秉义类”（《诗经·荡》）；3.“不义从式”（《诗经·荡》）。第一处的“宣昭义问”，传曰“义，善也”[②]；其他两处与此大体相同。所以，这三处释为“善”比较稳妥。联系周代的礼仪之教及血缘性的氏族宗法制度强调个人（公族人员）在氏族礼法中的责任、义务及仪容举止，此处之“义”也可理解为“适宜”，即“合乎”或“适宜”礼法及氏族宗法的行为便为“善”，具有现实的道德内容即内容方面的规定性。在《尚书》“强而义”、“遵王之义”、“以义制事”、“义刑义杀”、“敦信明义”中“义”的用法也是如此，用来表达个人在氏族宗法的政治结构中所当为和所应为的行为、义务和责任，具有硬性的道德规范和行为规范，不可随意逾矩。

值得注意的是，笔者在《尚书》中注意到“义”与“德”同时出现的情形，而且有一处是相连出现，如“同德，度义”（《尚书·泰誓上》）、“惟德惟义”（《尚书·毕命》）、“不敢替厥义德”（《尚书·立政》）。“德”字的道德内涵是周人的发明，在殷商时期“德”字“首先是一个宗教观念”[③]，周人“敬德保民”、“以德配天”、“皇天无亲，惟德是辅”中的“德”是由天到人的中介和转折，有德或无德、义德或暴德是关乎天命转向的关键因素，从而“德”被作为统治者或氏族贵族的具体要求而提出，是统治者行为的具体规范和内在的品质，如《尚书》中

① 李学勤主编：《春秋左传正义·桓公二年》，第152页。

② 李学勤主编：《毛诗正义》，第965页。

③ 刘泽华：《中国政治思想史》（先秦卷），浙江人民出版社1996年版，第12页。

有四德：直、宽、刚、简（《尚书·尧典》），九德：宽、柔、愿、乱、扰、直、简、刚、强（《尚书·皋陶谟》），三德：正直、刚克、柔克（《尚书·洪范》）等，都形成了一种具体的德目，全无后期抽象的道德价值判断之意。《国语·晋语四》中讲到："异姓则异德，异德则异类"，将"德"字与"姓"、"类"联系在一起，表现了"德"字亦是具有某种"姓"的"宗法性"和"类"的"具体性"，"它的原义显然并非道德，而可能是各氏族的习惯法规"①，显然"德"字的这种含义与"义"（仪）强调个人（氏族贵族）的具体的行为规范相配合，也许这正是"义"与"德"同时出现甚至相连出现的缘由，同时也证实了"义"字在西周时期的氏族内部规定性即"宗法性"。

所以，结合上文所述及"义"与"仪"字的互训，"义"字在周代表现为氏族贵族的具体礼仪规范，涉及具体的行为规范、道德操守、仪容穿戴等方方面面的内容规定性，是对殷商宗教文化系统中祭祀礼仪的继承和改造，由殷商时期"义"（宜）的形式性转向具体的内容性，即形式向内容的转变。

时过境迁，随着周王室政治权力的旁落和氏族贵族制度的衰落，"义"（仪）的约束力渐渐消退，其生存的土壤——氏族社会也已渐渐崩塌，所以，"义"（仪）的时代任务业已完成。《左传》中记载"子大叔见赵简子，简子问揖让周旋之礼焉，对曰，是仪也，非礼也，简子曰，敢问何谓礼，对曰，吉也闻诸先大夫子产曰，夫礼，天之经也，地之义也，民之行也，天地之经，而民实则之，则天之明……"②，表示在春秋时期"仪"与"礼"已经开始分离，侧重氏族及内容规定性的"义"（仪）已无法满足时代的要求，人们开始寻找和建立一种具有更高价值标准的"天之经"、"地之义"的"礼"，即不再满足于氏族的、内容方面的各种规定性和秩序化，而是设立一种具有内在自觉和内在原因且具有冲破氏族局限性，可广而推之的社会规范。这便是下章笔者将要论述的。

经过以上的分析，笔者认为"义"字早期的宗教性和氏族性表现出

---

① 李泽厚：《中国古代思想史论》，天津社会科学院出版社 2008 年版，第 14 页。

② 李学勤主编：《春秋左传正义·昭公二十五年》，第 1447—1448 页。

了较强的现实调节性。所谓现实调节性，是指在与自然、社会、他人产生联系时，会将“我”与“我”之外的一切自动调节为一种适中的关系。这种现实调节性会引导个人或者社会朝向一种最有利于自身生存和繁衍的方向发展，在此过程中人们极力避免冲动、莽撞、危险、冲突等无益于自身或社会生存、发展和繁衍的存在状态，在生命中所体现出来的情感、欲望及需求等自然而然的生命本能被控制在一个适中的范围，即对“现实”的一种调节。这种现实调节性侧重于自身或者外界对于“我”的影响，即外在于“我”的客体对“我”之情感、感受和需求所施加的“影响”、“压力”甚至是“干扰”。这种对“我”的“影响”、“压力”或者“干扰”会迫使“我”去被动地调节“我”与外界及“我”与自身的联系和互动，具有某种“被动性”，在这里需要重申的是“现实性”的“被动”属性。这种被动的调节可以是对人类自身生理欲望、需求、情感或者感觉的满足而进行的调节，也可是对面临或者将要面临的危险、恐惧和焦虑的生存环境而进行的调节。

“义”的宗教性和氏族性皆具有较强的现实调节性，是“我”处理与自然、社会及他人关系时所形成的特殊属性，受“此时此地此景”所支配，并没有将人的内在自觉性所具有的方法论之灵活性表现出来，周代虽“以德配天”、“敬德保民”将其天命观和礼仪制度打上伦理的烙印，将“民”的观念引入政治领域范畴，但更多的只是德目上的伦理细化，是殷商宗教祭祀仪式在氏族宗法制背景下的内容填充和转化，是维护氏族贵族统治的一种工具和陪衬，并没有上升为人格素养的主体，且“人”受“义”的支配，而不是“义”的主体。人是“义”的主体，将人的自觉性与“义”相联系，便是殷周之后的主题了。

三　“义”的自觉性：先秦时期之内在自觉

“义者，宜也”[①]，“义”与“宜”之联系并非穿凿附会，有其文本的依据。《礼记·表记》：“道者，义也”，注曰：“谓断以事宜。”[②]《左传·

① 李学勤主编：《礼记正义·中庸》，第1440页。

② 李学勤主编：《礼记正义·表记》，第1472页。

庄公二十二年》中“酒以成礼，不继以淫，义也”[①]的“义”也是取“宜”即适宜之说，表示饮酒不可过度以至于乱礼。亦是氏族社会逐渐瓦解后，“仪”与“礼”分离的结果，以“义”即“适宜”释“礼”，注重方法论的灵活性，不再是“宗法制”教条的内容规定性。又如，“信近于义，言可复也”[②]，朱熹注曰；“义者，事之宜也。”[③]都将“义”释为“合适”、“适宜”或“具有条理性”，以此来表示人之行为、事物、现象等的合宜性和适当性，具有现实的道德规范内容及君子所当有的内在品质作为前提，但又不是教条的行为规范，而是动态的判断能力即“自觉性”，以此来指导人们的日常行为及仪容穿戴，也就是“君子之于天下也，无适也，无莫也，义之与比”[④]，要结合随时变化的条件及环境而处处“适宜”。

《论语·颜渊》中的“夫达也者，质直而好义，察言而观色，虑以下人”[⑤]，此处“直”与“义”相对出现，作为互相的补充。正如文中的“观色”是对“察言”的补充一样，“好义”是对“质直”的补充。“直”字多作“直率”讲，表示无畏惧、无踌躇、无顾忌地去践履自身所认可的道德规范、价值标准或思想观念，而无任何妥协或回旋的余地，“义”便是在此意义上对“直”做了补充。“义”不是静态的，而是随着时间、地点和环境的变化而变化，它既是一套行为准则又是一种灵活的方法论，是一种以“我”为主体的“自觉精神”。所以，在孔子眼里“义”可以是君臣父子的上下、远近之分，也可以是邦有道或无道的可进可退。自孔子以降，“义”字以“我”为主体的“自觉性”大于“义”字在内容上的规定性，“义”字的抽象性大于“义”字的具体性。强调“我”对于“义”的发挥作用即“我”的主体性，是自西周以来“人的自觉性”觉醒的延续。

就像荀子所说，“水火有气而无生，草木有生而无知，禽兽有知而无

① 李学勤主编：《春秋左传正义·庄公二十二年》，第268页。

② 李学勤主编：《论语注疏·学而》，第10页。

③ 朱熹：《四书章句集注》，中华书局2011年版，第53页。

④ 李学勤主编：《论语注疏·学而》，第50页。

⑤ 李学勤主编：《论语注疏·颜渊》，第167页。

义，人有气有生有知亦且有义，故最为天下贵”[1]，“气”、“生”、“知”等现实性的存在并不是人之为人的原因，只有用“义”去主动“适应”外界、“影响”环境和“创造”价值才是“最为天下贵”的，所以圣人制“礼法之大分”，使贵贱、长幼、上下、亲疏各得其所，从而国治而民安。

孟子与告子的“义内”、“义外”之辩，更将“义”的内在自觉属性深刻地阐释了出来。在孟子那里，“义”被作为人之本性所具有的“良知”与“良能”，更是与“仁”一起贵为“天爵”，其求取的方式已不再是通过繁杂的宗教仪式祈祷于天，也不是教条式地遵行“宗法制”的礼仪规定，而是“反求诸己”的“求其放心”，表达了一种超越现实的诉求，一种创造价值、影响环境的渴望，不再被束缚于现实条件当中而不能自拔，反而应当具有“不可夺志”的勇气、“死而后已”的决心、“为仁由己”的自信，方可“浩然正气”与宇宙同流。其“由仁义行，非行仁义”[2]的思想，更是强调“义”为内在之动力和人文之自觉，而不是去单纯地“行”教条式的规矩和条例。

综上所述，“义”字具有强调宗教仪式的“宗教性”、强调行为规范的“宗法性”和强调以“我”为主体的“自觉性”的内在蕴含，其“宗教性”和“宗法性”最终被“自觉性”统一包涵在内，即自孔子以降“义”字由具体走向抽象，由形式性和内容规定性转向方法论的“自觉性”，更是从“现实调节性”向“自觉性”的转变，这符合人类思维逻辑发展的规律。

因为，人类虽是“现实”的一种存在，具有“现实”的情感、意识和感觉等自然而然的“现实”表达，并限制于客观的地域、环境之中。但，人亦是一种“自觉”的存在，具有某种“向上”的冲劲和冲破现实束缚的愿景，具有内在的“自觉性”。人的“自觉性”不再是“被动”地接受自身及外界的“影响”、“压力”或者“干扰”，而是主动地去“适应”外界、“影响”环境和“创造”价值，从而“尽性知天”、“成己化物”，体现出人之所以为人的内在原因，并进一步肯定人之为人的尊

---

① （清）王先谦：《荀子集解》，沈啸寰、王星贤点校中华书局2012年版，第162页。

② 李学勤主编：《孟子注疏·离娄下》，第223页。

严、高贵和独立性，具有很强的“主动性”。这种“主动性”正是“自觉性”的价值核心，侧重于“影响”环境和“创造”价值，不再是逆来顺受、随波逐流、浑浑噩噩的沉溺于“现实”之中，而是在“现实”中完成人的价值，体现出人之异于禽兽的尊贵，并最终成为“义”字的内在价值灵魂。

第二节 “利”之字义流变

在上一节内容中，笔者已经指出“义”字在先秦儒家思想中的三重理论维度——“宗教性”、“宗法性”、“自觉性”，即“义”字从重“形式”的“宗教性”、重“内容规定”的“宗法性”过渡并升华为重“内在”的“自觉性”。同样，“利”字亦是包含多种含义，这一节内容笔者将着重分析“利”字的多重内涵。“义利之辨”这一哲学论题在先秦儒家那里，并不是一种单一的“非此即彼”的价值体系，而是在这一价值体系中包含有多层价值内涵或价值指向，它生动而活泼，开放而具有包容性，这也正是先秦儒家所具有的独特魅力。

一 “中性”之“利”：事实判断

“利”字的甲骨文为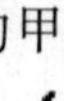，为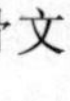（禾，庄稼）和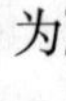（刀）构成，“象以耒刺地种禾之形，上或有点乃象翻起之泥土”[①]。《说文》解释为“利，銛也。从刀。和然后利，从和省。”徐中舒先生认为《说文》中的解释从形和义两方面来讲都不准确，认为“利”字有三个含义：1. 吉利之义。如《周易》之中的“利贞”、“利见大人”、“利永贞”等，亦可引申为“有帮助”或者“有益于”的意思；2. 地名；3. 人名。此外，刘兴隆先生将“利”字解释为“象以刀割禾，所从之小点为禾秆飞屑，示刀之锋利”[②]，如：“其利断金”（《周易·系辞上》）、“金就砺则利”（《荀子·劝学》）等。

“利”字造字之初，无论是以耒翻土之象，还是以刀割禾象征锋利，

① 徐中舒：《甲骨文字典》，四川辞书出版社 2014 年版，第 471 页。

② 刘兴隆：《新编甲骨文字典》，国际文化出版公司 2005 年版，第 255 页。

都表示一种与农业相关的事实判断，并没有后世价值判断之义，更没有任何道德伦理价值指向的意蕴。早期的“利”字反映的是人类生存和生活所必须拥有的重要元素，是维持人类衣食住行、种族延续的必需条件，是在人类与自然互动之中所产生的，强调人与自然、主体与客体的互动，着眼于自然条件对于人类或者客体对于主体需求的满足或完成。

在《诗经》中“利”字共出现两次：1. “伊寡妇之利”（《诗经·小雅·大田》）；2. “为民不利”（《诗经·大雅·桑柔》）。这两处“利”字的意思可以理解为“有帮助”或者“有益于”的意思，旨在描述外在客观条件是否有益于主体个人，是一种事实判断，没有价值判断的意蕴。在《尚书》中“利”字共出现9次，笔者在文中不再一一列出，除“无以利口乱厥官”（《尚书·周官》）和“臣罔以宠利居成功”（《尚书·太甲下》）带有一定的价值判断外，其他的字义大都是一种“有益于”的事实判断，与《诗经》中的用法相仿，表示在一定的客观条件内，客体对于主体需求的满足或是完成，如《尚书》文中的“利用”、“民利”、“货利”、“不利于”、“地利”。在《周易》中“利”字共出现215次，如“元亨利贞”、“利涉大川”、“吉无不利”、“利用行师”、“无不利”等，大多依然是一种不带价值判断的用法，是人与自然、主体与客体在互动中，产生的一种客观条件和结果。

早期“利”字的这种人与自然、主体与客体互动的意蕴，是人类与大自然关系的写照和反映。任何文明的萌芽和产生都离不开与自然的抗争、适应、合作，有巢氏之巢居、燧人氏之造火、庖牺氏之以绳为罟、神农氏之和药济人、黄帝之成命百物、帝喾之能序三辰及古人的天象历书之学，都深深地反映了这一点。华夏文明在某种程度上是农业文明和治水文明的结合体，农业和治水问题都指向早期人类最关键的一个概念——“生存”或“种族延续”。在与大自然互动中，人类必须学会保护自身和延续生命，从而，在与大自然互动的过程中要学会在一定的客观条件中做出最优的选择即“有利”的抉择，来保证自己在残酷的自然环境中存活下来。早期人类面对日月星辰的更替、池沼野兽的侵扰等自然现象所产生的迷茫和无奈是现代人所无法体会的，在产生“人与人互动”即“人际互动”之前，人类必须解决的是“生存”的问题，必须在有限的客观条件下做出最“有利”的抉择。

如孟子曰："故者以利为本。所恶于智者，为其凿也。如智者若禹之行水也，则无恶于智矣。禹之行水也，行其所无事也。"[①] 这段论述中的"利"字，古今大家所作的解释不尽相同。朱熹解释为"利，犹顺也，语其自然之势也。"[②] 而陆九渊则解释为"当孟子时天下无能知其性者，其言性者，大抵据陈迹言之，实非知性之本，往往以利害推说耳，是反以利为本也"[③]，将"利"解释为"利益"之"利"。杨伯峻先生在《孟子译注》中将"故者以利为本"这句话解释为"推求其所以然，基础在于顺其自然之理"[④]，摘取其中"利"字的释义，与朱熹大同小异，都旨在强调一个"顺"字。相比较陆九渊之说，笔者认为朱熹和杨伯峻对"利"字的解释较为妥当。研究一个字或者一个词的释义，要将其放在一定的文本中进行研究，脱离文本而作单独的解释，往往会让我们误入歧途。孟子在讲到"故者以利为本"之后，用大禹治水的例子来论证"故者以利为本"这一论点，从而阐明自己的看法。梁涛先生借鉴历代注释，对这段话做了如下解释："人们之所以厌恶智，是因为用智的人往往穿凿附会【不从事物本身出发】。如果用智的人能像大禹治水一样，那么人们就不会厌恶智了。大禹治水【顺从水的本性，采用疏导的办法】，不有意多事。"[⑤]

梁涛先生在这段文字中对"利"字的解释与杨伯峻先生相仿，将"利"与顺从事物的本性联系在一起。指出，人们往往单凭自己的主观意愿随意攀附客观条件，而不遵循事物本身的客观规律。大禹治水之所以能够成功，便在于做到了"利"即"顺从水的本性，采用疏导的办法"，从而在现实客观条件中做出了符合人类意愿的最"有利"的选择，在人与自然的互动中完成了自身生存和生活的需要，这一切的完成，是一种"中性"的事实判断，而不是价值判断，不存在"善与恶"或"美与丑"的评价问题。甚至可以说是人类与自然抗争、合作的一种经验总结和传递，而不是一种道德伦理、良知良能的价值界定。又如，在《周易》中，

① 李学勤主编：《孟子注疏·离娄下》，第230—231页。

② 朱熹：《四书章句集注》，中华书局2011年版，第277页。

③ 陆九渊：《陆九渊集》，中华书局1980年版，第415页。

④ 杨伯峻：《孟子译注》，中华书局2008年版，第151页。

⑤ 梁涛：《郭店竹简与思孟学派》，中国人民大学出版社2008年版，第373页。

有“刳木为舟，剡木为楫，舟楫之利，以济不通”[1]的表述，可以让我们更加清晰地看到“事实判断”之“利”的内在蕴含。在这段话中，“利”字讲的是“舟楫之利”，旨在表达通过“刳木”和“剡木”这两种行为来改造木材以获得“舟楫之利”，从而“有益于”或“有帮助于”人类的生存和生活，是一种典型的事实判断，并不涉及“义理”方面的道德伦理价值指向，而是用来表述客观事物或客观条件对人类的一种需求的满足或适应。

在《乾·文言》中“利者，义之和也”，亦是能很好地说明这一点，“‘利者义之和’者，言天能利益庶物，使物能各得其宜而和同也”[2]，表明“天”能使万物得利益，从而使其顺从各自本性产生和发展，而不互相妨碍，达到“和”的目的。这种解释除了将“利”字理解为“有益”或“有帮助”外，与上文“故者以利为本”中的“利”字都指向一个“顺”字，即主体与客体互动的过程中，要顺应现实的客观条件和生存的环境，做出最有“利”的选择。况且，“利者，义之和也”这句话从文本逻辑上分析，用“义”来解释“利”，“利”似乎有某种先于“义”的意味，至少表明“利”与“义”并不冲突，甚至是相通的，耐人寻味。

综上所述，“利”字早期的含义侧重于事实判断，是人与自然、主体与客体的一种互动，意在表明客观条件和生存环境对人类需求的适应和满足，并没有道德或伦理方面的价值诉求，是人类在文明草创时期对生存和生活的素朴的希冀和愿景，期望在客观的生存环境中做出最有利于人类生存和种族延续的选择。所以，“利”字不论是解释为“有益于”、“有帮助”，还是阐释为“顺从事物本性”，都表达了人类初期在适应自然环境的同时，亦是开启了人类文明的进程，通过“利”或“不利”的总结，完成了人类初期生存和生活经验的初步积累，为文明的发展和成熟打下了坚实的基础。

二　“义理”之“利”：价值判断

受先天自然环境的影响，华夏文明的祖先聚居在纵横交错的江河湖海

① 李学勤主编：《周易正义·系辞下》，第301页。

② 李学勤主编：《周易正义》，第13页。

之河谷地带，土地松软肥沃，便于耕作，产生了有别于依水草而居的畜牧业的客观条件，进入农业文明。“三代时期，农耕业已经成为中原华夏民族社会生活资料的主要来源”[①]，从而我们的祖先依附于土地，生活趋于稳定，形成了固定的族群。正如荀子所说，人与牛马的区别之一便是能“群”，农业文明所产生的相对稳定的生存和生活环境，促进了古人早期的“群居”生活。“群居”生活中，古人除了要与自然互动以获得生存和生活的必需品外，还要处理“群”之中人与人关系的问题，人与人的互动进入了古人的视角当中，从而更多地从“人”的视角去观察和分析问题。人与人的互动关系不再是人与自然的互动关系那样“单纯”和“简单”，不再是单线式的“有益于”或“满足于”的关系，而是一种复杂的人与人之间的双向关系，在这种双向的互动关系中所产生的“利”，不可避免地被打上了道德价值的烙印，从价值“中性”之“利”过渡到“义理”之“利”，带有浓厚的道德伦理指向，从而指代某种特定人际互动关系的性质。主体的“人”所面临的不再是机械的、没有思想、没有感官情欲、没有血肉的自然客体，而是有“生”、有“气”和有“义”的“人”。

像孔子所讲“君子喻于义，小人喻于利”[②]里的“利”字显然不是从人与自然或主体与客体互动这一视角来阐述的，而是在人与人的互动关系中应用“利”字，从而“利”字有了“君子”与“小人”、“好”与“坏”、“善”与“恶”的道德判断和伦理价值指向，“利”字也不再仅仅用来表述事实方面的判断，而成为一种衡量人际关系、行为动机和道德情操的价值指标，是人与人互动的产物和指代。“富与贵是人之所欲也，不以其道得之，不处也；贫与贱是人之所恶也，不以其道得之，不去也”[③]，孔子在肯定“饮食男女”、“富”、“贵”之“利”的同时，更加注重“取之有道”的求利方式或手段，也就是说孔子并不排斥人们在生存和生活中去追求所必需的“利”，也不排斥人们去追求更加美好的生存和生活状态时所必需的“利”，而是强调人们应该在求“利”的同时要把握好

① 张岱年、方克立主编：《中国文化概论》，北京师范大学出版社2004年版，第26页。

② 李学勤主编：《论语注疏·里仁》，第51页。

③ 同上书，第48页。

“予”与“取”的关系及平衡点，自己求“利”要建立在不损害他人之“利”的基础上，强调从人与自然或主体与客体互动的视野进入“人与人”互动的视角，并进而激发主体的道德价值意识，培养君子人格，即“己所不欲，勿施于人”[①]和“己欲立而立人，己欲达而达人”[②]的良性人际互动关系。所以，以“人与人”的互动视角来分析“利”时，与人和自然、主体与客体产生的“利”有了鲜明的区别，从事实判断的视角转向了价值判断的视角。

“利首先与个人或特殊集团相联系，而个人（或特殊集团）之利往往并不彼此一致，因此，如果片面地以利作为行为的唯一准则，就不可避免地将导致社会成员在利益关系上的冲突”[③]，一个群体是由每个独特的个体组成的，也就形成了特殊与普遍、个体与整体即“群”与“己”的对立统一关系。从而，在“人与人”互动的视角下分析“利”字的含义，“利”字便有了“公”与“私”的区分。在某种程度上来讲，孔子反对的是“私利”而非“公利”，反对的是以不正当手段即通过损害他人之“利”来获取自我的欲望满足，而对于适当的或合理的“己利”和利益天下苍生的“公利”是相当赞成的。

如，“子贡曰：‘如有博施于民而能济众，何如？可谓仁乎？’子曰：‘何事于仁，必也圣乎！尧舜其犹病诸！夫仁者，己欲立而立人，己欲达而达人。能近取譬，可谓仁之方也已’”[④]。

在自贡与孔子的这段对话中，我们可以清晰地看到孔子对“公利”的诉求和希冀，“博施于民而能济众”旨在不以“私利”或“己利”为目的，而是突破“己”之局限性融入“群”、“民”、“众”之普遍性中，那么这种人怎么样呢？孔子认为只要做到了这一点，何止是仁人，那肯定是圣人，孔子甚至认为尧舜都很难做到！孔子在这里发完感慨之后，便讲到了“博施于民而能济众”的作用机理，便是后文当中的“己欲立而立人，己欲达而达人”，其意旨与“己所不欲，勿施于人”（《论语·颜渊》）相同，都是在表述“人与人”的互动关系之重要性，而不是以

---

① 李学勤主编：《论语注疏·颜渊》，第158页。

② 李学勤主编：《论语注疏·雍也》，第83页。

③ 张岱年、方克立主编：《中国文化概论》，北京师范大学出版社2004年版，第318页。

④ 李学勤主编：《论语注疏·雍也》，第83页。

"利"言"利"，把"利"作为一种目的或结果来论述，而是用"人与人"之间的关系来论述"利"之好坏、善恶。所以，将"利"放在"人与人"互动的视角中分析，是"中性之利"——人与自然或主体与客体互动中"利"字应用的延伸，前者的逻辑外延可以涵盖后者。严格来说，"利"字在"人与人"的互动中本无好、坏，善、恶，君子、小人之分，关键在于怎样获取"利"和应用"利"，也可说是"中性之利"（人与自然或主体与客体互动的结果）在"人与人"互动中的应用和实施。在这层意义上论述"利"字的含义，已经不再是对"利"字作训诂学意义上的解释，也不是就"利"字而解释"利"字之含义，而是从"人与人"的互动即主体与主体之间的关系上去论述"利"字，"利"字更多的是代表一种"人与人"之间的"关系"，甚至可以说是一种"关系"的代称，不再仅仅是一种事实或结果的表述。如"朱门酒肉臭，路有冻死骨"，其中"酒肉"之"利"本没有好坏与善恶之分，只是在"朱门"与"冻死骨"之互动关系中，"酒肉"变成了满足"朱门"富贵人家骄奢淫逸的"私利"，假如将"酒肉"施与"冻死骨"的穷苦人，其"酒肉"的性质亦是发生变化，便会变为"大庇天下寒士俱欢颜"的"公利"。所以，"利"字在孔子之后多被用作一种互动"关系"的指代和表述，不能将其单独考释，而要把它放在"义理"的"人与人"之间的"关系"中进行考量。

又如，墨子所讲的"兼相爱"和"交相利"，亦是将"利"字放在"人与人"的互动关系中讲述，侧重于"兼"、"交"和"相"字，与孔子所说的"己所不欲，勿施于人"和"己欲立而立人，己欲达而达人"之意相仿，旨在描述一种互利互惠、互相增益而不互损互害的良性人际互动，其"兴天下之利"的学说更是将这种良性的人际互动关系表述了出来，突出了"天下"的普遍性与"个体"的特殊性之融合，从而反对"亏人自利"的行为，同时也承认"爱人不外己，己在所爱之中"（《墨子·大取》）的"己利"，只不过这里的"己利"已融入"天下"的普遍性之中，只有"天下之利"（普遍性）的完成，"己利"才能实现。所以，与其说是"利"的达到或完成，不如说是"天下"的普遍性与"个体"的特殊性之融合的达成，是"人与人"良性的互动关系的完成。

再如，孟子对曰："王何必曰利？亦有仁义而已矣。王曰'何以利吾国'？大夫曰'何以利吾家'？士庶人曰'何以利吾身'？上下交征利而国危矣。"①

孟子所讲的"王何必曰利"，并不是说不可以去求"利"，而是指要在良性的"人与人"互动关系中去求"利"，不可抛弃"公利"而专求"吾国"、"吾家"和"吾身"之"私利"，否则便会"上下交征利"而陷国家于危难。其"交征"二字，朱熹解释为"上取乎下，下取乎上，故曰交征"②，指"上"与"下"即"人与人"之间为求"利"而无所不用其极，导致人际互动关系的恶性循环，从而陷国家于危难之中。所以，孟子在这里所言的"利"仍然是放在"人与人"互动关系中去论述，指代一种"上下交征利"的关系，并不是"利"之本身出了问题，而是人们没有用"取之有道"的方式和方法去求"利"。假如不将此处之"利"放在人际互动的关系中去理解，则容易将孟子"利"的思想理解偏颇，从而认为孟子只讲"义"而不讲"利"，如果这样的话，孟子所讲的"制民之产"、"五亩之宅"、"鸡豚狗彘之畜"岂不成了一句空话？如齐宣王对孟子说自己有"好勇"、"好货"和"好色"之疾，此三者皆为"求利"的表现，但孟子并没有对此一概否定，而是要求齐宣王做到"一怒而安天下之民"之"好勇"，做到"居者有积仓，行者有裹粮"之"好货"，做到"内无怨女，外无旷夫"之"好色"，便可"与百姓同之，于王何有"，最终的关键是"与百姓同之"，也就是做到与众人乐而不独乐。显然，孟子所反对的并不是"利"，而是反对那种为了一己之私利所导致的恶性的人际互动关系。孟子与孔子相同，都同意"富而后教"的社会治理理念，并不排斥人们为了生存和生活而去获得满足自身需求的"利"（中性之利），反对的是通过损害他人利益来获取己身利益的求利方法，而这种有害或"不义"的求利方式则具体表现为一种恶性的人际互动关系，这便是"上下交征利"。

综上所述，"人与人"互动关系中所产生的"利"，是人际互动关系的一种指代，是人与自然或主体与客体互动中所产生的"中性之利"的一种延伸和应用，笔者将其称之为"义理之利"，其注重价值判断，与

① 李学勤主编：《孟子注疏·梁惠王章句上》，第2—3页。

② 朱熹：《四书章句集注》，中华书局2011年版，第187页。

"中性之利"的注重事实判断形成鲜明的对比。"中性之利"强调客观条件或客观环境对主体需求的某种满足或完成，形成"有益于"或"有利于"的事实判断，注重结果。而"义理之利"则是用"人"这一独特的视角，将"中性之利"放入特定的"人与人"互动关系中去考量和评估，注重由"利"而产生的某种特定人际互动关系，从而指代某种人际互动关系或恶或善、或好或坏。"中性之利"和"义理之利"是"利"字的一体两面，缺一不可。因为人们不可能摆脱"中性之利"而去空谈生存和生活，人类必须学会在与自然或客观环境互动中做出最"有利"的抉择，去获取生存和生活的需要。同时，人们也不可能摆脱"人与人"的互动即人际关系互动而去脱离"群体"或"整体"，所以必然会形成种种独特的人际互动形式，而"义理之利"便是人际互动的具体表现形式之一，如形成"公利"和"私利"之分，其中"利"字之意本无变迁，侧重点在"公"、"私"二字，即人际互动关系的一种道德价值界定。所以，在分析"利"字时，要辩证地看待"利"字的这两层内涵，不可随意割裂，否则，便会产生极端崇尚"利"和极端排斥"利"的错误思想。

第二章 先秦儒家义利观之理论内容

"义"与"利"之关联性的成立以及作为对应关系出现，并作为一对价值范畴进行讨论和分析是孔子的首创。在孔子之前，如在《诗经》、《尚书》和《周易》中，"义"与"利"之关联性不足以形成"义利之辨"这一哲学概念或价值范畴，至多只是在两者字义方面的相互补充和互训，如《乾·文言》中的"利者，义之和也"和"利物足以和义"。孔子首先提出"义利之辨"，有其深刻的现实社会原因和思想渊源，也正是在现实和思想交织在一起时，孔子才发出前人未发之声。自孔子开启"君子"、"小人"之别的"义利之辨"，经曾子、子游、子思、孟子和荀子对孔子"义利观"思想的扩展和延伸，使先秦儒家的"义利观"思想得到了极大的发展，并最终使其成为儒家的核心理论内容和价值范畴之一。

第一节 孔子对"义利之辨"的开启

孔子为殷人后裔，早年丧父，用他自己的话来说便是"吾少也贱，故多能鄙事"[①]，所以孔子能够更多地接触现实社会，了解民间疾苦，思索解决之道。孔子正逢春秋末年，方国征战不休，加之周王朝权力旁落，宗法制近乎崩溃，各地诸侯蜂拥而起，皆有问鼎中原之心，"礼乐"坠落，"征伐"失序，且征战的频率和规模有增无减。孔子生此乱世，加之生活在周代礼乐制度保存较好的鲁国，面对这个新旧交替、"苛政猛于虎"的时代，孔子选择了复兴"周礼"的道路，发出"周监于二代，郁

① 李学勤主编：《论语注疏·子罕》，第114页。

郁乎文哉！吾从周”[①] 的历史强音！孔子不只是“述而不作”般地发出感慨，更是想要在现实的乱象中找出解决之道和固有的秩序，将这个“礼崩乐坏”时代从动荡中拯救出来。

正是由于此，孔子创造性地将“义”与“利”在字义和逻辑方面联系在一起，提出“君子”与“小人”之别的“义利之辨”，并在其中阐释了自己的“义利观”思想。

一 “德”与“义利之辨”

孔子对周代之“德”的改造，直接影响着“义”与“利”之关联性的成立以及其“义利观”思想的形成，在第一章的内容中笔者已经讲到，“义”字的用法在孔子之前主要体现为“宗教性”和“宗法性”。其“宗教性”，侧重于表示一种规范化和秩序化的宗教仪式；其“宗法性”，侧重于表示氏族贵族的具体礼仪规范，涉及具体的行为规范、道德操守、仪容穿戴等方方面面的内容规定性，是对殷商宗教文化系统中祭祀礼仪的继承和改造。而“利”字在孔子之前主要体现为一种“人与自然”或“主体与客体”的互动，旨在表示客观条件和环境对主体需求的某种满足和完成，是一种事实判断，而不具有价值伦理指向和评判。所以，“义”字和“利”字在此字义和蕴含上很难发生对应关系，并不能作为一对价值范畴而出现。正因为在字义上并不相左，甚至出现两字互相解释的文句，如“利者，义之和也”（《乾·文言》），笔者认为，只有在“义”字表现为它的第三层意义“自觉性”和“利”字进入“人与人互动”的视角时，“义”字和“利”字才会成为对应的价值概念出现。只有“义”字不再表示为一种固定的宗教仪式和“教条”式的行为规范，而是表达一种“自觉性”的追求自我完善及内在人格诉求时，才会真正地用来表达“人”的社会和“人”的世界，进而与“人与人互动”视角的“利”字产生关联和对应，形成一对价值范畴以供人探讨，这其实是孔子继承西周“人文转向”后的另一个思想突破，即，以“人文”的视角来解释和解决“人”的问题，这其中一个重要的原因便是孔子将表示特殊属性即政治领域的“德”字，转变为具有个人普遍性的道德自省和内在自觉性，从而

① 李学勤主编：《论语注疏·八佾》，第 36 页。

直接影响了孔子对“义”观念和“利”观念的理解及应用，开启了“义利之辨”，并在其中阐释了自身的“义利观”思想。

所以，笔者认为孔子开启“义利之辨”，以及对西周“人文转向”的继承和突破是从对“德”字的改造和应用开始的。孔子思想中对“义”字“自觉性”的理解，亦是对“德”字进一步“人文化”和“内在化”的结果。将周代作为一种政治责任和义务的“德”演变为一种具有个人普遍性的内在道德自省的“德”，是由孔子所开创。

“德”字的字形自造字之初经历了一系列的变化，其甲骨文字形主要为，由（行）和（直）组成。字，徐中舒先生《甲骨文字典》解释为：“从目上一竖，会以目视悬（悬，悬锤），测得直立之意。”① 有的甲骨文字形将简化为（彳），从而写作，金文则写为，并进而演化为，加了一个（心）字，在楚简中亦以“悳”的字形出现。故，有的学者指出：“‘德’字先秦古文字‘德’一系列的形体变化中，由殷商甲骨文从‘彳’、‘直’声的‘徝’，演变为两周金文从‘心’、‘徝’声的‘德’，是一个十分重要的形义变化环节，尤其值得重视。它意味着殷商时期注重外在形象、行为规范的‘徝’，到了西周春秋时期，已经上升为注重抽象、内化的意识形态之‘德’。”② 台湾学者刘翔在考证“德”字源流时指出：“通过对‘德’字形、音、义的考察，可以确认‘德’字是从（直）从（心）的会意字，其造字本义是正见于心。德字最早见于周初（康王时期）金文，周代道德观念也萌生于这一时期。周代道德观念的中心内容是孝悌，它是周代宗法政治制度的精神支柱。”③

“德”字后期的演化，主要表现为加了一个“心”（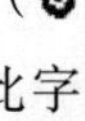）字，突出“心”的作用，即“正见于心”。但是，笔者认为不可将此字形的变化过度理解为“已经上升为注重抽象、内化的意识形态之‘德’。”“德”字在西周时期主要表现为一种政治思想，还远远没有达到普遍性的个人道德内化的程度，加上一个“心”（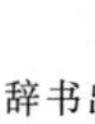）字，是为了突出“人”的作用，是西

① 徐中舒：《甲骨文字典》，四川辞书出版社 2014 年版，第 1385 页。

② 刘宝俊：《战国楚简“悳”字形义考辨》，《语言研究》2014 年第 1 期。

③ 刘翔：《由“德”字的本义论周代道德观念的形成》，《深圳大学学报》（人文社会科学版）1986 年第 1 期。

周思想“人文转向”的结果，更是对“周革殷命”这一历史事件的深刻自省和反思，其“明德”、“慎德”、“敬天”、“保民”概念的产生，是对“皇天无亲，惟德是辅。民心无常，惟惠之怀”[①]思想的深刻体会和领悟，旨在表示已不再将“受命之人”、“受命之族”或“受命之国”当作上天或上帝永恒的恩赐，而是学会在自己的历史行动中取寻找和分析历史结果的原因。

《礼记·表记》中记载：“殷人尊神，率民以事神，先鬼而后礼……周人尊礼尚施，事鬼敬神而远之，近人而忠焉。其赏罚用爵列，亲而不尊”[②]，说明“周革殷命”之后，周人反思并改变了殷人“率民以事神”的神权政治体系，将殷人以祭祀鬼神为主导的政治活动，转变为重“人事”的宗法政治和礼乐制度，从“天上”回到了“人间”，从而认为天命靡常，进而注重个人（氏族元子或贵族）的行为准则，希冀通过自身政治责任和义务的完成，取“德”于天，维持其政治统治。如，在《尚书·召诰》中有这样的记载：“我不可不监于有夏，亦不可不监于有殷。我不敢知曰，有夏服天命，惟有历年；我不敢知曰，不其延。惟不敬厥德，乃早坠厥命”[③]，正因为殷商覆灭的经验教训，所以不敢“不敬厥德”，从而将是否有“德”作为秉受“天命”的主要依据，与国家的政治基础直接相联。故，严格地说，周代“德”观念的萌发是从政治领域开始的，其中所包括的宗法血缘政治结构、“保民”思想的生发、制礼作乐的教化制度和等级性的车服、瑞节、班爵、旗章都是当时政治统治的需要，旨在维护政治的合法性、稳定性，从而上下有序、合亲睦友。所以，“德”字作为周代的一种政治基础和立政之本，“‘有德’也只是少数统治者的特权”[④]还远远没有达到个人内在道德反省的内涵，其侧重点在“政治”，而非“个人”。

真正将“德”用为具有普遍性的个人内在之道德诉求的是孔子。孔子诠释和应用“德”字，不再将其局限于政治范畴当中，而是将“德”字广泛地应用在个人的内在品质和道德的内在自省当中，完成了“德”

① 李学勤主编：《尚书正义·蔡仲之命》，第453页。

② 李学勤主编：《礼记正义·表记》，第1485页。

③ 李学勤主编：《尚书正义·召诰》，第399页。

④ 梁涛：《郭店竹简与思孟学派》，中国人民大学出版社2008年版，第63页。

字由政治“特殊性”向个人道德自省“普遍性”的跳跃，实现了“德”由注重“外在”义务和责任的规范性向“内在”人格诉求的转化。

孔子说：“道之以政，齐之以刑，民免而无耻；道之以德，齐之以礼，有耻且格。”[①] 孔子意在表明外在的政法和刑罚只能暂时地使人民免于罪过，但却使其没有内心的反省和觉悟，从而“免而无耻”。只有依靠内在的道德教化，才可使其内心生发“羞耻之心”，从而“有耻且格”，使人民心悦诚服，人心所向。此处的“格”字，杨伯峻先生训为“人心归服”[②]，强调人们内在“羞耻心”的发现和“内心”的归服，而不是外在压迫所致。可见，孔子此处之“德”的用法与周代“德”字的用法已不相同，孔子将“德”字用作具有普遍性的道德意识，“德”不再是氏族元子或氏族贵族（政权统治者）的“特权”，而是可以将“德”应用在人民的身上，用道德来教化他们，从而不只是当政者有“德”，还要让人民也有“德”。同时，孔子对于施政者的要求为“修己以敬”、“修己以安人”、“修己以安百姓”，其侧重点便为“修己”，这是孔子“德治”思想的重要组成部分。西周“德”字主要表示为一种外在于“己”的责任意识和义务规定，其特有的宗法等级制度，往往将“德”字的含义形式化和固定化，从而形成一种稳定的政治系统和为政根基，这样虽可以让人循规蹈矩般地遵守道德义务，但会使其忘却和忽略对“己身”的修养和反省，使人对“德”的认识教条化和外在化，失去了其鲜活的生命力。孔子则注重“修己”之学，在孔子这里，“己”与“德”紧密相联，“德”不是外在于“己”的独立存在，而是“己”之所以存在的重要特质。另外，比如孔子所讲的“君子怀德”、“德之不修”、“据于德”、“德之贼”……中的“德”字已明显是我们现在所理解的“德”字在广义上的意思，与周代之“德”明显有了不同。正是基于以上的分析，孔子通过对“德”之字义的改造和延伸，使“义”观念摆脱了狭隘的“宗教性”和“氏族性”，使其进入与“我”或自身相关的“内在自觉性”，并以此将“利”字之观念理解为一种“人与人”互动关系的指代，从而以现实社会中“关系”的视角，使“义”字与“利”字产生关联性和对应性，

① 李学勤主编：《论语注疏·为政》，第15页。

② 杨伯峻：《论语译注》，中华书局2015年版，第17页。

开启了“义利之辨”。

二 “仁”与“义利之辨”

“仁”学的发明，可以说是孔子思想中最重要的部分。笔者认为，“仁”学是孔子“义利观”思想的精神土壤，没有“仁”学的发明和发展，则没有“义利观”思想的开启和生发。正因为“仁”的思想之重要性，孔子之后的儒学对“仁”学的理解不同，则造就了“义利观”的不同。同时，正是孔子所开创的独特的“仁”学，才使其“义利观”思想与墨家、道家、法家有着明显的区别和特色。

孔子对西周“德”思想的应用和改造，造就了“义”与“利”作为一对价值范畴的出现。本节内容则主要探讨孔子“仁”学思想的发明，对于“义利之辨”何以成立以及“义利之辨”之主要内涵的重要作用。“义利之辨”这一哲学论题之所以成立，关键在于“义”字与“利”字在价值概念上可以产生关联性，并形成一种对立统一的关系，这是形成一种哲学价值范畴的必要条件，不可缺失。如果说孔子对西周之“德”字的应用与改造对开启“义利之辨”产生了深刻的影响，则可以说“仁”学的发明为孔子的“义利观”注入了“血”与“肉”，使其充实而鲜活，意蕴深远。

孔子发明“仁”学，有其独特的时代背景。“如有用我者，吾其为东周乎”①，孔子孜孜不倦地复兴周礼，崇尚君君、臣臣、父父、子子各安其位的理想状态，季氏“八佾舞于庭”、晋国“铸刑鼎”等行为在孔子看来皆君子所“不可忍”的僭越行为。孔子之时，社会剧烈震荡与变革，新旧价值体系之冲突和伦理道德体系之失序，致使西周以血缘关系为纽带的宗法等级政治制度已消磨殆尽，“王室而既卑矣，周之子孙日失其序”②，臣弑君、少陵长、庶废嫡等作乱现象层出不穷，正如孟子所说：“邪说暴行有作，臣弑其君者有之，子弑其父者有之”③。其具体则表现为：“一方面是权力由天子而诸侯而大夫而陪臣逐层下移，另一方面则是

① 李学勤主编：《论语注疏·阳货》，第234页。

② 李学勤主编：《春秋左传正义》，第126页。

③ 李学勤主编：《孟子注疏》，第178页。

一批思想家、政治家们面对社会剧烈变革而进行的理性思考与反省"[①]，再加之维系西周宗法制的生产关系"井田制"分崩离析，取来代之的是鲁国"初税亩"、郑国"作丘赋"、齐国"相地而衰征"等一系列土地关系的变更改革，"普天之下，莫非王土"的时代已经终结，取而代之的是土地私有制的兴起，新兴地主阶层权贵的崛起。时代的巨变，促使人们以一种新的思维和新的思想去应对变革所带来的混乱和失序，孔子亦不例外。正是在这样一种时代背景和特殊的社会环境中，孔子提出了"仁"学的思想，并期望以此来回答时代的问题和解决时代的困惑，希冀与周公隔着时空遥遥相望之时，用"人"的独特视角来阐释其"仁"的思想。

"仁"字在春秋以前的经典当中并没有出现，"'仁'字不见于虞夏商周《书》及《诗》三《颂》、《易》卦爻辞之内，似周初由此言而尚无此字……盖周初但写'人'字，《周官》礼后始造'仁'字也。"[②] 在甲骨文和金文当中，也无"仁"字。[③] 在《尚书》中出现了一次："予仁若考"（《尚书·金滕》）。在《诗经》中出现了两次："洵美且仁"（《诗经·郑风·叔于田》）、"其人美且仁"（《诗经·齐风·卢令》）。但是此三者所表示的"仁"字，似乎并没有伦理道德方面的内涵，更没有人的内在道德自觉性。如"洵美且仁"中的"仁"字，主要强调的是贵族的某种外在气质和容貌，具有男子气魄，从当时贵族的视角看，只有具有某种男子气魄才可称之为"仁"[④]。而"予仁若考"中的"仁"字，梁涛先生亦是认为"是周公自认为优于武王，更适合侍奉祖考的原因，所以应限定于容貌、举止、能力等内容，若包括内在的德性，便有自我夸耀的嫌疑"[⑤]。可见，在春秋时期以前，"仁"字的概念主要用于表示一种外在的仪容、气质而没有后期"仁"字注重内在道德伦理的含义，即"外在性"大于"内在性"。"仁"字在早期的这种用法，其实与当时的宗法等级制度相关，与上文所讲的西周之时的"德"字相似，是对贵族成员或阶层所作的一种义务或责任方面的内容规定性，是等级性的车服、瑞节、班

① 王杰：《先秦儒家政治思想论稿》，人民出版社 2010 年版，第 56 页。

② 阮元：《论语论仁论》，《揅经室集》（上册），中华书局 1993 年版，第 179 页。

③ 郭沫若：《郭沫若全集》历史编（第 2 卷），人民出版社 1982 年版，第 87 页。

④ 参见屈万里《仁字含义之史的观察》，载《民主评论》1954 年第 5 卷第 3 期。

⑤ 梁涛：《郭店竹简与思孟学派》，中国人民大学出版社 2008 年版，第 63 页。

爵、旗章……的一种具体表现形式，但是伴随着周代宗法等级制度的分崩离析，“仁”字犹如“王官之学”下移到民间一样，变为了人人可有，甚至是“人之所以为人”的一种内在伦理道德。比如，在《左传》中大量出现的“仁”字，“因人之力而敝之，不仁；失其所与，不知”①、“出门如宾，承事如祭，仁之则也”②、“仲尼曰，臧文仲其不仁者三，不知者三，下展禽，废六关，妾织蒲，三不仁也，作虚器，纵逆祀，祀爰居，三不知也”③……已明显赋予了“仁”字道德伦理的内涵，特别是当中的“三不仁”之说，将“下展禽”、“废六关”、“妾织蒲”作为论据来证明“三不仁”之说，这三者显然是从伦理道德来论述，而不是从外在的仪容和气质来评定。又如，在《国语》当中，“不仁则民不”（《国语·周语中》）、“爱亲之谓仁”（《国语·晋语一》）、“利国之谓仁”（《国语·晋语一》）……中的“仁”字与《左传》中的“仁”字用法相近，都已作为“人”的道德伦理为主要内涵，且其中的“仁”字与“礼”、“信”、“义”等儒家核心概念产生联系而同时出现。但值得注意的是，“仁”在此被作为描述“人”的一种伦理道德价值而出现，还没有呈现出“人”的道德“自觉性”，没有成为“人”去完善自我的“自觉”力量。在《左传》和《国语》中所体现的“仁”的含义，主要是去调节人与人、人与社会的关系，至于“道德自觉性”的挖掘，是孔子的发明，在下文中笔者会详细解释。《左传》和《国语》中的“仁”虽没有达到孔子及孔子之后“仁”字的广度和深度，但对于《诗经》、《尚书》中用来表示和指代外表仪容的“仁”字来说，已取得了巨大的进步，已经从“人”这一独特的视角去分析和解释问题，以此协调和谐的人际关系和稳定的社会生活。也正是在此层含义的基础上，段玉裁将“仁”解释为“‘从人二’，会意。《中庸》曰：‘仁者，人也。’注：‘人也，读如相人偶之人。以人意相存问之言。’……‘人耦（偶）’犹言尔我亲密之词，独则无耦，耦则相亲，故其字从人二”④，段玉裁援引郑玄“相人偶”的说法来解释

① 李学勤主编：《春秋左传正义》，第464页。

② 李学勤主编：《春秋左传正义》，第477页。

③ 李学勤主编：《春秋左传正义》，第496页。

④ （汉）许慎撰，（清）段玉裁注：《说文解字注》，上海古籍出版社1981年版，第365页。

“仁”字，旨在说明“人与人互动”的人际关系，把“仁”理解为维系良性人际关系的一种重要方式方法，从而使人与人之间相敬相爱。清代大儒阮元讲到：“春秋时孔门所谓仁也者，以此一人与彼一人相人偶，而尽其敬礼忠恕等事之谓也。‘相人偶’者，谓人之偶之也，凡仁必于身所行者验之而始见，亦必有二人而仁乃见。若一人闭户斋居，瞑目静坐，虽有德理在心，终不得指为圣门所谓之仁矣。盖士庶之仁，见于宗族乡党；天子、诸侯、卿大夫之仁，见于国家臣民；同一人相偶之道，是必人与人相偶，而仁乃见也”[①]，其中更是明白无误地用“此一人与彼一人”的说法来表示“相人偶”，其用意便在于用“人与人”的互动关系来解释“仁”字。

这种强调“仁”字之人际互动关系的用法在孔子那里亦有体现，比如“能行五者于天下，为仁矣……恭、宽、信、敏、惠”[②]、“樊迟问仁。子曰：居处恭，执事敬，与人忠”[③]。这里的“恭、宽、信、敏、惠”及“居处恭”、“执事敬”、“与人忠”都是一种人际互动中所应遵守的具体德目，与《左传》、《国语》中“仁”字的用法相仿，是一种“人与人”互动关系的某种具体表现形式。在此层意义上的“仁”字与“义”字的第二层意义［“宗法性”——表现为氏族贵族的具体礼仪规范，涉及具体的行为规范、道德操守、仪容穿戴等方方面面的内容规定性，是对殷商宗教文化系统中祭祀礼仪的继承和改造，由殷商时期“义”（宜）的形式性转向具体的内容性，即形式向内容的转变］相似，“仁”字亦是从早期贵族注重外在的容貌、力量演变为“人与人”互动的一种具体德目，被赋予了具体德道德伦理内容，并且不再只是贵族的“特权”，“春秋的‘仁’便具有了更多的人间性，并扩及大多数人的范围之中。春秋时期关于‘人之为人’的思考，主要是通过仁展开的”[④]，正是在这样的基础上，孔子对“仁”的概念进行了深入的改造和丰富。

笔者认为孔子对“仁”字的改造和深化体现为个人道德自觉性的萌发，道德伦理不再是外在于“人”的存在，而是“人”内心的一种“自

① 阮元：《论语论仁论》，《揅经室集》（上册），中华书局1993年版，第176页。

② 李学勤主编：《论语注疏·阳货》，第235页。

③ 李学勤主编：《论语注疏·子路》，第178页。

④ 梁涛：《郭店竹简与思孟学派》，中国人民大学出版社2008年版，第63页。

觉”力。在“自觉”力的推动下，才能够保持独立的思考能力，从而在复杂的社会关系中“成己”和“成人”。

> 宰我问：“‘三年之丧，期已久矣。君子三年不为礼，礼必坏；三年不为乐，乐必崩。旧谷既没，新谷既升，钻燧改火，期可已矣。’子曰：‘食夫稻，衣夫锦，于女安乎？’曰：‘安。’‘女安则为之！夫君子之居丧，食旨不甘，闻乐不乐，居处不安，故不为也。今女安，则为之！’宰我出。子曰：‘予之不仁也！子生三年，然后免于父母之怀。夫三年之丧，天下之通丧也。予也，有三年之爱于其父母乎？’”①

孔子认为宰我不“仁”的依据并不是在居丧期间“食夫稻”和“衣夫锦”，而是在居丧期间如若“食夫稻”和“衣夫锦”的话，内心“安”或“不安”的问题，以内心之境况来评判“仁”或“不仁”。说明孔子对“仁”的评判标准，已经突破外在的形式性和内容的规定性，将“仁”内化为“人之为人”的内在标准。旨在说明，“人之为人”的主要原因便是“人”可以突破自身的自然属性和自然本能或冲动，而将个人融入“人与人”互动关系中去考量和反省自身以及评判他人。个人在“仁”这种“自觉”力推动下，不只可以在“人与人”互动关系中取完善自我和追求君子人格的达成，还可以反观这种“人与人”互动关系，进而评判某种社会“关系”的好与坏、善与恶，与孔子之前的“仁”之最大不同即在此处。孔子之前的“仁”字含义，只是要求人们在某种社会关系中去遵守一定的伦理道德义务和责任，并没有意识到自身为何处于此种“关系”，是在某种“关系”中被动地遵行“仁”。而孔子之“仁”则要求人们主动地去反观此种“关系”，从而在伦理道德“自觉性”上去积极地适应它或调节它。主动地将“己”融入“人与人”的互动关系中，完成“己”与“群”融合，将自身的特殊性融入“群”或社会的普遍性中，完善自我和利益社会。

李泽厚先生说：“中国古代哲学范畴（阴阳、五行、气、道、神、

① 李学勤主编：《论语注疏·阳货》，第241—242页。

理、心)，无论是唯物论或唯心论，其特点大都是功能性的概念，而非实体性的概念，中国哲学重视的是事物的性质、功能、作用和关系，而不是事物构成的元素和实体。”① 孔子所论之“仁”，正是从一种功用去探讨。因为“鸟兽不可与同群，吾非斯人之徒与而谁与”②，孔子注重“人与人”互动的关系，但是，孔子并不止步于此。有人问孔子为何不去从政，孔子说：“《书》云：‘孝乎惟孝、友于兄弟，施于有政。’是亦为政，奚其为为政?”③ “孝”首先是在血缘关系中所指称的，孔子认为做到了“孝”，能够父子相亲、兄弟和睦，也就做到了“为政”，从而在政治方面的关系中形成良性的互动。在这里，孔子将血缘关系中的“孝”与非血缘的政治关系联系在一起，以前者推论后者，使其彼此相联。也就是说，孔子所论之“仁”并不是一个抽象的概念或实体，而是一种包含人际互动关系而又超越人际互动关系的功能作用，正因为如此，孔子在进入“人与人”互动关系中去探讨问题时，又能反思这种“关系”，从而做到“推己及人”般的“关系”与“关系”的转化和推进。也正是在这层意义上，“孝悌”是“为仁之本”，从特殊的血缘关系推进至普遍的人际互动关系之中。而这一切发生的前提，便是能够做到身处某种互动关系中的同时，又能够“反思”这种“关系”，从而突破“日用而不知”的现实困境。“不识庐山真面目，只缘身在此山中”，孔子“仁”学的发明，便在于能够使我们身在山之中，而又能反观此山，识得其“真面目”，即，身在某种社会关系当中，又能反观此种社会关系，从而“推己及人”建立某种良性的人际互动关系，进而以个人内在之伦理道德“自觉性”去突破自我的自然本能和欲望，去完善自我，追求君子人格。

可以说，“仁”之字义的发展与“义”“利”之字义的发展具有某种相同性，都是从注重外在形式，发展到注重具体的道德伦理内容规定性，然后进入一种更高层次的“人之为人”的道德自觉性。所以，孔子对“仁”学的发明直接影响着其“义利观”之建立和主要思想的阐发。

---

① 李泽厚：《中国古代思想史论》，天津社会科学院出版社 2008 年版，第 30 页。

② 李学勤主编：《论语注疏·微子》，第 250 页。

③ 李学勤主编：《论语注疏·为政》，第 22 页。

三　孔子的义利观

前文中所讲的孔子对西周“德”字的改造和发展，主要赋予“义”观念之个人道德的自觉性，使“人”认识到个人自身有完善自我的可能性和必然性。而“仁”学的发明不只是突出自我的道德自觉性和主体性，还强调一种既处于“关系”中，又超越和反思“关系”的人生境界。正因为如此，孔子将“利”字的概念真正地带入了“人”的视野之中，将“利”放在“人与人”的互动中去考量和评判。因为孔子注重“推己及人”般的“关系”与“关系”的推演、演化，势必会将“利”放入某种互动关系中去评判，并以此反过来用“利”来衡量某种“关系”的“义”或“不义”，从而使“义”与“利”形成一种对立统一的关系。这正是笔者所讲的“利”字的第二层意义——某种“人与人”互动关系的指代，可以说，这是孔子所开启和发明的，从而赋予了“利”字全新的内涵。孔子在“人与人”互动关系中去考量“利”字之时，并不排斥“利”字的第一层含义——“人与自然”互动的“中性之利”，强调“利”字两层含义的协调运作，因为进入“人”的关系和社会中，已不再是就“利”而言“利”，而是对某种互动关系的反观和反思。

从而，依靠“义”的道德伦理“自觉性”主动地协调“利”的两层含义。其君子之“义”、小人之“利”与“见利思义”之说，虽表明“义”对“利”的统摄作用，但此“利”已是笔者在上文所说的人与人互动关系的一种指代，而不是单纯的生存、生活之“中性之利”，意在表示反对损人利己的求利动机和不择手段的求利手段，而赞同合理的“饮食”、“男女”、“富而后教”的必需之“利”。从而，在“义”与“利”之多层内涵下达成“义”、“利”的对立统一关系和良性的人际互动关系，进而完善自我，并主动地追求理想社会的愿景和践履君子人格，是一种积极的人生态度和人生哲学，与有关宗教的禁欲主义形成鲜明的对比。至此，孔子完成了“义利观”之形成所需的理论依据，开启了“义利之辨”及“君子”与“小人”之别，使“义利之辨”在中国几千年的时空之中回荡不息，成为儒家的核心价值范畴之一，对中国人的“人格”观念、“社会”观念、“群己”观念和“金钱”观念等思想的形成具有不可磨灭的意义，影响深远，非其它学说可代替。

孔子所开创和确立的“义”与“利”之辩证统一关系，一直便是孔子之后先秦儒家“义利观”思想的主要理论基调。但同样值得注意的是，孔子所开启的“义利之辨”中“义”与“利”之关系尚处于草创阶段，其理论内涵较为朴素而不够明晰，笔者将结合孔子之后先秦儒家对“义利观”思想的理论发展，进一步阐释孔子的“义利观”思想及“义”与“利”的辩证统一关系。

第二节　孔孟之间：以曾子、子游、子思的义利观为例

据相关史料记载，孔子弟子之中多有创立门派之人，并传于后学，从而为孔子之后儒学的分化提供了客观的条件。《韩非子·显学》中有“儒分为八”的说法，分为子张之儒、子思之儒、颜氏之儒、孟氏之儒、漆雕氏之儒、仲良氏之儒、孙氏之儒、乐正氏之儒，荀子在《非十二子》中所批判的“贱儒”亦有子夏氏、子张氏和子游氏之别，在《儒效》和《非相》篇中亦提到“子弓”，并认为“非大儒莫之能立，仲尼、子弓是也”[①]。在《史记·仲尼弟子列传》中记载：“孔子传易于瞿，瞿传楚人馯臂子弘”[②]，其中的子弘便是子弓。孔子对诸位弟子亦有这样的评价：“德行：颜渊，闵子骞，冉伯牛，仲弓。言语：宰我，子贡。政事：冉有，季路。文学：子游，子夏”[③]，从德行、言语和政事三个方面对较为突出的弟子进行了评点，《论语》一书是孔子弟子及再传弟子编辑而成，说明在此三方面较为突出者，皆较有声望且对后学影响巨大，否则不会将其编入书中，同时，又有意将这十人编为“德行”“言语”和“政事”三类，足以见得此十人在这三方面对后学的影响，因此足以开创门派，著书立说。曾子之开山立派更是不在话下，《孟子·离娄下》记载曾子有“从先生者七十人”，从而形成历史上著名的洙泗派。以及传播孔子所删定之六经的子夏，为魏文侯师，其学生李悝、吴起更是领导了魏国和楚国的变法，声名远扬，形成著名的西河派，以及《史记·货殖列传》“夫使

① （清）王先谦撰，沈啸寰、王星贤点校：《荀子集解·儒效》，第137页。

② （汉）司马迁撰：《史记·仲尼弟子列传》，中华书局1959年版，第2211页。

③ 李学勤主编：《论语注疏·先进》，第143页。

孔子名布扬于天下者"[①] 的子贡，又如《孟子》中所记载的"子夏、子游、子张皆有圣人之一体，冉牛、闵子、颜渊则具体而微"[②] 之说，其中弟子多有创立门派者，从一个侧面也印证了孔门儒学后期的分化。

孔子之后儒学的分化，具体表现为其弟子或再传弟子在继承和表述孔子思想上的不同，从而产生思想上的抵牾和冲突。如《孟子》中记载："子夏、子张、子游以有若似圣人，欲以所事孔子事之，强曾子。曾子曰：'不可。江汉以濯之，秋阳以暴之，皓皓乎不可尚已'"[③]，众人想推举有若作为孔子之后的门派正宗，曾子却不以为然，认为孔子之思想境界高不可攀，暗讽子夏、子张、子游及有若的不自量力。这段文字的记载深刻地反映出，孔子之后儒家内部思想的不统一和冲突斗争。孔子思想中的核心概念"德"、"仁"、"礼"本身是沿着殷商的宗教观、西周的宗法等级制度这条主线，延伸至"人"的独特视野——"人与人"的互动，经由人际互动关系直达个人内在"自觉性"的萌发。所以，孔子的"德"、"仁"、"礼"思想是自殷商至春秋时期思想的综合分析的产物，其中各个组成要素互不排斥，相互协调，"和而不同"，其包容性和外延的宽广，为儒学后期的分化提供了思想的沃土。如：

> "子游曰：'子夏之门人小子，当洒扫、应对、进退，则可矣。抑末也，本之则无。如之何？'子夏闻之曰：'噫！言游过矣！君子之道，孰先传焉？孰后倦焉？譬诸草木，区以别矣。君子之道，焉可诬也？有始有卒者，其惟圣人乎！'"[④]

子夏注重外在"洒扫"、"应对"、"进退"之具体而微的礼仪培养。大到"君子之道"，小至"草木之名"都是君子应该掌握的，不应有前、后，本、末的区分。而子游所认为的"礼"则是"礼有微情者，有以故兴物者；有直情而径行者，戎狄之道也。礼道则不然，人喜则斯陶，陶斯咏，咏斯犹，犹斯舞，舞斯愠，愠斯戚，戚斯叹，叹斯辟，辟斯踊矣。品

① （汉）司马迁撰：《史记·货殖列传》，中华书局1959年版，第3258页。

② 李学勤主编：《孟子注疏·公孙丑上》，第77页。

③ 李学勤主编：《孟子注疏·滕文公上》，第148页。

④ 李学勤主编：《论语注疏·子张》，第258页。

节斯，斯之谓礼"[①]。从而，子游不是从外在的方面理解礼仪，而是认为礼仪是对人们真情实感的一种修饰和调节，而不是"有直情而径行者"即对感情的一种任意宣泄。由此，我们可以看到子夏与子游的区别，子夏注重外在的礼仪规定，而子游却从人的内在情感来解释"礼"，导致了"礼"的不同内涵，形成了"外在性"和"内在性"的冲突。如从"外在性"来分析，礼仪的培养和学习则无所谓"本"、"末"之分，只要勤奋而不懈怠地学习便可。而强调"内在性"的礼仪，则要求人们能够由内而外、由本及末的渐次之学习，从而强调个人内在的直观体悟和伦理道德"自觉性"的培养。孔子后学的分化中诸如此类的文献记载还有很多，笔者在此不再一一列举。

有"分"必有"合"，因为人们需要在思想的分化和冲突中找到一条最接近"圣学"的路径，加之"思孟学派的流行就有很长时间了，其中涉及的人物也就很多了，其思想内容就更复杂了"[②]，否则，就没有"学术源流"和"文化传承"之说，只会带来思想上的混乱和儒家核心内涵的埋没。因此，宋代学者往往认同孔子—曾子—子思—孟子的儒学传承谱系，认为没有曾子则没有儒学的发扬、传播和弘扬。据历史文献和近代学者的考据，子游也对子思的思想造成了极大的影响，"一些学者用对立的眼光看问题，在曾子、子游之间，舍此取彼或取此舍彼，这种非此即彼的思维方式，恐怕还是受到韩愈、朱熹'道统'论的影响"[③]，蒙培元先生也肯定"子游很可能是思孟学派形成中的重要人物"[④]。故，笔者在本章内容中将重点论述"孔孟之间"——曾子、子游、子思的"义利观"思想，只有将孔子之后与孟子、荀子之前的这段时期儒家"义利观"思想了解清晰，才能知道孟子、荀子之"义利观"形成的理论基础和理论前提，同时，亦可通过对这段时期儒家"义利观"思想的探析，加深对孔子"义利观"思想本身的深入研究。

---

① 李学勤主编：《礼记正义·檀弓下》，第 283 页。

② 蒙培元：《〈性自命出〉的思想特征及其与思孟学派的关系》，见《儒家思孟学派国际学术研讨会论文汇编》，第 23 页。

③ 梁涛：《郭店竹简与思孟学派》，中国人民大学出版社 2008 年版，第 102 页。

④ 蒙培元：《〈性自命出〉的思想特征及其与思孟学派的关系》，见《儒家思孟学派国际学术研讨会论文汇编》，第 22 页。

一 曾子："以利为利"和"以义为利"

《大学》一书原为《礼记》中的一篇，由郑玄作序，孔颖达作疏，至司马光，才将《大学》从《礼记》中划出，作为单独的一本著作。《大学》是否为曾子所作，一直众说纷纭。总体来说，程颢、程颐及朱熹等宋儒大多将《大学》作为"孔氏之遗书，而初学入德之门"[①]对待，认为是"曾子述之"、"曾子门人记之"[②]。自清代以来，宋儒的这种说法受到了怀疑，崔述认为《大学》非孔子、曾子所作，且成书年代较晚[③]。近人冯友兰、郭沫若等知名学者皆对宋儒的说法产生怀疑，或认为是荀子一派所作，或认为孔子后学乐正氏所作……这方面的论述和辩说汗牛充栋，本书主要探讨曾子之"义利观"思想，在此不再一一论述。笔者认同《大学》为曾子或曾子之门人所作，李学勤先生指出："朱子说《大学》系曾子所作，绝非无因"[④]，《大学》的文本逻辑与孔子"仁"、"礼"、"义"、"利"等概念的内在发展逻辑相符，孔子思想承接殷商之宗教观、西周之宗法等级制，思慕周公之"制礼作乐"，是对西周思想"人文转向"的延伸和深化，《大学》中"德"、"仁"、"礼"、"义"等核心概念正是对孔子思想的继承和扩展，同时又保留了孔子思想中较为朴素的方面，而无孟子、荀子对孔子思想扩展的深度和丰富性，亦较少有战国后期各种思想学说交织融合的迹象。所以，"按照传统的说法，曾子、子思上下相乘，属于同一学派，既然《中庸》出于子思，那么，《大学》出于曾子或其弟子的可能性就很大。"[⑤]对于《大学》是否为曾子所作，笔者在下文将结合曾子之"义利观"进一步作出论证，并着重分析和探讨曾子之"义利观"及对孔子"义利观"思想的继承和发展。

在《大学》中"义"与"利"同时并列出现的词句为"以义为利"，

---

① 朱熹：《四书章句集注》，中华书局2011年版，第3页。

② 同上书，第4页。

③ 参见《洙泗考信余录》（卷一），见《崔东壁遗书》，上海古籍出版社2013年版，第373页。

④ 李学勤：《从简帛佚籍〈五行〉谈到〈大学〉》，《孔子研究》1998年第3期。

⑤ 梁涛：《〈大学〉早出新证》，《中国哲学史》2000年第3期。

且集中出现于一段文字之中：

“孟献子曰：‘畜马乘，不察于鸡豚；伐冰之家，不畜牛羊；百乘之家，不畜聚敛之臣。与其有聚敛之臣，宁有盗臣。’此谓国不以利为利，以义为利也。长国家而务财用者，必自小人矣。彼为善之，小人之使为国家，灾害并至。虽有善者，亦无如之何矣！此谓国不以利为利，以义为利也。”①

《大学》中所谈之“义”和“利”是对孔子“义利观”的继承和延伸。文中“义”字和“利”字所涵盖的意蕴与孔子相仿，而又有所突破。孔子在论述“利”字之时，“放于利而行”（《论语·里仁》）、“无见小利”（《论语·子路》）、“见利思义”（《论语·宪问》），虽然将“利”字从单纯的“人与自然”或主体与客体互动中（有益于、有利于）延伸开来，放在“人与人”互动关系中考量，依从“己所不欲，勿施于人”的人际互动规则和道德自觉性来衡量，但更多地是将“利”理解为一种“私利”，解释为一种整体中的特殊性来对待，并没有将更多的“普遍性”赋予“利”字。虽有“因民之所利而利之”（《论语·尧曰》）的表述，但是，这是针对子张所问如何才能做到“惠而不费”的解答，具有较强的针对性，而没有在普遍性的意义上讲述。且“惠而不费”之意为“给人民以好处，自己却无所耗费”②，旨在表述从自身出发，如何做到“惠”，而又能达到自身的“不费”，本身便具有一定的“功利性”。因此，孔子回答此问题而提出的“因民之所利而利之”中的“利”字，虽表示普遍性的“民利”，但依然带有某种局限性和特殊性，并不能与“普遍性”的“义”字画等号。

而《大学》中的“利”字已经开始与“义”字相融合，比如文中的“以义为利”，显然将“利”字放入了一种更大的视野中去分析和应用。假如说孔子将“利”字用来指代人际互动中“损人利己”的“私利”，《大学》中曾子的“利”观念则将“利”字与“义”字融入一种更为抽

① 李学勤主编：《礼记正义·大学》，第1603页。

② 杨伯峻：《论语译注》，中华书局2015年版，第304页。

象的"普遍性"中，也只有在此意义上讲，才可说"以义为利"。当用"人与人"互动的关系去评述"利"字时，"利"字用来指代一种人际互动关系的善、恶或美、丑，此时的"利"不是一种目的，而是一种促成人际互动良性或恶性的手段，是一种价值判断而不是事实判断。笔者在第一章的内容中已经分析过"利"字的两层内涵，在《大学》之中这两层内涵更是很好地体现了出来。"国不以利为利，以义为利也"，讲的便是不要将"利"作为终极的目标而去追求，以"利"言"利"只会造成"私利"的"特殊性"，而应该将"人与自然"（主体与客体）互动的"中性之利"作为一种手段应用到良性的人际互动关系中，从而"己欲立而立人，己欲达而达人"（《论语·雍也》），使"中性之利"不至于变为"私利"，使其融入整体的"普遍性"中，与"义"的个人伦理道德"自觉性"合二为一，成为一种"公利"。

在孔子应用"利"字之时，"利"字的第一层含义即"中性之利"（主要表示为有利于和有益于）之意与第二层含义即"义理之利"（良性或恶性人际互动）交互使用，且在使用第二层含义时，孔子更多地将"利"字用来表示导致恶性人际互动、"上下交征利"的"私利"，而没有明确地在"利"的第二层含义中划分出与之对应的"大利"或"公利"这个概念。而曾子在《大学》中则明确地提出"国不以利为利，以义为利也"的说法，旨在表明"察于鸡豚"、"畜牛羊"、"畜聚敛之臣"为"以利言利"的"私利"，而"以义为利"之"利"则为良性人际互动中的"公利"，由个体或特殊集团的"私利"上升为具有普遍性的利益——人民的"公利"，即，从特殊性过渡到普遍性。这是曾子对孔子思想的进一步深化和挖掘。

《大学》中还讲到："生财有大道。生之者众，食之者寡，为之者疾，用之者舒，则财恒足矣。仁者以财发身，不仁者以身发财。未有上好仁而下不好义者也，未有好义其事不终者也，未有府库财非其财者也。"[①] 这进一步说明，曾子已经明确地意识到"中性之利"与"义理之利"的区别，"利"本无好坏、公私、善恶之分，关键在于人际互动中的应用。所以曾子并不排斥"利"，故讲"生财有大道"。虽不排斥"利"，

① 李学勤主编：《礼记正义·大学》，第1603页。

但曾子讲到要正确的应用“利”，也就是要做到“仁者以财发身，不仁者以身发财”，严格划分“仁”与“财”的先后、本末顺序，不可“以利言利”。

在《大学》中“义”字共出现4次，“未有上好仁而下不好义者也，未有好义其事不终者也”，后两次都以“以义为利”的形式出现。值得注意的是，“义”字在前两次当中都与“仁”字同时出现，且相互解释，互为补充，而孔子并没有将“仁”、“义”并举，曾子却把“好仁”与“好义”联系在一起。“义”在孔子那里由殷商之宗教观、西周之宗法制发展到个人的内在道德“自觉性”，三者融合在一起，所以，孔子将“义”既用作一种外在的内容规定性，如“长幼之序”、“君臣之义”；也表示一种强调个人道德“自觉性”的内在品格，如“君子义以为质，礼以行之”[①]。可以说，是“外在性”和“内在性”结合，我们只能说是孔子延伸了殷商、西周的“义”观念，挖掘了“义”字的“内在性”，但“内在性”和“外在性”孰轻孰重的问题在孔子那里并没有表现出来。故，有的学者指出“‘义’在孔子那里并非主观的东西，它的根据和基础、它的合理性，建立在天理和事理的基础上。自然，具体何事为宜，需主观的判断，但‘义’本身并非出于主观，而是客观的行为准则”[②]。孔子所论之“义”上文已经提到，是“外在性”和“内在性”的结合，这种结合容易给人造成一种误解，从而造成孔子后学“义内”与“义外”之争，笔者将在以下章节中就此论述，在此不再赘述。曾子以“忠恕”之道而“一以贯之”，强调人的内在自觉性和道德自律性，追求自我的人格完善，其“内向性”的治学思维和方向，是对孔子“义”观念的延伸和发挥，同时又反过来影响了自身“义”观念的发展。所以，笔者认为曾子所言之“义”主要是从个人内在的道德“自觉性”出发，是对孔子“义”观念“内在性”方面的发展，为儒家以后心性之学的发展奠定了理论基础。

《大学》开篇便开宗明义，指出“大学之道，在明明德，在亲民，在

---

① 李学勤主编：《论语注疏·卫灵公》，第213页。

② 张汝伦：《义利之辨的若干问题》，《伦理学研究》2010年第3期。

止于至善"[①] 的"三纲领"。开篇便讲"德",是对孔子"德"思想的继承,与文中的"八条目"相配合,形成具有严密逻辑性的思想体系。虽有学者指出"《大学》此处的明德,大概也只能作明智的行为解释,而不是指的心"[②],但是笔者认为,孔子之时已对"德"观念进行了改造和新的诠释,由西周宗法制"一家一姓"之"德"扩展为"人之为人"之"德",由"外在性"的行为规范之"德"延伸为"内在"的"自觉性"之"德",所以曾子只可能沿着孔子的方向进行更加深入的挖掘,而不可能走"回头路"。再加之"八条目":格物、致知、诚意、正心、修身、齐家、治国、平天下的论述,"内圣外王"思想被明晰地体现出来,"诚意"、"正心"、"修身"都与人的内在性修养有关,强调由"内圣"而"外王"的治学思路。又如,"毋自欺也"、"诚于中,形于外"的"慎独"思想,都能够反映曾子的"内向性"治学思路。正是出于这一点,笔者认为曾子在"内向性"治学思路下所发展的"义"观念是对孔子所强调的个人道德内在"自觉性"的深入发展和演化,并对以后的孟子产生了至深的影响。

所以,曾子的"义利观"思想是对孔子"义利观"思想的深化和细化。孔子将"义"与"利"带入"人"的视角之中,用"人与人"互动关系来诠释"义利观"思想,并反过来"反思"这种"关系"的或善或恶、或好或坏。但是在孔子那里,"义"与"利"对立的成分要大于其统一的成分。而在曾子这里,通过对"利"字进一步的深化和细化,划分出"以利为利"和"以义为利"两个"义利观"范畴。在"以利为利"这个方面,曾子是反对的,"义"与"利"是对立的;而在"以义为利"这个方面,曾子是同意的,甚至提倡"义"与"利"统一。所以,我们不能简单而单线式地评价曾子的"义利观"为"义利对立"或"义利统一",而要将"义"与"利"放在曾子具体的文本语境中分析,并依托具体的人际互动关系进行评价。因为,一旦人与自然互动的"中性之利"进入"人与人"的"关系"中,"利"字便不是一种"有利于"或"有益于"的目的性的事实判断,而是一种作为"手段"的价值性判断,看

① 李学勤主编:《礼记正义·大学》,第1592页。

② 徐复观:《中国人性论史·先秦篇》,华东师范大学出版社2005年版,第282页。

其是否能够促成良性的人际互动关系，从而在“关系”中进行评判。曾子之“义利观”正是基于此，才能够划分为“以利为利”和“以义为利”两个“义利观”范畴，从而达到“义”与“利”的对立统一。

二 子游：“天下为公”和“天下为家”

研究孔子之后儒学的分化以及子思、孟子、荀子思想之前的过渡环节，除上文中所论述的曾子，对子游的研究亦是不可避免的。林乐昌先生说过：“子思之学远源于孔子，近源为曾子和子游”[①]，康有为也讲道：“盖子游为传大同之道者，故独尊之。此盖孔门之秘宗，今大同之道幸得一传，以见孔子之真，赖是也”[②]，康有为的说法虽有所偏颇，主要与其政治思想相关。但是，《礼运》为子游所作，应该是正确的。近代学者也多认为《礼运》与子游相关。所以，在下文中笔者将通过《礼运》来研究和分析子游的“义利观”思想。

“利”字在《礼运》中只出现4次，分别为：“修火之利”、“明于其利”、“人利”、“地利”。笔者认为“修火之利”和“地利”之中的“利”字意在表明“火”与“地势”对人们所产生的“利”，即“有利于”或“有益于”的意思，属于“利”字的第一层含义，侧重于表示“人与自然”或主体与客体的互动，是“中性之利”的表示方式，属于事实判断。而“明于其利”和“人利”中的“利”已明显带有价值判断的意味，与“辟于其义”、“讲信修睦”相联系，将“利”带入“人”的视角之中去分析和应用，用来指代人际互动所产生的关系的性质。《礼运》中对“利”字的用法与《大学》相仿，都是对孔子思想的一种继承和延伸，都将“利”字放入“人与人”互动的视野中去考量，以道德伦理来衡量进入人际互动的“利”之好坏与善恶，是“中性之利”在人际互动中的应用。

《礼运》与《大学》不同的是对“义”字的应用，在《大学》中主要是“仁”、“义”并举，而《礼运》中虽“仁”与“义”也同时出现，但更多的是与“礼”字相联系。如：“礼义以为纪”、“礼义以为器”、

① 转引自韩旭晖《郭店楚简与早期儒家思想研究的新扩展》，《孔子研究》2000年第5期。

② 康有为著，楼宇烈整理：《孟子微·礼运注·中庸注》，中华书局1987年版，第239页。

“修礼以达义”。在“礼”与“义”相联出现时，此二者往往互相解释，在某种程度上可以画等号，如：“礼也者，义之实”，都旨在表示二者之互为基础的关系。并将“人义”具体化为“父慈”、“子孝”、“兄良”、“弟弟”、“夫义”、“妇听”、“长惠”、“幼顺”、“君仁”、“臣忠”十个德目，称其为“十义”，从而认为“修十义，讲信修睦，尚辞让，去争夺，舍礼何以治之”①，其中的“讲信修睦”、“尚辞让”与“去争夺”其实可归结为“十义”当中的具体德目，都是“十义”的具体组成部分，这样来分析的话，此句的意思为如果不做到修“义”的话，便等于“舍礼”，其字义的紧密关系由此可以得知。

《礼运》中“义”字与“礼”字互为基础而相互诠释，笔者认为这种诠释方式将“义”字之含义往前又推进了一大步，比孔子、曾子之“义”字的含义更为深邃与广远。子游所论之“礼”不再局限于宗法血缘的等级制度之中，而是赋予“礼”更为宽广的适用范围，“夫礼，先王以承天之道，以治人之情”②，“礼”的作用便在于“治人之情”，“何谓人情？喜怒哀惧爱恶欲七者，弗学而能”③，所以要“治人七情，修十义”，《礼运》中用“人之情”来论述“礼”与“义”何以产生的问题。在《礼记·檀弓下》中有这样的记载，子游认为“礼有微情者，有以故兴物者；有直情而径行者，戎狄之道也。礼道则不然，人喜则斯陶，陶斯咏，咏斯犹，犹斯舞，舞斯愠，愠斯戚，戚斯叹，叹斯辟，辟斯踊矣。品节斯，斯之谓礼”④。正因为不能肆无忌惮、“直情而径行”般地释放感情，所以要节制和修饰自然感情的流露。而孔子所论之“礼”多为“正名”之说，强调君君、臣臣、父父、子子各安其位，强调宗法血缘的等级制度。孔子为“克己复礼”而提出的“仁”学，亦是建立在血缘关系——“孝悌”的基础之上，层层递推，达到“亲亲”与“爱人”、“孝悌”与“泛爱众”的和谐统一。而子游所论之“礼”是从更为普遍性的人人都具有的“人之情”出发，突破了特殊性的血缘关系，将“礼”作为“普适性”的一种人际互动准则呈现了出来。而“礼”又为“义之实”，从而

① 李学勤主编：《礼记正义·礼运》，第689页。

② 同上书，第662页。

③ 同上书，第689页。

④ 李学勤主编：《礼记正义·檀弓下》，第283页。

“义”字所涵盖的范畴也要比孔子、曾子大的多。假如说孔子和曾子行仁义的路径为“亲亲”而“济众”和“一家仁，一国兴仁；一家让，一国兴让”[①]，子游则反其道而行之，直接从“济众”和“国”出发，突破“一家一姓”的血源性的局限，将其“义”、“礼”观念建立在更为“普遍性”和“普适性”的基础之上，从而进入更为宏大的视野中去解释问题，这是子游对孔子思想最大的突破和改革。

在《大学》中，曾子虽已隐约地在“以利为利”和“以义为利”两个“义利观”范畴中区分了“公利”和“私利”的区别，并将“公利”与“义”并举。但是，他依然受限于“血缘性”的局限之中，并没有明确在“人与人”互动关系中提出“公”与“私”的问题。因为，若不在“普遍性”的范畴“人之情”的前提下去诠释“义”与“礼”，则不会使“义”与“礼”具有“普适性”的价值评判作用。《礼运》之前的“公”大多表示为“普天之下莫非王土”之“公”，指称宗法血缘的等级制度中的贵族和诸侯，如：“公家”、“公田”、“公法”……而子游所论之“公”为社会运作的“选贤与能”和“讲信修睦”，以及社会关系中的“不独亲其亲”和“不独子其子”之“公”，将根植于血缘宗亲之“公”演变为“老有所终，壮有所用，幼有所长，矜寡孤独废疾者，皆有所养”[②]之“公”，突破了血缘关系的束缚，从“普遍性”的人际互动关系去反对“天下为家，各亲其亲，各子其子，货力为己”[③]的“私”，也正是由于“天下为家”才需要“礼义”的存在。

子游的这种突破和改革，深深地影响了他对“义利观”的阐述。子游在《礼运》中的“义利观”思想是从两个历史发展阶段来论述的：“天下为公”和“天下为家”。在“天下为公”时，人们“货恶其弃于地也，不必藏于己；力恶其不出于身也，不必为己”[④]，也就是说在“天下为公”的“大同”理想社会中并不存在一己之利，没有“私利”之说。此时的“利”完全是一种“公利”，可以与“义”画等号，并不产生冲突关系。严格来说，笔者认为在不必为“己”而去珍惜财利和努力劳作的社会状

① 李学勤主编：《礼记正义·大学》，第1600页。

② 李学勤主编：《礼记正义·礼运》，第658页。

③ 同上书，第660页。

④ 同上书，第659页。

态下，“义利之辨”这个论题是不存在的。“天下为公”的理想状态着重一个“公”字，而没有一己之“利”或一己之“私”，将“己”之“特殊性”完全消融在了“公”的“普遍性”之中。此时的“义”与“利”为同义，不产生任何对立统一的关系，“义”就是“利”，“利”就是“义”。当然，我们也应清晰地认识到，这只是古人希冀的一种理想状态，与现实境况具有差别。

此种思想与子游所提倡的“禅让制”政治理想相关，这种政治理想突破血缘宗族的局限性，进入一种更加广泛的“人与人”互动关系中，与孔子、曾子形成鲜明的对比。正因为子游的这种突破，使儒家思想开始进入一种真正的“政治范畴”领域，不再仅仅局限于具有血缘宗亲“特殊性”的“家”、“国”的概念，而是进入更加宏大的历史和政治视野，为孟子的“王道”思想和荀子的“大一统”思想奠定了理论的基石。也正因为如此，康有为才极力维护子游的儒家正统地位以支持他的政治理论，“天下为公，选贤与能者，官天下也。夫天下国家者，为天下国家之人公共同有之器，非一人一家所得私有，当合大家公选贤能，以任其职，不得世传其子孙兄弟也”①。康有为推崇子游，虽然是为自身的政治理论找经典方面的依据，但是他提出“大家”之概念，并以此来反对“一人一家”的政治模式，颇得子游思想的要旨。

在子游思想中，“义利之辨”真正产生于“天下为家”的历史阶段当中，并明确地提出了“公”与“私”的问题，是对孔子、曾子思想的一种深化。在此历史阶段中，“亲其亲”、“子其子”、“货力为己”、“以功为己”，一己之“利”或一己之“私”凸显，所以，需要礼义为纲纪以治人情、定人伦，从而达到“父慈、子孝、兄良、弟弟、夫义、妇听、长惠、幼顺、君仁、臣忠”② 的和谐秩序，以促成良性的人际互动。子游所讲的“义”不仅强调注重外在行为规范和人伦纲纪的“十义”，亦是代表个人内在的一种道德“自觉性”，子游认为“义”的根本便是“仁”，“为礼不本于义，犹耕而弗种也；为义而不讲之以学，犹种而弗耨也；讲

① 康有为著，楼宇烈整理：《孟子微·中庸注·礼运注》，中华书局 1987 年版，第 239 页。

② 李学勤主编：《礼记正义·礼运》，第 689 页。

之于学而不合之以仁，犹耨而弗获也”[①]，从而在逻辑上将“仁”置于“礼”、“义”之上，“人”并不只是被动地去遵守外在的礼仪规范和行为准则，而是可以主动地去协调“人与人”关系的互动，并以此来激发个体内在的道德“自觉性”。再加之，子游对“义”的改造和延伸，使其突破血缘宗亲的“特殊性”，从而，人们可以内在自觉地在“普遍性”的“大家”中去促成和谐的人际互动关系，以“义”而成“公利”，并以“义”去反对“私利”，形成了“义”与“利”的对立统一关系。

但是，子游并不反对人的合理欲求，承认人的“饮食男女”之“大欲”，子游在肯定人有“七情”的前提下，承认作为生命个体的“人”具有合理的感情、情绪和为“生存”而必需的物质条件。“圣人耐以天下为一家，以中国为一人者，非意之也，必知其情，辟于其义，明于其利”[②]，他还认为，圣人以“公”为准则，将天下和国家认为是一家和一人，但并不是不通情理的主观臆断，而是明白人情和人义，懂得怎样用“义”去协调和修饰“人情”在“人与人”互动中所发挥的作用，从而明确“公利”和“私利”之界限，以促成良性的人际互动和个人的道德“自觉性”，从而追求完善的人格和社会安定的秩序。

所以，要评价和理解子游的“义利观”思想，必须将其放入“天下为公”和“天下为家”两个历史阶段中去考量。“天下为公”是子游所希冀的理想社会形态，其现实的社会形态为“天下为家”，是子游所重点描述和解释的。子游突破社会关系中血缘宗亲的“特殊性”，将“义利观”融入更为“普遍性”的“天下”、“一家”和“一人”之中，期待以“义”导“利”，完成“义”、“利”的对立统一关系，并最终在“天下为公”的阶段消除“义”“利”之别。

三　子思：“务内”与“主外”

子思前承孔子，后启孟子，是儒学思想研究中不可缺失的重要环节。子思的师承关系，在近千年来一直存在争议。宋儒所推崇的儒家“道统”说，认为子思承继曾子。但是，荀子在《非十二子》推断子游与子思、

---

① 李学勤主编：《礼记正义·礼运》，第711页。

② 同上书，第688页。

孟子为一派。康有为也认为，“著《礼运》者，子游。子思出于子游，非出于曾子。颜子之外，子游第一”①，“子游受孔子大同之道，传之子思，而孟子受业于子思之门”②，笔者认为，子思的师承关系不应用非此即彼的观点来看待，思想的形成往往是一个融合的过程，“战国时期思想活跃，学无常师，若子思师从同为孔子后学的子游门下，亦不足为奇。一种合理的推断是：子思受学于曾子后，又向思想接近的子游求学是完全可能的，并不一定强调专学于一派而否定另一派”③。在孔子之后，儒学有“主内”与“务外”的分化，曾子与子游虽有“务外”的思想成分，但更多的是强调道德自觉性的“主内”之学，而子思便是在承继这种“主内”之学的基础上，将儒学发展到“性命之学”的哲学高度，奠定了儒学以后的基本发展方向。

本节内容主要探讨子思的“义利观”思想，所依从的文本依据是《中庸》及郭店楚简中的《五行》、《性自命出》篇。《中庸》、《五行》、《性自命出》是否为子思所作，亦是众说纷纭，这方面的研究及著述汗牛充栋，考虑到本文的篇幅和论述的重点，在此不再一一论述，笔者结合前人研究及最新研究成果，认为子思所作的可能性最大。因此，本文结合此三篇文本资料来分析子思之“义利观”思想，以及子思“义利观”思想对孔子、曾子和子游“义利观”思想的继承和突破。

> “仁形于内谓之德之行，不形于内谓之行。义形于内谓之德之行，不形于内谓之行。礼形于内谓之德之行，不形于内谓之行。智形于内谓之德之行，不形于内谓之行。圣形于内谓之德之行，不形于内谓之行。德之行五和谓之德；四行和谓之善。善，人道也。德，天道也。”④

在这段文字中，子思将“义”的含义分为“德之行”和“行”来区

① 康有为：《万木草堂口说·礼运》，《康有为全集》第2册，中国人民大学出版社2007年版，第316页。

② 康有为著，楼宇烈整理：《孟子微·中庸注·礼运注》，中华书局1987年版，第1页。

③ 王杰：《先秦儒家政治思想论稿》，人民出版社2010年版，第175页。

④ 李零：《郭店楚简校读记》，中国人民大学出版社2007年版，第100页。

别对待，其主要差别为“形于内”和“不形于内”。此种划分方法与《中庸》中的“诚者，天之道也；诚之者，人之道也。诚者不勉而中，不思而得，从容中道，圣人也。诚之者，择善而固执之者也”[①] 相仿，将人的修养方法分别为“诚者”和“诚之者”两个方面。一个“主内”，一个“主外”。有学者认为“仁义礼智圣等五种美德皆在人的心中（所谓‘形于内’），成为‘德之行’；其表现在外在行为者，则称为‘行’。”[②] 也就是说，将“义”区分为内在的道德自觉和外在的行为规范两种存在形式。“这五种德行内在地和谐化了，就是天道之德。其表现在外的仁、义、礼、智之行为，相互和合，就是人道之善。”[③] 将道德规范主动地内化于心者为“德之行”的“义”，没有内化于心而只是被动地遵守道德规范者为“行”的“义”。正如有的学者所说：“凡是未经心灵体现出来的道德行为，《五行篇》称之为‘行’，意即一般的道德行为，即道德行为尚未经由意识化或内在化的一种社会规范之行为。《五行篇》严格上说来并不是这种作为社会规范的‘行’，而是内在化、意识化的‘德之行’。”[④]

《五行》篇中对“义”字的这种“内在”和“外在”的区分，其实在孔子的“仁”学和“礼”学那里早已存在，孔子既讲“为仁由己”，又讲“克己复礼”，是内在之“仁”与外在之“礼”的辩证关系。侧重于指明主体的内在自觉性与外在道德规范性的辩证统一，缺一不可。而《五行》篇将孔子对“仁”和“礼”的这种区分，抽象化为“行”和“德之行”的概念分类，从而正式地作为一种哲学范畴进行讨论和研究，在这一点上，是对孔子、曾子和子游的突破。

在郭店楚简中有着很多“仁内义外”的说法，如：“仁生于人，义生于道。或生于内，或生于外”[⑤]、“故为政者，或论之，或义之，或由中

① 李学勤主编：《礼记正义·中庸》，第1446页。

② 黄俊杰：《孟学思想史论》（第一卷），东大图书公司1991年版，第75页。

③ 郭齐勇：《郭店儒家简与孟子心性论》，《武汉大学学报》1999年第5期。

④ 杨儒宾：《德之行与德之气——帛书〈五行篇〉、〈德圣篇〉论道德、心性与形体的关系》，见钟彩钧主编：《中国文哲研究的回顾与展望论文集》，台湾“中央研究院”中国文哲研究所筹备处1992年版，第417—448页。

⑤ 《物由望生（原题“语丛一”）》，李零：《郭店楚简校读记》，中国人民大学出版社2007年版，第208页。

出，或设之外，论列其类”[1]。这其中所讲的都是倾向于“仁内”和“义外”，认为“仁”由内心自觉而生成，并将外在的道德规范和习俗规定内化于心，从而“无终食之间违仁，造次必于是，颠沛必于是”[2]，即由“内在”而向“外在”的一种自然而然的体现和转变。而“义”是一种外在的行为条例或伦理规范，需要人们去遵守和执行，带有某种被动性和强迫性，从而由“外”至“内”，完成其内化的过程。但是，笔者认为《语丛一》和《尊德义》中的这种“仁内义外”的说法与《五行》篇的“德之行”和“行”具有区别性，并不能简单地将“仁内义外”说应用于《五行》篇中。在《语丛一》和《尊德义》中没有对“仁”和“义”这两个概念作详细的分类，而是在一个大的概念范畴下去定义“仁”和“义”之“内外”。而《五行》篇中，对“义”概念做了细致的分类，分为“德之行”之“义”和“行”之“义”，意在表明“义”概念的本身即是“内”与“外”的统一，而不是单纯的“内”或是单纯的“外”。而竹简中《语丛一》和《尊德义》两篇的“仁内义外”说，按照《五行》篇的逻辑来讲，应是“德之行”之“仁”与“行”之“义”的关系，而不是与“德之行”之“义”的关系。所以在《五行》篇的严密逻辑中我们可以看到，虽然战国中期可能出现“仁内义外”的思潮，但应该是在具体语境中提出的，并没有产生如孟子与荀子那样对“仁”、“义”、“礼”之“内外”的明确划分，更多的是一种“内”与“外”的辩证统一。如《尊德义》所讲的“仁内义外”是放在开篇首句“尊德义，明乎民伦，可以为君”的具体语境中去阐释的，其“仁内义外”是讲给“为政者”之“君”的一种学说，阐明何为“为人上者之务也”，具有明显的针对性，并不是在“普遍性”的人格修养上来讲的，具有某种“政治”上的“特殊性”。而《五行》篇中对“义”字的论述，是从“普遍性”的人格修养即“君子”方面去阐释的，从而比《尊德义》篇的“义”字具有更加广泛的概念外延性和广泛性。

所以，笔者认为在子思那里，“义”字是“内”与“外”的统一，而不是将其分别对待。“内”与“外”不能从字义的角度去理解，如果非

---

① 李零：《郭店楚简校读记》，中国人民大学出版社2007年版，第183页。

② 李学勤：《论语注疏·里仁》，第48页。

要将“内”和“外”理解为“义”字的字义内涵，那必然会产生“非此即彼”的矛盾性，如产生这种“非此即彼”的“内”与“外”的矛盾，那《五行》篇的首段内容就会显得没有意义，就没有必要将仁、义、礼、智、圣反复地放入“形于内”和“不形于内”的逻辑中去分析和探讨。而且“义”字在《性自命出》、《五行》和《中庸》中“主内”和“主外”的用法掺杂，如果按照“字义”来理解，势必会造成无法弥合的矛盾性。所以，笔者认为子思所谈的“义”之“内”、“外”，并不是从字义上来说的，而是代指了“义”字的两层功用：由“内”而“外”和由“外”而“内”，并根据具体的客观环境、个人修养程度、性格背景的不同做出两者之间的最优选择，其最终的指向皆为主体之道德“自觉性”的培养和萌发，可谓是“殊途同归”。从而，“义”字在子思那里除了表示为“内”和“外”两种“路径”，更多表示为一种“自由选择”路径的能力，这便是“时”的概念。

子思在《中庸》中讲到“义者，宜也”，朱熹注曰：“宜者，分别事理，各有所宜。”[①] 意思是要在“事”和“理”上做到分别清晰，从而做到各安所宜，也就是“适宜”的意思。笔者在第一章中已对“义者，宜也”中的“义”字做了详尽的解释，在此不再赘述。子思对“义”字的阐释承继了孔子、曾子与子游的“内向性”解释的传统，突出“人”在“事”和“理”上的内在“自觉性”，在处理“人与人”互动关系时，依据内在的道德“自觉性”去协调外部的人际互动关系，并克服外部客观环境及自身“情欲”的影响，达到一种“我”与“他人”适宜或适合的和谐状态。在《五行》中有这样的表述：“不直不肆，不肆不果，不果不简，不简不行，不行不义”[②]，“简”即“不以小道害大道”、“行”即“正当”[③] 之意，最后完成“义”，强调“小”与“大”之间的“权衡”，从而做出适宜且“正当”的行为判断。又如“当事因方而制之，其先后之序则宜道也”[④]，注重在“先”、“后”顺序方面的抉择，依然与“不行不义”中的“义”相同，旨在表示一种选择的“适宜性”。而这种用

① 朱熹：《四书章句集注》，中华书局 2011 年版，第 30 页。

② 李零：《郭店楚简校读记》，中国人民大学出版社 2007 年版，第 102 页。

③ 郭沂：《郭店竹简与先秦学术思想》，上海教育出版社 2001 年版，第 175 页。

④ 李零：《郭店楚简校读记》，中国人民大学出版社 2007 年版，第 137 页。

"适宜"来解释"义"字的方法，其实是突出了"时"的作用，随着主体道德"自觉性"的萌发，主体可根据具体的社会环境做出"适宜"的道德方面的判断和行为，也就是"君子之于天下也，无适也，无莫也，义之与比"①，要结合随时变化的条件及环境而处处"适宜"，同时又以君子人格作为底线和前提，并不是"小人"般的"无忌惮"，而是"君子"般的"时中"。正由于"义"字具有"时"的功用，《五行》中在定义何为"君子"时讲到："五行皆形于内而时行之，谓之君（子）。"② 从而，"君子"可以根据不同的外在条件，自由而自觉地运用"内"与"外"两种"路径"，去培养内在的道德"自觉性"，进而不只是被动地遵从外在的道德规范和习俗规定，而是主动地去创造价值和调适"人与人"之间的互动关系，以此促成良性的人际互动关系和自我的人格完善及自我提升。

子思对"义"字在"时"的功用上的把握，源于对"性"的认识。在《性自命出》中提道，"喜怒哀悲之气，性也"③，认为人人都具有的感情和情绪便是"人性"。《中庸》中的"喜怒哀乐之未发谓之中，发而皆中节谓之和"④，朱熹对"喜怒哀乐"解释为"喜怒哀乐，情也"⑤。这种以"情"论"性"之说，在《性自命出》多有体现，如"性自命出，命自天降。道始于情，情生于性"⑥，可解释为"性从命产生，而命是从天儿降下的。道从情开始，而情又从性产生"⑦。有"生"则有"命"，有"命"则必有"情"，任何一个具有生命的个体，都会具有喜怒哀乐的感情和情绪的外在表达，从而"性"与"情"的关系可转化为"生"与"性"的关系，即"天命之谓性"（《中庸》），这便是古人"即生言性"的传统。故，傅斯年在《性命古训辩证》中讲道，"古初以为万物之生皆由于天，凡人与万物生来之所赋，皆天生之也。故后人所谓性之一词，在

---

① 李学勤主编：《论语注疏·学而》，第 50 页。

② 李零：《郭店楚简校读记》，中国人民大学出版社 2007 年版，第 100 页。

③ 李零：《郭店楚简校读记》，中国人民大学出版社 2007 年版，第 136 页。

④ 李学勤主编：《礼记正义·中庸》，第 1422 页。

⑤ 朱熹：《四书章句集注》，中华书局 2011 年版，第 20 页。

⑥ 李零：《郭店楚简校读记》，中国人民大学出版社 2007 年版，第 136 页。

⑦ 郭沂：《郭店竹简与先秦学术思想》，上海教育出版社 2001 年版，第 234 页。

昔仅表示一种具体动作所产之结果”[①]，所以他认为“性”与“命”同义，是一个字义的两种表示方法。唐君毅先生说：“一具体之生命在生长变化发展中，而其生长变化发展，必有所向。此所向之所在，即其生命之性之所在。此盖即中国古代之生字所以能涵具性之义，而进一步更有单独之性字之原始。既有性字，而中国后之学者，乃多喜即生以言性。”[②]“即生言性”的传统，强调“生”与“性”、“性”与“情”的联系，而“性”之中的“情欲”会造成一种“不稳定性”，从而“待物而后作”和“待习而后定”，指出人的“性情”容易受到外物的影响，只有与外在的客观条件的接触下，“喜怒哀乐之气”才会被调动起来表现于外，从而表现出一种好恶之感。但是，“善不（善，性也）。所善所不善，势也”[③]，也就是说这种“天命之谓性”（《中庸》）的“性”本身无善恶之分，而“善”或者“不善”是为外在的客观环境和形势所决定的。

由于子思对于“性”所作的这种把握，从而提出“四海之内，其性一也。其用心各异，教使然也”，都侧重点在一个“教”字，表示需要对“性”进行培养，“牛生而长，雁生而伸，其性一也，而学或使之”，“凡性，或动之，或逆之，或交之，或厉之，或黜之，或养之，或长之”，其中的“学”、“动”、“逆”、“交”、“厉”、“黜”、“养”和“长”都是注重后天习惯对于“性”培养，从而可以使个人在面对复杂的客观环境时做出正确的选择。如唐君毅先生所言，人的生命在发展的过程中，并不是漫无目的，而是“必有所向”，这种“必有所向”便是人性之所在，所以需要后天的“习”的培养，因为“在古人观念中，性是生命自然、适宜的表现，它虽然包括欲望等内容，但只有符合性的规定，适宜于生命成长、发展的欲望才能称作性；而一般所谓欲望，有适宜于生命者，也有不适宜于生命者”[④]。正因为有“适宜于”和“不适宜于”的存在，才需要对人的“性”进行后天的培养，在“内”和“外”两个方面做到选择的“适宜性”和“必有所向”，从而有利于生命的发展和主体的自我完善。正如上文所讲，主体通过“时行”而对于客观社会环境、自我与他人的

① 傅斯年：《性命古训辩证》，上海古籍出版社 2012 年版，第 78 页。

② 唐君毅：《中国哲学原论·原性篇》，香港新亚研究所 1974 年版，第 27—28 页。

③ 李零：《郭店楚简校读记》，中国人民大学出版社 2007 年版，第 136 页。

④ 梁涛：《郭店竹简与思孟学派》，中国人民大学出版社 2008 年版，第 137 页。

关系以及自我的欲望要进行“自觉性”的分析，加之后天的“教化”，才可对其中的“适宜于”或“不适宜于”进行筛选，并进而自由地把握“内”与“外”两条修身、养性的路径，完成君子人格的培养。

通过以上的分析我们可以看到，子思将其“义利观”思想放入他的“性命”之论中去阐释，是对孔子“义利观”的深化，更是对曾子、子游“务内”之学的细化。在这种“性命”论中所体现出来的“义利观”思想，除了关注自身与他人的互动关系即“人与人”的关系外，更强调“我”对自身“情感”、“欲望”的统摄作用，并根据具体的境况去自由地选择“内”与“外”两种路径去调和“义”与“利”之间的关系。子思同意“人”的生命发展过程中所产生的必要而“适宜”的“情欲”之“利”，因为人的“喜怒哀悲”是“性”的组成要素。所以，子思对“利”的看法与孔子、曾子、子游大体相同，都不排斥人人所必需的满足生存和追求美满生活的物质之“利”，只不过孔子、曾子和子游是将“利”更多地放在“人与人”的互动关系中去考量，而子思除了将其放入人际关系中分析，还将其放入“性命”之中去探讨。但“人”的生命的发展同时又具有“必有所向”追求，这就需要“义”来系统的把握，而不能放任“有害”和“无益”的“情欲”追求，从而在“内”与“外”两个路径中去统摄“义”与“利”的关系，做出有益于“性命”发展的抉择。

子思讲“人莫不饮食，鲜能知味也”[①]，意指人们都知道“饮食”之“利”，但并不知道此“利”在人的“性命”发展过程中所发挥的“适宜”或“不适宜”的作用，以及如何去获取这种“利”的方法。此“饮食”之利可以是维护主体生命发展的必需的物质条件，在此层意义上说“饮食”之“利”是无可厚非的，所以是“人莫不饮食”。但“饮食”之“利”如果是“嗟来之食”或“损人利己”，那便进入了另外一个层面，则需要“义”对“利”的疏导和统摄。在子思看来，“义”是“性命”发展中“必有所向”的重要组成部分，是人的内在道德“自觉性”和外在“教化”所产生的人们“应当”具有的尊严和独立思考的能力，因而在此意义上子思认为人们“鲜能知味也”，即人们没有在“自诚明”的方

① 李学勤主编：《礼记正义·中庸》，第1424页。

面明了“性”的“必有所向”，从而发挥内在的道德“自觉性”，也没有在“自明诚”的方面明了“教”的作用，去遵守人应当坚守的道德规范。而这一切的发生，都在于对“性命”的把握，以及是否能够做到“君子”般的“时行”，独立思考且自由地选择“内”和“外”两条路径去完成自我的人格尊严和“义”与“利”的辩证统一。

所以，如果说孔子的“义利观”思想之主要作用是开启了“义利之辨”，曾子的“义利观”思想将“义”与“利”放入“以利为利”和“以义为利”两个“义利观”范畴中去论述，是对“人与人”互动关系分析的深化。子游将“义利观”融入“天下为公”和“天下为家”两个历史阶段中去考量，赋予“义利观”以更多的“政治范畴”方面的意义。子思的“义利观”思想则更多的不是在内容方面的阐释，因为“义”与“利”之“统一”或“对立”，在曾子与子游那里已经阐释清楚，并明确了以“义”反对“私利”而提倡“公利”，同时亦不反对生存和生活所必需之“利”，从而“以义导利”，完成“义”与“利”的辩证统一关系。子思的“义利观”更多是赋予了人们一种研究“义利之辨”、追求“义”、“利”和谐统一的方法论，强调人们应该用何种方法和方式去把握“义利之辨”。这就是子思所阐述的“君子尊德性而道问学，致广大而尽精微，极高明而道中庸”①，通过人的自由意志对“时”的把握，根据不同的境况、社会环境、习俗规定和自身修养的具体分析，自由地选择“内”（尊德性）与“外”（道问学）两条治学路径，来完成自身“性命”的“适宜”生长和发展，并在“必有所向”中达成自我完善和内在道德“自觉性”的培养，从而促成良性的“人与人”互动关系的形成，及自我身心的统一。这种方法看似“高明”，实质“中庸”。貌似“广大”，其实“精微”，从而“巨细无遗”。这正是子思思想的精华所在，也是子思对孔子、曾子、子游思想所作的最大的突破，从对“内容”的阐述转向了“方法论”的论述，为儒家思想更好地参与和分析社会现实问题打下了坚固的基础，是从“理论”到“实用”不可或缺的一个环节。

---

① 李学勤主编：《礼记正义·中庸》，第1455页。

第三节　游说诸侯：孟子的义利观

孟子，名轲，战国时邹人。孟子自称为孔子的“私淑”弟子，据《史记·孟子荀卿列传》记载，孟子“受业子思之门人”[①]。游历齐、滕、薛、鲁、梁等国，“后车数十乘，从者数百人，以传食于诸侯”[②]，以继承和发展孔子“仁”学为己任。孟子所处的历史时期，各国之间“争地以战，杀人盈野；争城以战，杀人盈城”[③]，战争的规模和杀伤力与日俱增。此时，各国诸侯皆求富国强兵、争城掠地、方国兼并之策，而“仁义”、“礼制”几近湮没，“当是之时，秦用商君，富国强兵；楚、魏用吴起，战胜弱敌；齐威王、宣王用孙子、田忌之徒，而诸侯东面朝齐。天下方务于合从连衡，以攻伐为贤，而孟轲乃述唐、虞、三代之德，是以所如者不合。退而与万章之徒序《诗》、《书》，述仲尼之意，作《孟子》七篇”[④]。因孟子所阐述的“仁政”、“王道”思想与时势多有“不合”，世人多以为“迂阔”，政治上多不见用，晚年退而讲学，与弟子著成《孟子》一书。本节内容，笔者将从“人禽之辨”和“王霸之辨”两个方面对孟子之“义利观”进行一个系统的论述和阐释。

一　“人禽之辨”与孟子义利观

孟子的“义利观”思想很大一部分是放在“人性论”和“四心说”的理论框架内进行阐释的，而孟子的“人性论”和“四心说”可概括为“人之所以为人”的“人禽之辨”说。在“人”与“禽兽”的区别中探讨何为“义”“利”。是对孔子、曾子、子游和子思“务内”思想的继承和延伸，在更为“普遍性”的“人禽之辨”说中赋予了“义”与“利”不同的内涵。

孟子曰：“人之所以异于禽兽者几希，庶民去之，君子存之。舜明于

① （汉）司马迁撰：《史记·孟子荀卿列传》，中华书局1959年版，第2343页。

② 李学勤主编：《孟子注疏·滕文公下》，第166页。

③ 李学勤主编：《孟子注疏·离娄上》，第202页。

④ （汉）司马迁撰：《史记·孟子荀卿列传》，中华书局1959年版，第2343页。

庶物，察于人伦，由仁义行，非行仁义也。”① 孟子的意思为，“人”与“禽兽”区别在于有“仁义”，但此“仁义”非手段或工具，不是行“仁义”。而是将“仁义”作为内化于心的道德自觉，自然而然地在“外在”方面表现出来，而不是将“仁义”当作外在的行为准则或道德规范被动地遵守，正如《中庸》所讲的，要“诚于中，形于外”。显然，孟子在这里是从“务内”的方面来理解“仁”、“义”，是对孔子、曾子、子游和子思的继承。而孟子不仅仅只是从“内在”方面去理解“义”，而是更进一步融合了“人”与“义”，将“义”作为“人性”的一部分，并以此来论述“人之所以为人”的缘由和意义。

在孔子、曾子和子游那里，“义”虽侧重于“务内”，指称“人”的一种内在道德自觉性，但是“义”字在他们那里涵盖“内”与“外”两个方面，既注重内在的道德体悟，又强调外在的道德规范和习俗规定。这种“内”与“外”的相互涵盖，依然受孔子“为仁由己”与“克己复礼”即“仁”与“礼”二元结构的影响，在治学思路上有一定的矛盾性，同时给“义”观念的清晰化造成了不小的困难。到子思之时，对“义”进行了“形于内”的“德之行”和“不形于内”的“行”之划分，为“义”概念的清晰化和内涵的明确化奠定了基础，但是，此时之“义”仍是涵盖“内”与“外”两个方面。笔者在上文中已经讲到，子思将“内”与“外”理解为一种“功用”即治学的途径，而不是从“义”的字义上去理解“内”与“外”，更多是从“方法论”的角度去阐释“义”字，强调“时”的作用，要求人们可以自由自觉地选择最“适宜”的路径去达成内在自觉性和外在规范性的统一，从而完善自我人格和自身知、情、意的合一。从而，是从“方法论”的视角阐释了“义”的用法，并没有解决“义”从何来、“义”的主要内容是什么等具体问题。孟子正是由此出发，对子思的“义”观念作了突破性的改造和发展。

> 孟子曰：“人皆有不忍人之心。先王有不忍人之心，斯有不忍人之政矣。以不忍人之心，行不忍人之政，治天下可运之掌上。所

① 李学勤主编：《孟子注疏·离娄下》，第223页。

以谓人皆有不忍人之心者，今人乍见孺子将入于井，皆有怵惕恻隐之心。非所以内交于孺子之父母也，非所以要誉于乡党朋友也，非恶其声而然也。由是观之，无恻隐之心，非人也；无羞恶之心，非人也；无辞让之心，非人也；无是非之心，非人也。恻隐之心，仁之端也；羞恶之心，义之端也；辞让之心，礼之端也；是非之心，智之端也。”①

孟子认为，人有“四心”：恻隐之心、羞恶之心、辞让之心、是非之心，无此“四心”则“非人也”，也就是说“四心”是“人之所以为人”最重要的依据和基础。在孔子那里“仁”还有“执事敬”、“与人忠”、“恭、宽、信、敏、惠”的具体内容规定性，在子游那里“义”字亦有“十义”（父慈、子孝、兄良、弟弟、夫义、妇听、长惠、幼顺、君仁、臣忠）的具体德目。而在孟子这里，“仁”、“义”、“礼”、“智”已经由内外互相涵盖之字义完全纳入“人心”内在之中，将具体的外在德目要求，变为内在的一种道德自觉，赋予“人”自由地践履伦理道德的内在力量，正是基于此意义上，孔子所讲“随心所欲不逾矩”的境界方可达到。只有达到“诚于中”或“形于内”的道德自觉，才可到达“形于外”的“行”，因而也就完成了“德之行”和“行”的内在统一，这既是孟子对子思的继承，也是对其的突破。既继承了子思对“义”字方法论上的阐释，又明晰了“义”字的内涵与外延。孟子开启了先秦儒家在“务内”方向上治学的新路径，堪称一座难以超越的高峰。

孟子将“义”内化为人的“四心”之一，更将“义”在“普遍性”的意义上定义为“人之为人”的条件之一，其中具有严密的内在逻辑，并不是“无缘无故”地将“义”推上了历史的舞台。

孟子认为，人之所以有“四心”，是因为人人皆有“不忍人之心”。何为“不忍人之心”呢？孟子在这里举了个例子，如果看到一个小孩将要跌入井中，则人人都会有惊骇同情的心情。此例，与宰我问孔子“三年之丧”之礼时，孔子问其“安”或“不安”有异曲同工之意。只不过孔子是从等差之爱的“仁”的解释出发，而孟子则是从广泛的“人性”

① 李学勤主编：《孟子注疏·公孙丑上》，第93页。

出发，在惊骇同情的“人情”中去探讨“人性”问题。子思在《性自命出》中认为“喜怒哀悲之气”本身就是“性”的一部分，而且“及其见于外，则物取之也”[①]，人“性”之中的“情”只有受到“外物”的影响才可表现出来。关于子思的“性情”论笔者已在以上的章节内容中作过论述，在此不再赘述。孟子对于“不忍人之心”的论述正是基于此，又如，孟子问齐宣王：“臣闻之胡龁曰，王坐于堂上，有牵牛而过堂下者，王见之，曰：‘牛何之？’对曰：‘将以衅钟。’王曰：‘舍之！吾不忍其觳觫，若无罪而就死地。’”[②] 齐宣王正因为见到将要被“衅钟”的牛，不忍心看到其“觳觫”的样子，产生了“不忍心”之“情”，所以才说“舍之”。通过这两个例子我们可以看到，孟子并不是“禁欲”般地排斥容易受到外物干扰的“情”，相反，孟子正是通过对人之“情”的延伸和扩展，才推导出根于人性深处的“四心”说和“性善”论，并在其中找到“人之为人”的价值所在。

孟子由人之“情”深化为人之“四心”和“性善”论，不是凭空而论。这其中有一个重要的中介，那便是“心”的作用。孟子讲到“耳目之官不思，而蔽于物，物交物，则引之而已矣。心之官则思，思则得之，不思则不得也”[③]，意在指出，“心”之所以与“耳目”不同，在于“耳目”只是被动地受外物的影响，从而蒙蔽于物。而“心”则可主动地去“思”，摆脱了外物的束缚，从而“思”则“得之”，“不思”就会“不得之”。表明了“耳目”与外物一样，不过是“物交物”，而“心”则占有自由的主动性，是对“外物”的超越。所以，笔者认为孟子所论之“心”不只是普通意义上“考虑”之意，而是一种超越“外物”或客观环境的“反思”、“自反”的能力，可以将自身的情欲、感情、行为、义务、责任及外在的客观环境作为“反思”的对象，以内在的“自觉性”来反观自身及外在客观环境，进而主动地做出价值判断。又如孟子所讲的“不动心”之论，亦是旨在表明“心”不是被动地受“外物”之约束，而是要达到曾子那样的境界，“自反而不缩，虽褐宽博，吾不惴焉；自反而缩，

① 李零：《郭店楚简校读记》，中国人民大学出版社 2007 年版，第 136 页。

② 李学勤主编：《孟子注疏·梁惠王上》，第 19 页。

③ 李学勤主编：《孟子注疏·告子上》，第 314 页。

虽千万人，吾往矣”[①]。朱熹注曰：“……曾子之反身循理，所守尤得其要也。孟子之不动心，其原盖出于此”[②]，曾子的“自反”即是朱熹所讲的“反身循理”，此即是“心”的作用。正是此“作用”，“心”方可“不动”地摆脱外物的干扰，形成对自身情欲、感情、行为、责任、义务及外在客观环境的“自觉性”反思。正如袁保新先生所讲，孟子“最大的特色即在于摆脱经验、实然的观点，不再顺自然生活种种机能、欲望来识取‘人性’。他从人具体、真实的生命活动着眼，指出贯穿这一切生命活动背后的，实际上存在着一种不为生理本能限制的道德意识——‘心’，并就‘心’之自觉自主的践仁行义，来肯定人之所以为人的‘真性’所在。”[③]

在第三节中笔者讲到，子思将“时”的概念与“义”的“适宜”之意相联接，并通过“时”的概念完成对“义”的“内”、“外”统一。但这只涉及到内在的道德“自觉性”和外在的伦理规定性这两条治学路径的选择性问题，其“内”、“外”之区别依然存在。而孟子则通过对“心”的阐释，突出了“心”的“自觉自主的践仁行义”的重要作用，提出“四心”学说，进而将“义”的“内”与“外”在“心”内统一为一体。所以，孟子讲“君子所以异于人者，以其存心也。君子以仁存心，以礼存心”[④]。“君子之为君子”便在于能够以“仁”、“礼”存于“心”，并在“自反”之中，完成对“仁”、“义”、“礼”的践履，并达到“内”、“外”之间的互相涵盖。

孟子由“普遍性”的人之“情”，经“自主自觉”的“心”之“自反”，认为“仁义礼智”为人性的主要内容和“人之为人”的主要原因。而“人性”的主要功用在孟子看来便是“不学而能”和“不虑而知”的“良知”、“良能”。正是通过“良知”、“良能”的作用，孟子认为“乃若其情，则可以为善矣，乃所谓善也。若夫为不善，非才之罪也”[⑤]。“才”

① 李学勤主编：《孟子注疏·公孙丑上》，第74页。

② 朱熹：《四书章句集注》，中华书局2011年版，第214页。

③ 袁保新：《孟子三辨之学的历史省察与现代诠释》，台北文津出版社1992年版，第48—49页。

④ 李学勤主编：《孟子注疏·离娄下》，第233页。

⑤ 李学勤主编：《孟子注疏·告子上》，第300页。

字，《说文》解释为“草木之初也”[①]。而“羞恶之心，义之端也”中的“端”字，本作“耑”，《说文》解释为“物初生之题也。上象生形，下象其根也”[②]。所以，“才”字与“端”字在描述“性”之“仁义礼智”和“性善”时，表示的意义相仿，都用来表示一种生命发展中的“萌芽”状态。孟子在某种意义上继承了“即生言性”传统，将“性”作为一个活泼的、自由的发展过程，而不是将其看做一个僵化的、教条的“既成事实”。在上文中已经讲过，只有在生命发展中有利于或适宜于“性命”发展的才可称之为“性”，再加之唐君毅先生所讲的人性发展中的“必有所向”，孟子将其两者用“心”之“反思”统一在一起，故说：“君子所性，仁义礼智根于心”[③]，旨在表明，君子在“性”的发展过程中，将适宜于“性命”发展的“仁义礼智”之“端”通过“心”之“自由自觉”的“自反”作用，将其涵养壮大，达到“内”与“外”的统一，根植于人心之中，从而变为“性”的一部分。所以，孟子所言的“性善”论，绝不是说“人性”全是“善”的，而应将其放入一个动态的过程中去考量，应理解为“人皆有善性；人应当以此善性为性；人的价值、意义即在于其充分扩充、实现自己的性”[④]。

所以，孟子所讲的“义内”之中的“内”字，表示的是“义”字在动态的“性命”发展过程中所呈现出来的一种“功用”，不能单纯地在具体“内”字的“字义”上去理解。孟子所讲的“义内”，旨在表示人可以在“情”之中“自觉”地觉察到道德“萌芽”的生发，认识到“人性”之中的“必有所向”，进而积极地自觉地涵养培育，并能扩而充之，使其坚固地根植于内心。同时，在践履外在的伦理道德规范和习俗规定时，亦能自由地通过“心”之“反思”作用，将其内化于内，完成“内”与“外”的统一。

故，孟子在“人禽之辨”论中的“义利观”思想赋予了“义”与“利”之关系较大的“弹性”和“张力”。既承认人的生命发展过程中所

---

① （汉）许慎撰，（清）段玉裁注：《说文解字注》，上海古籍出版社 1981 年版，第 272 页。

② 同上书，第 336 页。

③ 李学勤主编：《孟子注疏·尽心上》，第 362 页。

④ 梁涛：《郭店竹简与思孟学派》，中国人民大学出版社 2008 年版，第 362 页。

必需的合理之“利”，又强调“义”对于“利”的引导作用，从而使“利”有益于人的“心性”发展。

> 孟子曰：“欲贵者，人之同心也。人人有贵于己者，弗思耳。人之所贵者，非良贵也。赵孟之所贵，赵孟能贱之。《诗》云：‘既醉以酒，既饱以德。’言饱乎仁义也，所以不愿人之膏粱之味也；令闻广誉施于身，所以不愿人之文绣也。”①

孟子承认富贵是人心所共有，是一种普遍的情感欲望，这是对“即生言性”传统的一种继承和延续，孔子、曾子、子游与子思亦是如此。但是，“人之为人”是因为除了获取必要的维持生命或生存的“中性之利”外，还需占有“人性”中“必有所向”的道德“自觉性”，以此来表明“人之为人”的尊贵性。从而孟子认为如果只是片面性地去追求世俗之“利”，则会丧失自身所“贵于己”的“良贵”、“良知”和“良能”，即自我对生命和道德的“自反”能力，从而不会察觉道德情感的萌生，更不会在道德情感的萌生中去“反思”和“体悟”。孟子认为，人可以超越自然的本能欲望，而独立自由的占有“自身”，从而去提升和完善“自我”，进而达到“自利利他”的境界。否则，便会“不仁不智，无礼无义，人役也”②，变成“欲望”之“利”的奴役，丧失“人之为人”的独立性和尊贵性。

正是基于这样一种理论建构，孟子在“人性”论的范畴下所探讨的“义利观”不能单纯认为是“重义轻利”或是“重利轻义”，也不能如《大学》和《礼运》中所讲的那样，将“公利”与“义”等而视之，而是一个多层次的价值选择问题。因为“义利观”在“人性”的范畴下所作的探讨，与《礼运》中“政治范畴”下所探讨的不尽相同。孟子“人性”论之中的“义利观”强调“自身”对知、情、意的自觉性的“反思”，从而实现“自我”的独立性，进而实现人的个人价值并创造价值。孟子用“人性”论统摄“义”与“利”这两个概念，将“义”与“利”

① 李学勤主编：《孟子注疏·告子上》，第315页。

② 李学勤主编：《孟子注疏·公孙丑上》，第96页。

放入“人性”的动态发展过程中去分析，“义”又是“人性”的重要组成部分，从而“义”与“利”关系在某种程度上就转化成了“性”与“利”的关系。当“利”与“人性”相联系时，“利”既是满足“人性”发展的必要物质条件（受“即生言性”传统的影响，“性”之中又有“生”的含义），但是“人性”又可超越“利”而获得自身自由的发展。所以，“人性”论下的“义”对于“利”的关系，是既“包容”又“超越”，可以理解为是“以义导利”。“孟子思想中与‘利’相对而言的‘义’，既含有这种强烈的‘价值内在’的预设，所以孟子必定主张人的意志自由而不受任何外在性的结构（如经济结构）或超越性的实体（如天或命）的宰制”[①]，正因为“意志自由”和“价值内在”的“义”对于现实性“利”的引导和超越，人们方可“言饱乎仁义也，所以不愿人之膏粱之味也；令闻广誉施于身，所以不愿人之文绣也”[②]。

二 “王霸之辨”与孟子义利观

孟子建构“性善论”与提出“四心说”，其最终的目的便在于推行他的“仁政”和“王道”思想。孟子正逢战国乱世，诸侯国之间肆意兼并，恣意妄为，百姓生活于水深火热之中，“民之憔悴于虐政，未有甚于此时者也”[③]。孟子在“王霸之辨”的范畴下所提出的“义利之辨”，就是要解决当时的现实社会问题，并改变当时之战争乱局，以救民于水火。孟子继承和发展了孔子“德”、“仁”的主要思想，以“性善论”为根基对其进行改造和突破，进而提出“仁政”和“王道”的思想理论。

孟子在“王霸之辨”范畴下所作的“义利之辨”，与上文所讲的“性善论”范畴下所产生的“义利之辨”具有不同的蕴含。“性善论”范畴中“义”与“利”的关系，强调主体在“人性”之自由、活泼的发展过程中，能够“自觉”地把握和占有“自我”，并在“心”之“自反”的作用下，涵养和培育“道德情感”之“萌芽”，进而将“仁义礼智”根植于“心”，变为自身所具有的“良知”和“良能”。而“王霸之辨”范畴

① 黄俊杰：《“义利之辨”及其思想史定位》，载王中江主编《中国观念史》，中州古籍出版社2006年版，第317页。

② 李学勤主编：《孟子注疏·告子上》，第316页。

③ 李学勤主编：《孟子注疏·公孙丑上》，第69页。

下所探讨的“义利之辨”，孟子强调不仅要把握自身的“良知”、“良能”和“自我”的性情培养，而且还要将“我”与“他人”放入“人与人”互动的关系中去考量。不只是要自觉而主动地占有“自我”的“意志自由”和“内在价值”，还要将这种自身“知、情、意”的统一推广开来，如孟子所讲“凡有四端于我者，知皆扩而充之矣，若火之始然，泉之始达。苟能充之，足以保四海；苟不充之，不足以事父母”①，要将自身“人性”中的“四心”向外推演，扩而充之，将“我”融入更为广泛的社会关系中，从而突破“小我”之“特殊性”，融入“大我”的“普遍性”中，从而做到“万物皆备于我”、“上下与宇宙同流”的“大丈夫”。

所以，孟子在“王霸之辩”中所应用的“义”字，是对“人性”论中的“义”字的深化和扩充，将自我中的“意志自由”和“价值内在”向外推演扩充，从而自觉地调整“我”与“他人”的关系，做到“自利”和“利他”，从而形成良性的人际互动关系和政治运行模式。在孔子那里，“仁”虽是一种内在的道德自觉，但同时也是一种等差之爱，强调先“亲亲”而后“泛爱众”，受到血缘因素的限制。而孟子所建构的“人性”论，将“仁、义、礼、智”统一纳入“心”中，变为“人性”的一部分，而且从“普遍性”的道德情感出发来论证其“四心说”和“良知”、“良能”，从而在某种程度上突破了血缘宗亲的束缚，将“人性”论放入了更为广泛的视野去分析和考量。也只有突破血缘因素的制约和束缚，才可从“普遍性”的“道德情感”中去推论“人人具有”的“人性”，从而将“普遍性”的“人性”论延伸至“人与人”互动的关系中去讨论，只有此意义上，才可称之为“政治范畴”下的“义利之辨”。孟子的这种思想，与子游的“不独亲其亲，不独子其子”的政治理想相仿，都旨在突破血缘宗亲的束缚，将“义”与“利”放入更为广泛而普遍性的社会互动关系中去讨论。在第一章中笔者已经讲到，“利”字有两层含义：“中性之利”和“义理之利”，当“中性之利”进入“人与人”的互动关系中时，便转化为了代表关系的“义理之利”，从而由于人际互动关系“义理之利”可以被划分为“公利”和“私利”。

孟子在“王霸之辩”范畴下所论的“利”，正是“利”字的第二层

① 李学勤主编：《孟子注疏・公孙丑上》，第 94 页。

含义——“义理之利”，从而孟子所言之“利”也就在“人与人”的互动关系中被分为了“公利”和“私利”。从“人性”论推演至广泛的“人与人”互动关系中的“义”与“利”的对应关系，就变为了“义与公利”和“义与私利”两对价值范畴。孟子在“王霸之辩”范畴下所作的“义利之辨”，正是从“义”与“公利”、“义”与“私利”的角度和视野出发的，并以此为基点来论述其“王道”理想、“仁政”思想和“民贵君轻”的民本思想。

梁惠王见到孟子后问的第一句话就是，您的到来能给“吾”国带来利益么？其侧重点在一个“吾”字上。代表梁惠王所问之“利”是以“自身”为中心的“私利”，并没有将“己身”放在广泛的社会互动关系中去考虑，更没有自觉到“人性”中的“义”。孟子面对梁惠王的发问，始终以一个“吾”字对其反驳，认为利“吾”国、利“吾”家、利“吾”身只会带来“上下交征利”，从而国家上下陷于争利之中，导致国家的危亡。在这里，孟子反对的是“吾”利，即“私利”。在此意义上，孟子明确表示要“先义后利”。

但是，孟子并不反对“合理”或“适宜”之“利”，建立在“人性”论基础上的“王霸之辩”承认人们在生存和生活中所必需之“利”，即人与自然或主体与客体互动关系中所产生的“中性之利”，否则，孟子便不会提出“制民之产”的思想，并规定“五亩之宅，树之以桑，五十者可以衣帛矣；鸡豚狗彘之畜，无失其时，七十者可以食肉矣；百亩之田，勿夺其时，数口之家可以无饥矣”①，并认为“养生丧死无憾”之“利”是“王道”的开始。并且主张对百姓减轻徭役赋税，救济鳏、寡、孤、独等特殊群体，以保证其基本的生存和生活必需，并指出无“恒产”则无“恒心”，都是意在表明合理之“利”的重要性。

孟子对“义利之辨”的思想并没有止步于此，而是创造性地将“中性之利”融入社会互动关系中，并以“人性”论为基础对其进行分析。提倡将“私利”转化为“公利”，从而突破一己之私，“自利利他”，达成良性的人际互动关系和政治运行模式。如，孟子就梁惠王喜欢音乐这件事并没有反对，而是将其喜欢音乐这件事转变为“独乐”与“人乐”、

① 李学勤主编：《孟子注疏·梁惠王上》，第10页。

"少乐"与"众乐"的问题，进而提出"与民同乐"的思想。意在指出，喜好音乐之"利"本身并无不可，但是不应因喜好音乐而荒废政务或损害百姓之"利"，致使百姓家破人亡、妻离子散。应将"己身"之"利"的"特殊性"融入广泛的"人与人"互动关系的"普遍性"之中，从而形成"公利"。亦如孟子所讲的"乐民之乐者，民亦乐其乐；忧民之忧者，民亦忧其忧。乐以天下，忧以天下，然而不王者，未之有也"①，也就是要乐民之所乐、忧民之所忧的"政通人和"的理想政治模式，孟子称之为"王道"。

在孟子"王霸之辩"的语境中，"公利"在某种程度上可理解为百姓之"利"。孟子认为只有保障百姓之"利"才合乎"王道"和"仁政"。孟子将"公利"与"百姓之利"等同视之，与其"民贵君轻"思想联系紧密。"民为贵，社稷次之，君为轻。是故得乎丘民而为天子，得乎天子为诸侯，得乎诸侯为大夫"②，只有"得乎丘民"者才可为"天子"，不是"天子"决定"百姓"，而是"百姓"决定其是否可为"天子"，将"民"的概念推向了历史的高峰。也正是在"民贵君轻"即"民本"的意义上，孟子所认可的"公利"才可成立。也只有君主或诸侯认识到这种百姓的"公利"，并以此来遏制自己的"私利"，进而"与民同乐"，才可"王天下"。

综上所述，孟子"王霸之辩"范畴下的"义利观"思想突出"义"的统摄作用和优先性。"义"对于"私利"的优先性和统摄性，经过以上的论证和分析，不言而喻。但是"义"与"公利"的作用是否可理解为"义"="公利"？笔者认为，在"王道"、"仁政"和"民贵君轻"思想下的"义"与"公利"的关系，依然强调"义"对于"公利"的优先性，并不能将其画等号。因为，孟子虽重视"公利"的作用，但是亦强调"公利"是由"义"所产生的。孟子认为，"圣贤之所以异于凡人者在其能培养扩充其本性之善。君子之所以异于小人者在其扩充'不忍'之范围。仁心发展，见与行事，则为'推恩'。小则一国，大则天下"③，之

① 李学勤主编：《孟子注疏·梁惠王下》，第40页。

② 李学勤主编：《孟子注疏·尽心下》，第387—388页。

③ 萧公权：《中国政治思想史》（上册），商务印书馆2015年版，第91—92页。

所以会产生“公利”是由于“人性之善”的向外推演，扩而充之并“见与行事”，即“老吾老，以及人之老；幼吾幼，以及人之幼”[①]，以“义”之道德“自觉性”，及对“自我”与“他人”关系的“反思”，来促成良性互动关系的达成，进而完成“人性之善”和君子人格的涵养和培育。所以，笔者认为作为“人性之善”及“四心”之一的“义”是“公利”产生的源头，“义”与“公利”虽在某种意义上比较接近，但在缘起方面，仍是“义”在先而“公利”在后，即“义”对“利”的优先性。

第四节 一统前奏：荀子的义利观

荀子，名况，战国时期赵国人。对《诗》、《易》、《礼》及《春秋》有较深的研究，曾在稷下学宫“三为祭酒”，声名远播，广为人知。法家代表人物韩非、李斯皆出于荀子门下。荀子对墨、道、法家学说体系及内容多有批判，对儒家内部学说亦是有所批评。认为子思、孟子之说“略法先王而不知其统，然而犹材剧志大，闻见杂博”[②]，独尊崇孔子，并以孔门正统自居，认为只有孔子可称之为“总方略，齐言行，壹统类，而群天下之英杰”[③]。宋儒所构建的儒家道统：孔子—曾子—子思—孟子，多从儒学“务内”的治学方向入手，而荀子则承继孔子“礼学”的思想，与曾子、子游、子思和孟子的治学方向形成了“内”与“外”的区分，是孔子“仁”、“礼”二元结构在后期的进一步分化和发展。在曾子、子游和子思的思想体系中，虽注重“务内”的治学路径，但是其思想内容中依然存在着“内”、“外”交融的思想痕迹。只有到了孟子之时，将“内”与“外”统一融合在“心性”之中，完成了“内”“外”合一的治学思路和“心性”理论。而荀子则反其道而行，将“内”、“外”合一的“器皿”——“心性”阐释为“性恶”理论，从而专注于“外在性”礼学的治学思路，并提倡“化性起伪”、“天人相分”，而荀子的“义利观”思想也正是在与孟子“人性”论的区别中被体现了出来的。

---

① 李学勤主编：《孟子注疏·梁惠王上》，第21页。

② （清）王先谦撰，沈啸寰、王星贤点校：《荀子集解·非十二子》，中华书局2012年版，第93页。（以下凡引该书，只标注书名、页码）

③ （清）王先谦撰，沈啸寰、王星贤点校：《荀子集解·非十二子》，第95页。

一 “性伪之分”与荀子义利观

“孟子曰：人之学者，其性善。曰：是不然。是不及知人之性，而不察乎人之性伪之分者也。”[①] 荀子批评孟子不知“性”与“伪”之分，此为荀子与孟子之间最大的区别，也是荀子反对孟子“性善论”的理论依据。而荀子的“义利观”思想正是建立在“性”与“伪”的基础上论述的，他将“义”与“利”放入“性”、“伪”的概念范畴下去分析和探讨。假如说孟子的“性善论”具有理想主义的色彩，荀子则是在现实主义的视角下对“人性”做了细致地切分，并在其中阐述了自己的“义利观”思想。

荀子讲：“性者，本始材朴也；伪者，文理隆盛也。”[②] 荀子将人之生命的动态发展过程分为了生来便有的“本始材朴”之“性”和外在的“文理隆盛”之化。荀子这种对待“人性”的态度与孟子显然不同，具有较大的差别性。孟子将“人性”作为一个动态发展的过程，进而强调要“自觉”地培养“性”之中所固有的“道德情感”，从而将“仁、义、礼、智”内化于“心性”当中，完成“内”、“外”的统一和“良知”、“良能”的达成。荀子则明确地将“人性”这一发展过程，分为“内”、“外”两个方面，侧重于“外在性”的“礼义师法”（“伪”）对生而自然的“内在之性”之约束和教化。可以说，荀子的“人性论”思想是儒家思想分化的必然结果，更是在现实社会条件中对儒家思想的重要补充。

荀子所认为的“性”为“本始材朴也”（《荀子·礼论》），认为“人性”之初始状态或材质为自然而然的先天所有，与后天的道德伦理之教化、习俗规定之培养并无关系，更没有孟子所讲的先天或先验性的“良知”和“良能”。所以，荀子提出“今人之性恶，必将待师法然后正，得礼义然后治，今人无师法，则偏险而不正；无礼义，则悖乱而不治，古者圣王以人性恶，以为偏险而不正，悖乱而不治，是以为之起礼义，制法度，以矫饰人之情性而正之，以扰化人之情性而导之也，始皆出于治，合

① （清）王先谦撰，沈啸寰、王星贤点校：《荀子集解·性恶》，第421页。
② （清）王先谦撰，沈啸寰、王星贤点校：《荀子集解·礼论》，第356页。

于道者也"[①]。荀子认为"人性"为"恶"，需要外在的"礼义师法"去"正"、"治"、"矫饰"和"扰化"，否则便会"偏险"而"悖乱"。正因为如此，圣王才会制礼作法以约束人之心性。在《荀子》中，诸如此类对于"性恶"的论述还有很多，在此不再一一赘述。

值得注意的是，荀子虽然讲"性恶"，但荀子之"性恶"如孟子之"性善"一样，都不是指人的"性"的全部内容皆为"恶"或皆为"善"。孟子所讲之"性善"意指人性之中有"向善"的趋势、倾向和潜能，从而积极培养内在的"道德情感"，进而自觉主动地达成"良知"和"良能"的"心性"培养。在以上章节中笔者已经讲到，古人有"即生言性"的传统，强调在生命的动态发展历程中去分析生命的倾向性和生而既有的"本能性"，孟子便受其影响。荀子虽与孟子思想不同，但却无法将自身与"传统"相割裂和分离，其注重"性"之"材朴"和"不可学"、"不可事"，本身就是"即生言性"传统的内容之一。所以笔者认为，荀子所论的"性恶"仍是在"即生言性"的传统之下对"人性"所作的定义和分析，与孟子的理想主义不同，荀子是在更为现实的社会条件中对"即生言性"传统的应用和深化，是对儒家"务内"路径的一个重要补充和突破。

"生之所以然者谓之性，性之和所生，精合感应，不事而自然谓之性"[②]。认为，人生而即有、自然而然者为"性"。荀子对"性"的这种表述，与"喜怒哀悲之气，性也"（《性自命出》）、"天命之谓性"（《中庸》）中对"性"的阐释极其相仿，都是放在"即生言性"的范畴下所作的论述。故，傅斯年先生指出荀子所论的"性"，其实是"生"字，"《荀子·性恶篇》中所有'性'字在未经汉人改写前，固应一律作'生'字"，"今日据此未泯之迹，可知原本全篇之皆作'生'不作'性'，其改写'性'字，经汉晋六代至于唐宋而未曾改尽也。"[③]认为《荀子》一书中"性"字皆为"生"字的看法有所偏颇，但从一个侧面反映出了荀子在论"性"之时与"即生言性"传统的关联性。所以，笔

① （清）王先谦撰，沈啸寰、王星贤点校：《荀子集解·性恶》，第421页。

② （清）王先谦撰，沈啸寰、王星贤点校：《荀子集解·正名》，第399页。

③ 傅斯年：《性命古训辨证》，上海古籍出版社2012年版，第76页。

者认为荀子所言之“性恶”，并非就“性”的内容而论，而是就“人性”中的一种趋势、倾向和潜能来论，是就“（一生命物）之所以生长为这样的原因”[①]，即，荀子指出了人的生命发展历程中所体现出来的一种“倾向性”或“趋向性”。唐君毅先生亦是讲过：“一具体之生命在生长变化发展中，而其生长变化发展，必有所向。此所向之所在，即其生命之性之所在。”[②] 生命发展过程中的“必有所向”即是“生命之性之所在”。故，荀子与孟子之区别，便在于对“必有所向”之理解所产生的。孟子所理解的“性”之“必有所向”便是“仁”、“义”“礼”、“智”之“四心”。而荀子所理解的“性”之“必有所向”为“好利”。所以，荀子所讲的“性恶”是从“人性”中所蕴含的一种趋向、倾向和潜能方面来讲的，并不是指“性”就是“恶”的，否则便会认为荀子为极端的“重义轻利”。

“欲望”本身没有是非和善恶之分，孔子、曾子、子游、子思和孟子亦是认同人在生命的生存和生活中所必需之“利”，关键在于“富与贵是人之所欲也，不以其道得之，不处也”[③]，“富”与“贵”是人人都想欲求的，但是如果“求利”的方式或手段必须合乎“道义”。欲望、情感、好恶都是人的基本情感，它在人们生存和生活中自然而然地流露，本身无善恶之分，但是获得满足于欲望、情感和好恶的方式和手段却有善恶、是非之分，因为“自然的情感”只是“自身”的一种生命或生理反应，而获得这种生命或生理欲望的方式和方法却超越了“自身”的范畴，进入了“人与人”互动关系的视野当中，从而形成了“己身”之“特殊性”与“人与人”互动关系之“普遍性”的对立冲突。从而，“义”和“利”便从只“关乎己身”进入了“忠恕之道”的社会性范畴中。

孟子在论“性”之时，先从“己身”的“道德情感”出发，在“即生言性”基础上推论出“人性”之中的“必有所向”之“善”。所以，我们在分析荀子“人性论”之时，容易将孟子的路径用于荀子，从而造成一种误区。荀子是反其道而行之的，在分析“人性”之时便直接进入了“人与人”互动的视野之中，其论述的“性恶”中的“心之好利”，

---

① 梁涛：《郭店竹简与思孟学派》，中国人民大学出版社 2008 年版，第 324 页。

② 唐君毅：《中国哲学原论·原性篇》，香港新亚研究所 1974 年版，第 27—28 页。

③ 李学勤主编：《论语注疏·里仁》，第 48 页。

不是生而即有的欲望、情感、好恶的“中性之利”，而是直接进入“利”字的第二层范畴（“义理之利”），将“利”字放在社会的整体关系中去考量，从而“利”便有了善恶、是非、好坏之分。正因为荀子认为“人性”中有“求利”的趋向性和倾向性，如不加矫正和修饰，则容易造成恶性的人际互动关系。正是在此意义上，荀子认为“性恶”。而荀子所注重的“外在性”的“礼义师法”即是对人性中所隐含的这种“趋向性”的修正和节制。

“今人之性，饥而欲饱，寒而欲暖，劳而欲休，此人之情性也。今人见长而不敢先食者，将有所让也；劳而不敢求息者，将有所代也。夫子之让乎父，弟之让乎兄，子之代乎父，弟之代乎兄，此二行者，皆反于性而悖于情也；然而孝子之道，礼义之文理也。”① “饥而欲饱”、“寒而欲暖”、“劳而欲休”其侧重点在一个“欲”字，这里的“欲”字是一个动词而不是名词，人们饥饿了便会想要吃饱，寒冷了便想要保暖，劳累了便想要休息，意在表示一种本能的“趋向”和“倾向”。正是在这种意义和语境中，荀子认为“此人之情性也”。荀子并没有反对和否定这种“饱”、“暖”、“休”之“利”，而是在“人与人”的社会整体互动关系中去分析这种“利”，并为其打上价值的烙印。进入社会整体的互动关系中时，如若不能做到“子让父”、“弟让兄”和“子代父”、“弟代兄”，便会产生恶性的人际互动关系，造成社会的动荡，在此意义上荀子认为“利”是“恶”的。

“虑积焉，能习焉，而后成谓之伪”②，杨倞注曰：“伪，为也，矫也。心有选择，能动而行之，则为矫拂其本性也。”③ 荀子认为要用“孝子之道”和“礼义文理”之“伪”来矫正、节制和修饰这种“求利”的倾向，而不能任其无限发展，从而达到教化的目的，这便是“伪”的作用。正因为“人性”中“趋利性”的恶，人的欲望则会循环往复，至死方休，从而需要外在的“礼义师法”之化，以“义”制“利”。荀子在此意义上所应用的“义”字，带有强烈的外在性和强制性，旨在表示外在性的

① （清）王先谦撰，沈啸寰、王星贤点校：《荀子集解·性恶》，第422—423页。

② （清）王先谦撰，沈啸寰、王星贤点校：《荀子集解·正名》，第399页。

③ 杨倞注：《荀子》，上海古籍出版社2014年版，第271页。

“礼义”对“人性”之“趋利性”的约束和矫正。“义”在荀子这里，是“化性起伪”的重要方法之一，在《荀子》中它多与“礼”、“师”、“法”并用，与孟子强调“义”字的道德自觉性不同，荀子多将“义”作为一种外在的权威性的道德规范来使用，如“今人之性，固无礼义，故强学而求有之也”①，“义”的获得要通过外在的“强学”来获得，并不能通过“内求”而得之。

故，在“性”“伪”两分的人性论下所阐述的“义利观”，强调“义”对于“利”的矫正和节制，应是一种“以义制利”的关系。但是，荀子并不反对人的生命发展过程中所需的合理之“利”，反对的是人们无限制地去“求利”的趋向性和倾向性。所以，在阐释荀子之“义利观”时，要将其分为两个部分进行讨论：一是从生命本能之“利”出发；二是从“求利”的“趋向性”和“倾向性”出发。

在从第一个方面出发进行讨论时，荀子并不是一个禁欲主义者，其强调“义”、“利”两有的观念，“‘义’与‘利’者，人之所两有也”②，在这一点上荀子是认同“利”之作用的，如“计利而畜民”、“利足以生民”（《荀子·富国》）。在这层意义上所使用的“利”，荀子更多地将其纳入了“人与人”互动关系中去应用，将生命发展过程中所需的“利”转变为了人际互动中的“公利”。这种对“利”的用法主要体现在荀子的政治范畴中，下文笔者将作详细的阐释，在此不再赘述。

当我们从第二个方面出发，即从人性中“求利”的“趋向性”考察时，荀子强调“以义制利”，但此处所“制”之“利”，不是就“利”的内容而论，而是意指“人性”中的某种趋向、倾向和潜能，“虽尧舜不能去民之欲利，然而能使其欲利不克其好义也。虽桀纣不能去民之好义；然而能使其好义不胜其欲利也”③，荀子在“性”“伪”两分的人性论下，反对无限制的“欲”利，其中的“欲”字即“求利”的趋向性，而不是单纯地反对生命发展之“利”。这种反对无限制地“欲”利，是荀子“人性论”的主要内容，强调要用“好义”来节制这种“欲利”。“好义”之

① （清）王先谦撰，沈啸寰、王星贤点校：《荀子集解·性恶》，第425页。

② （清）王先谦撰，沈啸寰、王星贤点校：《荀子集解·大略》，第485页。

③ 同上。

“好”字，亦是一个动词，表示对于“义”的向往和倾向，荀子在此用“欲”、“好”来修饰“利”、“义”，都旨在表示一种趋向性和倾向性，其逻辑性之强，在此可以得到充分的表达。同时，更能证明荀子所讲之“性恶”是就“求利”的趋向和倾向来讲，并非就“利”的具体内容而论述。意在表示两种“趋向性”的互相转化，即，将“人性”中对于“求利”的趋向转变为“好”义的倾向，并用“好”义的倾向来矫正和节制“欲”利的趋向，以此达到“人与人”互动关系中的“忠恕”之道。从而，形成一种“以义制利”的关系，这便是荀子“人性论”中所体现的“义利观”的主要内容。

二　“公义”论与荀子义利观

荀子所处的历史时期，虽与孟子几近相同，“所异者，齐夺梁霸之局面已转为赵代齐强，而秦势更趋壮盛，吞并六国之期亦愈迫近而已”①。秦国专以法家进行了较为彻底的改革，具备了吞并其余六国之势。加之当时农业耕种工具之改进、新兴手工业和商业之发展、水陆交通之便利，促进了当时社会关系的交往范围和密度的急剧增加，若有“四海之内若一家”的局面。荀子正是基于当时之社会现实条件，提出“一天下，振毫末，使天下莫不顺比从服，天王之事也”② 的“一天下”的说法和判断。孟子所经历的也许只是“礼崩乐坏”的人心浇薄，面临的只是诸侯之间的征战不息，更多地认为是人的“心性”出了问题，从而注重人的“自身”修养，期望人们在世风日下中“求其放心”。而荀子之时正处于秦政专制的前夕，经历了孟子所未经历的社会变革，面临了孟子所未面临的现实条件，再加之“性”“伪”两分的“人性论”，荀子更加注重外在性的制度建构和政治模式，从而与孟子形成了“内”与“外”的差别性。

荀子以先的儒家，多将“义”与“自身内在”的修养相联系，强调“义”的内在道德“自觉性”，从而将“义”作为人性内在的一部分来对待。荀子对待“义”的态度，受其人性论的影响，加之所面临的社会现实条件和政治形势的不同，将“义”作为外在的具有权威性和强制性的

① 萧公权：《中国政治思想史》，商务印书馆 2015 年版，第 89 页。

② （清）王先谦撰，沈啸寰、王星贤点校：《荀子集解·王制》，第 169 页。

道德规范，主张用外在的“义”（“伪”）约束和矫正人性中的“趋利性”，以达到社会的稳定运行。

在上一节中笔者已经讲到，荀子之“义利观”思想要从“人性论”和“政治范畴”两个层次进行分析。在“人性论”层次所进行的探讨，荀子是就人性中“好利”的趋向性和倾向性而论，并不是就“利”而言“利”，即，不是从“利”的内容方面去分析，从而做出了“性”与“伪”的区分，主张以“好义”来约束和矫正人性的“趋利性”，是“好义”和“好利”两种倾向性之争。而在“政治范畴”下所作的“义利观”思想，荀子主要是就“利”的内容而论，主张用外在性的道德规范和制度建设来帮助人们获得“合理”之“利”。在“政治范畴”下所作的“义利观”思想已不存在“好义”与“好利”两种倾向性之争，因为，荀子在“人性论”的阐释中已对这两种趋向性做出了选择，即“以义制利”，以“好义”的倾向性制约和矫正“好利”的趋向性。故，“义”与“利”的关系由“人性论”下选择何种“趋向性”（“好义”或者“好利”）的问题转变为了通过外在性的“义”如何获得“合理”之“利”的问题，这是荀子对“即生言性”传统的深化与延伸。荀子在“政治范畴”下明确地选择了外在性的“礼义师法”道德规范和制度建构作为获得和满足人们“合理”之“利”或欲望的唯一途径和方式。问题是如何通过“礼义师法”的道德规范和制度建构来获得人们生存和生活的需要？这便是荀子此层意义下所探讨的“义利之辨”的关键所在和主要内容。

因而，荀子提出了“公义”的思想。“至道大形，隆礼至法则国有常，尚贤使能则民知方，纂论公察则民不疑，赏克罚偷则民不怠，兼听齐明则天下归之。然后明分职，序事业，材技官能，莫不治理，则公道达而私门塞矣，公义明而私事息矣。如是，则德厚者进而佞说者止，贪利者退而廉节者起”①，荀子在这里明确地提出了“公”与“私”的问题，并将“公”字与“义”字联系在一起，构成了“公义”这个价值概念。在孔子、曾子、子游、子思和孟子的“义利观”思想中，“义”作为“适宜”或内在道德“自觉性”而被呈现出来，是从“自身修养”角度出发，提

① （清）王先谦撰，沈啸寰、王星贤点校：《荀子集解·君道》，第234页。

倡“义”与“公利”并行而“义”与“私利”相悖，虽已蕴含“公”与“私”的问题，但是，他们并没有如荀子一样，明确地提出“公”与“义”的结合。“公”、“私”二字原指具体事物，“这种传统绵延至于春秋时代仍余波荡漾，《左传》中所见的‘公’‘私’多指政治上的‘公家’或‘私门’……逮乎战国时代，‘公’‘私’二字渐从具体义走向抽象义。战国典籍中所见‘公’‘私’多指抽象之德性而言，并力倡以‘公’克‘私’”[①]，荀子正是在此抽象的道德意义上应用“公”字和“私”字，强调“公道”与“私门”、“公义”与“私事”的对立，再加之，荀子所应用的“义”，是将其作为如“礼法”一般的具有外在性的道德规范和制度构建。显然，通过“公”与“义”的结合，荀子已经从孔子、孟子注重自身的“心性”修养进入了“人与人”互动的“群体”之中，强调“公义”在人类“群体”生活中所发挥的作用。正如上文所讲，在“政治范畴”下荀子所作的“义利观”思想是如何来获得人们生存和生活的必要之“利”的问题，在这里荀子则明确地将“公义”作为满足人们“合理”之“利”或欲望的方式和方法，并以此为基础来论述“义”与“利”的关系。

荀子讲“故人之所以为人者，非特以其二足而无毛也，以其有辨也。夫禽兽有父子，而无父子之亲，有牝牡而无男女之别。故人道莫不有辨”[②]，又提到“力不若牛，走不若马，而牛马为用，何也？曰：人能群，彼不能群也。人何以能群？曰：分。分何以能行？曰：义。故义以分则和，和则一，一则多力，多力则强，强则胜物；故宫室可得而居也。故序四时，裁万物，兼利天下，无它故焉，得之分义也”[③]。荀子将“义”放入“群”的概念中去分析，用“群”来阐述“义”之重“辨”、重“别”、重“分”的思想，其中的“分”字，是指“群体”中每个个体之责任、义务及职位的不同，如郑玄将“男有分，女有归”（《礼记·礼运》）中的“分”字，解释为“分，犹职也”[④]。荀子认为，正因为君君、

① 黄俊杰：《“义利之辨”及其思想史的定位》，载王中江主编《中国观念史》，中州古籍出版社 2005 年版，第 343—344 页。

② （清）王先谦撰，沈啸寰、王星贤点校：《荀子集解·非相》，第 78 页。

③ （清）王先谦撰，沈啸寰、王星贤点校：《荀子集解·王制》，第 162—163 页。

④ 李学勤主编：《礼记正义》，第 659 页。

臣臣、父父、子子之“辨”，农、士、工、商之“分”，贵贱、长幼、富贵轻重之“别”，才可以做到“和”，这也就是荀子所说的“分则和”的思想，“分”是“和”的前提，而“和”是“分”的结果。

“公”字被荀子用作一种抽象的道德概念范畴，用来表示“普遍性”的社会群体互动关系（“群”）和在此群体关系中所应当遵守的道德规范和行为准则。而“义”字的“辩”、“别”、“分”之意与“公”字构成“公义”的概念便意在表示，在具有“差别性”的“群体”关系中，要明确每个个体所应该担当的责任、义务、本分和职位，而不可随意越轨，只有社会关系中的“不齐”才是“至平”及“和”的体现，只有在“群体”关系中坚持“维齐非齐”，才可使社会群体的互动关系及社会的运行具有秩序性和结构性，方可达到“群居和一之道”中的“和”。

通过以上的分析，“公义”与“利”的关系可以理解为“故序四时，裁万物，兼利天下，无它故焉，得之分义也”[①]、“有分者，天下之本利也”[②]，正因为“公义”之“分”才可达到“和”，使社会群体的互动关系及社会运行具有秩序性和结构性，从而产生“兼利天下”之“利”。“故天子袾裷衣冕，诸侯玄裷衣冕，大夫裨冕，士皮弁服。德必称位，位必称禄，禄必称用，由士以上则必以礼乐节之，众庶百姓则必以法数制之。量地而立国，计利而畜民，度人力而授事，使民必胜事，事必出利，利足以生民，皆使衣食百用出入相揜，必时臧馀，谓之称数”[③]，正因为天子、诸侯、大夫和士的服饰之别，“德”、“位”、“禄”、“用”之分，又有“礼乐”、“法度”之节制，即发挥“公义”在社会群体关系中的作用，才可产生“畜民”、“生民”之“利”。因而，在“政治范畴”下所探讨的“义利观”思想，荀子并不排斥“利”，而是主张在行“公义”的前提和方法下去获得生存和生活所必须之“利”及维持社会正常运行的“公利”。虽然荀子在此并不排斥“利”，但是“义”与“利”有“先”、“后”之分，“轻”、“重”之别。荀子讲“先义而后利者荣，先利而后义者辱”[④]，强调要“先义后利”。在上文中笔者已经讲到，荀子在

① （清）王先谦撰，沈啸寰、王星贤点校：《荀子集解·王制》，第163页。

② （清）王先谦撰，沈啸寰、王星贤点校：《荀子集解·富国》，第177页。

③ 同上书，第176—177页。

④ （清）王先谦撰，沈啸寰、王星贤点校：《荀子集解·荣辱》，第58页。

“政治范畴”下对“义利观”所作的阐述，主要的内容便是解决通过何种方式和方法去获取“合理”之“利”的问题，而“公义”便是这种方式和方法，同时更是“利”的前提和保证。所以，荀子在“政治范畴”下所作的“义利观”思想强调“先义后利”，“义”是“利”的前提和保证，而“利”是行“义”所产生的结果，也就是“制礼义以分之，以养人之欲，给人之求”①，先“礼义”之分，而后则可满足人的“欲求”之“利”，即“先义后利”的思想。

① （清）王先谦撰，沈啸寰、王星贤点校：《荀子集解·礼论》，第 337 页。

第三章　先秦儒家义利观之基本特质

自孔子开启“君子”与“小人”之别的“义利之辨”，随着曾子、子游、子思、孟子和荀子对“义利观”理论的发展和深化，先秦儒家“义利观”思想渐趋丰满和深邃，并在其理论发展的历程之中体现出所独具的理论特质和思想特色，从而确立了先秦儒家“义利观”思想的理论基调，为后世儒学的发展提供了丰富的思想资源。先秦儒家“义利观”思想的基本特质具体体现在它的理论思维方式和先秦儒家学派内部“义利观”之共性、差异方面。同时，先秦儒家“义利观”与先秦道家、法家、墨家思想在“道与器”、“德与力”、“群与己”三个理论维度方面相互具有差异性，并在其中展现出自身所独具的价值影响，也让我们充分地认识到先秦哲学的丰富性和多样性。笔者将在本章中对此作一个分析和阐释，以更好地理解先秦儒家“义利观”思想的理论基础和精神内核。

第一节　先秦儒家义利观所体现的思维方式

一　重“和”的整体性思维

先秦儒家“义利观”思想注重“义”与“利”的对立统一关系，从辩证的视野去分析“义”“利”在国家、社会和人际交往中所发挥的作用和运行机制，而不是“非此即彼”般地排斥“利”尊崇“义”或膜拜“利”忽视“义”。先秦儒家的这种“义利观”思想特色深受中国传统“和”的整体性思维方式的影响和熏陶。所以，在这种思维方式下所产生的“义利观”思想，没有产生“义”与“利”“非此即彼”般的二元对立，而是走向一种既相互区分又相互融合的动态、系统、整体的发展路径。在这种路径下，“义”与“利”形成一种“和而不同”的共存状态，并在“天人一体”、“家国一体”和“人己一体”中得到具体的体现。

重“和”的整体性思维方式，注重从整体的层面去分析和阐释问题，承认整体之中的各要素和各部分的不同及差异性，强调在尊重差异性的前提下，各要素和元素在冲突、对立中走向融合、共通，以此达到整体系统的和谐运行，即达到“求同存异”和“和而不同”的认识程度及思想境界。

周宣王时期的太史史伯对“和”的思想作过精彩的论述，“夫和实生物，同则不继。以他平他谓之和，故能丰长而物归之；若以同裨同，尽乃弃矣。故先王以土与金木水火杂，以成百物。是以和五味以调口，刚四支以卫体，和六律以聪耳，……夫如是，和之至也。于是乎先王聘后于异姓，求财于有方，择臣取谏工而讲以多物，务和同也。声一无听，物一无文，味一无果，物一不讲”①。在这里，史伯首先区分了“和”与“同”两个概念，并认为两者存在根本性的不同。“和”是金木水火土、五味、四肢、六律……不同要素、元素所形成的有机的统一，正因为是多样性的统一和协调运转，各要素才可相互配合以“成百物”、“调口”、“卫体”和“聪耳”，是一种对立统一的动态系统模式，在此意义上史伯认为“和实生物”，意指这种动态的和谐体统能够促进新生事物的产生。“同”则是“以同裨同”的单一结构和单一要素所组成的静态的系统模式，在“同”之中多样性和差异性已被泯灭殆尽，从而这种静态的系统模式往往呈现出“千篇一律”、“四平八稳”的僵化和教条模式，所以史伯认为“同则不继”，指出这种僵化的静态的系统模式会遏制新生事物的发展，从而“以同裨同，尽乃弃矣”。

所以，中国传统“和”的整体性思维方式“是指自然、社会、人际、心灵、文明中诸多元素、要素相互冲突、融合，与在冲突、融合的动态过程中各元素、要素和合为新结构方式、新事物、新生命的总和”②，也就是说，“和”的整体性思维方式虽然名曰“整体性”，但是“整体性”只是它的一种表现形式，并不排斥“整体性”内部各要素之间的“差异性”

① 徐元诰撰，王树民、沈长云点校：《国语集解·郑语》，中华书局2002年版，第470—472页。

② 张立文：《和合学概论》，首都师范大学出版社1996年版，第71页。

和“特殊性”，而且，这种“整体性”的形成是在各要素、元素之“不同”的基础上形成的，最终的目的并不只是形成一个和谐运行的整体系统。而是，通过这一个和谐的并承认、尊重个体元素差异性的整体系统，促进各元素之间的冲突、融合，进而取长补短、相互涵盖以促成新事物和新生命的诞生。从而，形成一个动态的、开放的、全面的和平衡的系统模式。

先秦儒家“义利观”思想是对“和”的整体性思维方式的继承和应用。“义利之辨”的开启，正是由于认识到“人与人”互动关系的“普遍性”，从而在“整体性”上去把握人际互动关系，形成了对“关系”的一种反思，并进而研究此“关系”的构成和运行，这是开启“义利之辨”的关键，同时也是“整体性”思维的运用。儒家运用“整体性”的思维方式来阐释“义利观”的同时，是以承认整体内部各要素之间的差异性为基础的，并尊重这种差异性。从而，促进了“普遍性”的“义”与“特殊性”的“利”形成动态的、发展的辩证关系，突破二元对立，最终达到和谐的统一，以应对新的社会问题和社会危机，并促进新的社会形态和制度的产生及形成。

所以，先秦儒家的“义利观”思想在“和”的整体性思维方式影响下，是一个动态的、开放的、自由的价值系统。在提倡“家国一体”、“人己一体”和“身心一体”的“整体性”价值范畴之下，又尊重一“家”和一“人”的“合理”之“利”。并在“整体性”之“义”统筹下，各个“特殊性”之“利”相互冲突、磨合以至融合，进而在“忠恕之道”原则下，形成促进良性人际互动关系的“公利”，从而达到“和”的理想社会状态和境界。故，先秦儒家的“义利观”思想不是宗教式的禁欲主义，更不是僵化的、令人窒息般的教条主义，而是一个可以适应新时期、新问题，具有包容性和开放性的价值系统。

值得注意的是，“和”的整体性思维方式除了与上文中“以同裨同”有着根本性的不同外，还与“折中主义”存在着质上的不同。先秦儒家的“义利观”思想虽然承认整体当中的各个元素所具有的“特殊性”，从而尊重个体的合理之“利”或“欲望”。但是，每个个体为了生存、生活所需之“利”要在具有“普遍性”和“整体性”的“义”之引导下，不可为了暂时的平衡和融洽而去违反或丧失社会运行的原则和基础，正所谓

"有所不行，知和而和，不以礼节之，亦不可行也"[①]，讲的就是不能只是为了"和"而去"和"，从而把"和"既作为手段又作为目的，混淆了"和"的真实意义，即"折中主义"，还要用"普遍性"的"义"去节制和约束。笔者在上文已经讲到，"和"只是一种功用和手段，最终目的是促进社会和国家和谐的良性运转以及新结构、新事物的产生，以此来应对和解决新的社会问题和社会危机。如果只是"知和而和"的"折中主义"，则会丧失"普遍性"的原则对社会、国家的调节，势必会带来社会、国家的混乱。而人们会变成只会"调和"或"折中"的"乡愿"，从而害怕矛盾、拒绝矛盾，进而变为"人云亦云"的"随波逐流"。最终，不只是丧失了社会、国家运行的原则和基础，还消磨掉了每个个人的"独特性"和"多样性"，从而变为僵化的、停滞的价值系统。

所以，受到"和"的整体性思维方式影响的先秦儒家"义利观"思想，既尊重整体中每个个体之特殊性和多样性之"利"，又强调"整体性"和"普遍性"之"义"对"利"的引导，并以此来达到社会、国家的稳定和家族、家庭的和睦，人人各尽其职、各得其所，获得和谐统一而又活泼多样的社会理想状态。

二　重"现实"的实用理性思维

"中国传统哲学具有两个最鲜明的特色，一个是注重辩证思维的优良传统，另一个就是注重实践的优良传统。在中国古代哲学家看来，认识世界和认识人自己的目的，都在于指导人生实践。"[②] 在上文中所讲的"和"的整体性思维方式中，注重整体与个体、系统与元素之间的辩证统一关系，但是，对这种辩证思维的应用，是为了促进新事物和新结构的产生，以解决现实问题和应对现实危机，从而实现国家的安宁和社会的稳定。中国传统哲学关注"此岸"世界的现实生活，重人事而轻玄谈、重具体实践而轻抽象思辨、重实事而轻虚无，提倡知行合一、躬行践履、经世致用，从而形成了重"现实"的实用理性思维方式，对中国传统文化的发展产生了深远的影响。

---

① 李学勤主编：《论语注疏·学而》，第 10 页。

② 宋志明：《中国传统哲学通论》，中国人民大学出版社 2004 年版，第 134 页。

如孔子所说："诵诗三百，授之以政，不达；使于四方，不能专对；虽多，亦奚以为?"[①] 学"诗"不是目的而是手段或方式，目的在于现实中为政的"达"和作为"使者"应当具备的"专对"。如果不能达到"实用性"的"达"和"专对"，孔子认为学习再多的"诗"也是没有用处的。又如孟子所讲："形、色，天性也。惟圣人，然后可以践形"[②]，培养自身的"良知"、"良能"并不是最终的目的，而是一种"人性"理论上的可能，因为"道德问题不仅是认识问题，而更是行动的问题"[③]。目的是要把自身的"善"扩而充之和推而广之，将其实施于现实的社会生活中，落实到"仁政"、"王道"的社会理想建构中，并在人生和生活实践中完善自我和利益他人，也就是由"天性"到"践行"的实践路径，是一种典型的"现实"的实用理性思维方式。所以，重"现实"实用理性思维方式"不是用某种神秘的热狂的而是用冷静的、现实的、合理的态度来解说和对待事物和传统；不是禁欲或纵欲式地扼杀或放任情感欲望，而是用理智来引导、满足、节制情欲；不是对人对己的虚无主义或利己主义，而是在人道和人格的追求中取得某种均衡。"[④] 先秦儒家正是在重"现实"的实用理性思维方式的基础上提出"义利之辨"，并将"义利观"思想应用于现实的生活和现实的"人与人"互动关系中，以解决实际的问题和理性地对待"义"、"利"之间的辩证关系，从而促成社会和国家的和谐统一。

运用重"现实"的实用理性思维去分析先秦儒家的"义利观"思想，我们会更加清晰地了解其"义利观"思想中的蕴含。"义利之辨"的开启，本身便是重"现实"的实用理性思维在"义利观"思想中的应用。在以上章节中笔者已经讲到，孔子将"义"和"利"这两个价值范畴突破了"宗教性"、"宗族性"和"人与自然"互动关系的局限，使其进入现实的具有"普遍性"的"人与人"互动关系的视野，从而真正地用"人"的视角去分析"义"与"利"的关系问题。而这一切的发生，都与孔子的复兴周礼及解决"礼崩乐坏"的现实问题息息相关。可以这样

---

① 李学勤主编：《论语注疏·子路》，第 173 页。

② 李学勤主编：《孟子注疏·尽心上》，第 373 页。

③ 张岱年：《中国伦理思想研究》，江苏教育出版社 2009 年版，第 6 页。

④ 李泽厚：《中国古代思想史论》，天津社会科学院出版社 2008 年版，第 28 页。

说，假如孔子没有对现实的关怀以及没有对解决问题所抱有的理性态度，则不会有“义利之辨”的发生，假如没有冷静而现实的视角，则不会产生对“人与人”互动关系的“反思”，更不会有“仁”学的发明和“人能弘道”的主体道德自觉性之培养。

先秦儒家“义利观”思想所体现的实用理性思维方式，首先表现为对现实的“人”的把握和认识。先秦儒家“义利观”所阐述的“人”，不是抽象的脱离现实的哲学概念，而是鲜活的、具体的及具有喜、怒、哀、悲自然情感流露的生命体，且此生命体具有“异于禽兽”的本质特征，可以通过内在的道德自觉或外在“礼义师法”对自身完成“人之为人”的人格提升，从而完成“自然属性”和“社会属性”的统一。先秦儒家“义利观”思想正是建立在对现实的“人”的把握上和认识上，进而促进良性的人际互动关系和内在道德性的觉醒。从而把“人”看作一个活泼的、可塑的生命过程来看待，而不是将“人”固化为一种教条式的概念范畴，并承认“人”兼具“自然属性”和“社会属性”。故，先秦儒家“义利观”思想并不是极端的禁欲主义，它尊重现实的“人”自身所具有的“自然属性”，认同“人”的富、贵之欲，承认“人”的喜、怒、哀、悲自然感情的流露，重视“人”之生存或生活所必需的“饮食男女”、“制民之产”之“利”。但是，“人之为人”的原因是在于“人与人”互动关系所产生的“社会属性”，以及在“社会属性”中自然展开的仁、义、礼、智、信等伦理道德的实现和实践，从这一点上讲，“人”又有超越“自然本能”的一面。所以，先秦儒家“义利观”思想既尊重人的合理之“利”，又强调“义”对“利”的引导和约束，以实现“人之异于禽兽”的超越自然本能的一面，进而实现社会关系的和谐发展和“人”的自我完善。

先秦儒家“义利观”思想所体现的实用理性思维方式，还表现为对现实社会“关系”的具体把握和认识。先秦儒家“义利观”思想认为“人”不可脱离具体的社会关系即“群”而单独生存或生活，甚至生活于“群”的社会关系中，是人与“鸟兽”的主要区别，“鸟兽不可与同群，吾非斯人之徒与而谁与？天下有道，丘不与易也”①，从而形成了先秦儒

① 李学勤主编：《论语注疏·微子》，第250页。

家对“群”之中“关系”的认识和“反思”，并在这种认识和“反思”的基础上，构建了适应和促进社会关系健康发展的路径及理论。故，荀子认为“人”与“牛马”的主要区别便是“能群”，即生活于一定的社会关系当中，也就是人的“社会属性”，并指出此“关系”的存在和正常运行皆为“义”之“分”的作用，即贵贱、长幼、贫富轻重之“分”。正是由于荀子对此现实“关系”做了如此理性的认识和“反思”，再加之其“人性论”中强调人的“趋利性”，才得出外在的“礼义师法”之教化的重要性，从而确立了“以义制利”的思想。笔者在此以荀子的思想为例是想表示，先秦儒家通过对“群”之中的现实“关系”的“反思”，从而自觉地把握现实“关系”，并在“反思”这种现实“关系”的同时去改造这种“关系”，使每个人在现实的社会关系中各尽所能，各得其所，促进“人与人”互动关系的良性发展。

总之，先秦“义利观”思想充分体现了重“现实”的实用理性思维方式，其立足于“现实”，而又能够“反思”现实。重“务实”，戒“空谈”，以理性的思维去解决现实问题和面对现实危机，最终达到“克明俊德，以亲九族。九族既睦，平章百姓。百姓昭明，协和万邦，黎民于变时雍”[①] 的社会理想状态。

三 重“天道”的实体性思维

先秦儒家思想注重对“天道”的求索，以及“天道”在世俗世界的彰显和实现。虽然自西周“皇天无亲，惟德是辅”之“敬德”思想开始，已经将人的思维从“天上”拉回了“人间”，学会在现实的“人”的行为中寻找治乱兴衰的原因及建立伦理道德的价值依据，但“天道”的价值和影响依然在先秦儒家思想中占据着举足轻重的地位。“天道”这一哲学范畴是中国古代哲人所一直探讨的一个话题，它包罗万象，而又致其精微，具有独特的价值观念体系，很好地展现了中国哲学的精神实质。从某种程度上讲，对“天道”这一哲学范畴的阐述决定了各个哲学流派的理论基础，更是为自身的哲学理论寻找合法性的依据。在这里，笔者将会通过对“天道”这个哲学范畴的解释，更好地将先秦儒家“义利观”思想

① 李学勤主编：《尚书正义·尧典》，第27页。

的精神实质展示出来。

“天道”这一哲学范畴，在中国哲学史上可被看作是：自然之天、人格之天、性命之天。不论是“自然之天”、“人格之天”或是“性命之天”，先秦儒家思想中皆以“天道”为伦理价值和道德行为的合法性依据和价值本源，并以此“天道”的规定性和预见性来验证俗世之伦理价值的合理性。按照孔子的看法，“天道”是“人道”的来源和依据，两者相互融通。“天生德于予”（《论语·述而》）、“天之未丧斯文也”（《论语·颜渊》）都表达了孔子对“天道”这一哲学范畴的看法，孔子认为是上天赋予了人类之道德价值和行为准则。正如孔子自己所讲的，由“知天命”达到“从心所欲不逾矩”的修身境界，按照他的说法，我们可以得出孔子所要表达的意思是：只有知道了上天所赋予的道德指向，人们才能做任何事情都不会违反社会道德，从而自由且自主地践行人间的道德价值和伦理内容。

孟子在中国哲学史上第一次以心性释“天”，他认为，人性根于人心，受于天赋，因此“尽心”就能“知性”，“知性”则可“知天”。孟子从“天道”出发，认为由“四端”即“恻隐之心”、“羞恶之心”、“辞让之心”、“是非之心”从而扩充为“四德”即仁、义、礼、智。四端是善德的基础，而善德具有“天道”的赋予性和根于人心的先验性，故只有扩充四端才可达到仁义礼智的完善状态。孟子又指出：“诚者，天之道也；思诚者，人之道也”①、“仁义忠信，乐善不倦，此天爵也”②、“仁，天之尊爵也”③，进一步认为人的道德原则是“天”所赋予。正是在此基础上，孟子提出：“尽其心者，知其性也；知其性，则知天矣。”④ 所以，虽然孟子具有“反求诸己”的内向性治学路径，强调“天道”与“人道”的融合共通，但是孟子在将仁、义、礼、智根植于“心”，“良知”、“良能”固化于“性”之时，其理论的原点和前提依然是对“天道”的求索和探寻，充分表现了先秦儒家的重“天道”的实体性思维方式。

---

① 李学勤主编：《孟子注疏·离娄上》，第200页。

② 李学勤主编：《孟子注疏·告子上》，第315页。

③ 李学勤主编：《孟子注疏·公孙丑上》，第96页。

④ 李学勤主编：《孟子注疏·尽心上》，第350页。

这种重“天道”的实体性思维方式“就是相信世界上一切都有一个最终的、可靠的实体作基础，或一切现象、一切表现都一定是某个实体的存在，或它的属性”①。不论是“自然之天”还是“人格之天”、“性命之天”都是在阐述外在于“人”的客观实体“天”。中国人自古以来对高高悬于头顶的幽冥之天有着独特的认识和体悟，正如对大地的某种亲和感一样，中国人对“天”即尊敬又畏惧，既充满憧憬又感觉深不可测。大地可以两足踏之，而“天”却是触之不得，仰之弥深。也正是从日常生活经验中所观察到的这一切，中国人赋予了“天”以独特的内涵，从而很自然地将“天”作为外在于人类的至高实体，从而以“天”论“人”成为中国传统哲学一个重要的构成部分，依然留有殷商“上帝”观念的残骸。

笔者在第一章中已经对“义”字的字义流变作过详细的解释，“义”字由注重外在的宗教仪式性和宗族规定性，发展至注重内在的道德自觉性，是一个渐进的过程。将“义”观念延伸至内在的道德自觉性，并不是说将前两者“宗教性”和“宗族性”全部弃而不用，而是将其融合进个人内在的道德自觉性当中，从而完成“内”与“外”、“天”与“人”的统一，进而在人的内在道德自觉性中彰显“天道”的统摄性和权威性。正是基于此意义，先秦儒家“义利观”思想强调“义”对于“利”的约束和调节，注重对现实的“人”的行为、情感、欲望之“利”的统摄作用，赋予了“义”在人间俗世的合法性和合理性，从而造就“富贵不能淫，贫贱不能移，威武不能屈”② 的大丈夫气概，成就“人能弘道，非道弘人”③ 的主体道德自觉性之萌发。

所以，先秦儒家“义利观”思想需要有一个亘古不变的终极价值实体来论证和彰显自身理论的合理性和合法性，假如只是以“现实”而论“现实”的对仁义道德进行泛泛而谈，则会凸显理论的偏颇和苍白无力。假如说孔子的论述“天道”是受殷商宗教观念的影响，是一种传统惯性的影响。则自孔子之后，人们已经主动地将“天道”纳入“人道”之中，

① 李德顺：《人类思维面临变革》，《江苏大学学报》2003 年第 1 期。

② 李学勤主编：《孟子注疏 · 滕文公下》，第 162 页。

③ 李学勤主编：《论语注疏 · 卫灵公》，第 216 页。

并以“天道”来论述和证明“人道”。如在《五行》篇中所讲，“德之行五和谓之德，四行和谓之善。善，人道也；德，天道也”①。在这里，子思已经主动地意识到“天道”在思想理论中所起的作用，虽对“天道”和“人道”做了文意上的分离，但这亦是子思主动地意识到“天道”之作用的证明，否则，便不会对“道”做出“人道”（善）和“天道”（德）的区分。正是基于对“天道”的认识和反思，子思提出“圣人知天道”的思想，从而“天道”与“人道”相互交融，并以“天道”来验证“人道”，二者缺一不可，统一地被纳入“圣人”的理想人格境界中。

可以说，重“天道”的实体性思维方式一直贯穿于先秦儒家“义利观”思想之中。其“义利观”思想注重“现实”而又能反思“现实”的理论根源，便在于此。正因为有对至善、至真、至美之“天道”的求索，才可以深入“现实”的社会条件中而又能超越“现实”环境的束缚，进而改造现实和建构社会理想，从而避免其“义利观”思想陷入庸俗的“以同裨同”之“求同”思想及“折中主义”当中。正是由于重“天道”的实体性思维的影响，使先秦儒家“义利观”思想既关注人的现实生存和生活问题，又能够超越人之自然本能，从而构建理想社会的和谐统一。

四　重“反思”的内向性思维

先秦“义利观”思想主张以“义”的内在道德自觉性为原点，由“己身”向外推而广之，从而形成一种“天”与“人”、“己”与“他人”、“内”与“外”统一的价值体系。并通过对“己身”道德性的自觉把握和占有，形成了以主体自身为中心的价值评判标准，从而对现实的社会环境、自身与他人的“关系”进行“反思”，在“反思”之中进行对“利”的调整和约束，使之既能满足生存和生活的需要，又能适宜自身心性“必有所向”的发展潜能。可以说，这种重“反思”的内向性思维方式贯穿于先秦的“义利观”思想当中，是先秦儒家最显著的一个思想特色。

这种重“反思”的内向性思维方式与上一节内容所讲的重“天道”的实体性思维方式形成了鲜明的对比，并与之发生直接的联系。两者之间

① 李零：《郭店楚简校读记》，中国人民大学出版社 2007 年版，第 100 页。

的对立统一关系，可还原为“天与人”的概念范畴。为更好地阐述“反思”的内向性思维方式在先秦儒家“义利观”思想形成中所发挥的作用，笔者在这里将对二者进行比较分析。

重“反思”的内向性思维方式强调“人”的作用和价值。“人”这个哲学范畴，从价值论的主体方面来讲，具有多层的含义。从不同的角度分析，大致有三种归类：“类”、“群”、“己”。“类”，从生物角度即自然生理来看，指的是“人”这一独特的物种。“群”，是“人”有别于动物，所特有的社会属性特点。涉及人类所独有的社会秩序、社会伦理等。“己”，是就单个的“人”的主体价值而言的，在某种程度上侧重于怎样发挥个体的主观能动性的问题。

“在天为命”的“天”与“在人为性”的“人”之间的关系一直是中国哲人“究天人之际”所探讨和深究的哲学问题。自《性自命出》到孟子的“性善论”所讨论的“心性”问题已表明，“天”与“人”的关系是人们所不能逃避的哲学问题，这一问题的解决关乎整个哲学理论的合法性和人伦架构的根据性。从价值论角度分析，在“天”与“人”这种二元价值论结构中，存在着固有的内在矛盾性，怎么处理好这种矛盾性也成为中国哲人一个重大的课题挑战。

那么，在处理这种矛盾的时候，势必会有两个不同的层面：本体论层面，即天人关系中谁为主导，探讨本性的来源及天人关系“本来如何”的问题；价值论层面，即人在宇宙中的价值地位及“人”与“天”应该建立什么样的关系才能符合整个人类的生存和发展，探讨天人关系“应该如何”的问题。

从现代价值论的角度看，总的来说，天与人就是指人与自然、理想与现实、内在自觉性与外在规定性的关系。如果细分的话，有三种不同层次的意义：一、神与人的关系，二、自然与人的关系，三、客观规律和人的主观能动性的关系。“天人合一即肯定人与自然界的统一，亦即认为人与自然界不是敌对的关系，而具有不可割裂的联系。所谓合一指对立的统一，即两方面相互依存的关系。”① 中国哲学注重内向性的体悟，但同时亦重视外在的客观事物及自然规律，从而所追求的便是“内”、“外”和谐

① 张岱年：《国学要义》，北京大学出版社 2012 年版，第 4 页。

统一之“豁然开朗”的体悟境界。这势必会突出主体“人”的作用，也会使其注重外在客观性的实体，从而促使“天”与“人”的结合，但是这种结合是以“人道”反证“天道”，从“人道”演绎到“天道”，其价值的核心在“人”而不在“天”。“天”变成了“人”的一种价值理念的延伸，代表着人们所希冀的理想社会的雏形。故，正是在重“反思”的内向性思维方式的基础上，先秦儒家“义利观”思想沿着“天人合一”即内向性思维和实体性思维统一的路径和倾向，完成了“义”与“利”的对立统一关系，将“己”的主体价值体现为“义”的道德自觉性，并将“类”的自然本能和“群”的人际互动关系，即外在的客观现实，纳入其中。

“义”与“利”的辩证统一关系显著地表现为“人是世界的主体，客观世界的存在和意义并不外在于人，人的存在就是世界的存在，人的意义就是世界的意义。这意味着，人作为主体在认识世界的同时认识了人自身和人自身存在的意义。反过来，人认识了人自身和人自身存在的意义，同时也就认识了世界和世界的意义”[①]。也就是说，“人”与“世界”的互动关系是相互融合、相互渗透，并以“人”为中心，进而认识“世界”，并在认识“世界”的过程中“反思”自我的存在意义和价值，从而赋予这个“世界”某种意义和秩序。

正是基于此意义，先秦儒家“义利观”以“人”为价值中心，通过“义”的内在道德自觉性去把握和调节现实的世俗之“利”，通过对“利”的把握和调节又反过来强化自身的道德觉悟和价值创造，进而到“唯天下至诚，为能尽其性；能尽其性，则能尽人之性；能尽人之性，则能尽物之性；能尽物之性，则可以赞天地之化育；可以赞天地之化育，则可以与天地参矣”[②] 的思想境界。通过“内在”之“尽性”达到“外在”之“成物”的路径，表现在“义利观”思想当中，便是通过“内在”之“义”的涵养达到“外在”现实之“利”的合理满足，并在此合理之“利”的满足中体现“内在”之“义”的主动性和自觉性，实现理想道德与现实条件的有机统一。正如张岱年先生所讲：“从先秦到宋、明，儒家思想的一个显著特点是强调道德原则与实际生活的统一，以为道德原则

① 高晨阳：《中国传统思维方式研究》，科学出版社 2012 年版，第 200—201 页。

② 李学勤主编：《礼记正义·中庸》，第 1448 页。

不能脱离日常生活，日常生活之中必须体现道德原则”①，这正是重“反思”的内向性思维在儒家思想中的具体表现，也正是由于此，先秦儒家“义利观”思想避免了陷入抽象的哲学玄思，而是在具体的现实中去解决现实的问题，进而培养个人的君子人格和“成己”、“成物”的思想境界。

所以，在内向性思维的作用下，先秦儒家“义利观”思想是现实与理想、自然本能与社会属性、内在自觉与外在规范的统一。既肯定“食色”、“富贵”之“利”，又强调君子之“义以为质”和“取之有道”。既主张“何必曰利”的“王道”之“义”，又赞成“养生丧死无憾”的养民之“利”。这种看似矛盾的关系，其实是先秦儒家“义利观”思想的精华所在，是重“反思”的内向性思维方式的具体表现。如孟子所讲：“君子深造之以道，欲其自得之也。自得之，则居之安；居之安，则资之深；资之深，则取之左右逢其原，故君子欲其自得之也”②，杨伯峻先生对此段的翻译颇为准确：“君子依循正确的方法来得到高深的造诣，就是要求他自觉地有所得。自觉地有所得，就能牢固地掌握它而不动摇；牢固地掌握它而不动摇，就能积蓄很深；积蓄很深，便能取之不尽，左右逢源，所以君子要自觉地所得。”③ 君子通过对“己身”内在的探求，自觉地把握和占有本来俱有的内在价值，从而通过“己身”的道德自觉性去认识外在的现实世界及社会关系。并对其进行“反思”和评判，进而重新评估自身的价值和意义，并主动地去适应现实和改造现实，达到自身“内在”之“义”与现实“外在”之“利”的统一，并以“义”灵活地调节和约束“外在”之“利”，取得内在道德性和外在现实性的平衡以及主体能动性和外在规律客观性的协调配合，最终完成“左右逢其原”的理想人格境界。

第二节　先秦儒家义利观之异同

一　先秦儒家义利观之共性

1. “义以为上，见利思义”的道德至上指向

人类在其发展的过程中，总是自觉不自觉地去寻求高效的社会治理方

---

① 张岱年：《国学要义》，北京大学出版社 2012 年版，第 99 页。

② 李学勤主编：《孟子注疏·离娄下》，第 220 页。

③ 杨伯峻：《孟子译注》，中华书局 2008 年版，第 145 页。

式，以满足社会群体及个人的需要，中国古代的社会治理模式也不例外。中国所特有的治水文化和农耕文化，催生了中国早熟的政治体系和血缘地域文化，使其较早地进入了一种有秩序的“群”组织形式，为这一过早出现的“群”组织形式提供一种稳定性和高效性的价值理念成为了哲人们所不能不考虑的问题。一方面要顾及整个“群”组织的和谐稳定，而制定伦理价值指向之“义”；另一方面又要为生存和生活，而求取一定的自然物质需求之“利”。从而，在“群”组织中的人际互动关系中产生了“君子”与“小人”的义利之辨。随着地域和人口的不断扩大，为了满足“群”组织形式的稳定性要做出比前人更大的努力，“义利观”思想中所注重的人文情怀、伦理指向、道德行为，得到了更好的发挥，从而也奠定了先秦儒家“义利观”思想“义以为上”、“见利思义”的道德至上指向。

不论是孔子的“义以为质”、孟子的“羞恶”之“义”，还是荀子的“礼义师法”，其理论的前提和基调都是将“义”作为社会互动关系及人格修养的基本内容和伦理道德指向，是约束和调节“求利”方式、方法及促进良性人际互动、人格完善的首要方式。因而，“儒家义利之辨归根结底体现为一种‘义以为上’即以德性作为人之所以为人之本的精神追求。当道义与利益、德性精神与感性欲求发生冲突时，志士仁人理当超越利益的纠结与感性的欲求而致力于对道义与德性的追求，并在其中得到精神的满足与心灵的自由。由此，超越物欲与私利的诱惑，不断提升自己的精神境界，成就以德性精神为依归的理想人格，就成为儒家精神追求的一个重要特色。”①

先秦“义利观”思想的道德至上指向首先表现在“人之为人”的伦理价值方面。“人之为人”表现在“人”自身虽有本能的自然属性，但又能超越这种自然属性，并对其进行一定的“反思”和调节，使之适应“群”的社会属性，进而完善自我的人格和提升内在的境界。在这一层次所论述的“义利之辨”，先秦儒家明确地强调“整体”高于“个体”、“精神”引领“物质”的价值指向。

孔子并无对“义”作出“人之为人”方面的界定，但孔子认为

① 李翔海：《儒家义利观：义以为上》，《光明日报》2015年11月23日，第16版。

"义"是"君子"与"小人"之间的本质区别。所以，虽然孔子认为"性相近"而"习相远"，但是在"君子"与"小人"的界定上却隐约地在内在的蕴含上指出"君子义以为质"，认为"君子"之所以为"君子"，是因为"君子"能够做到以"义"为"制事之本，故以为质干"①。到孟子之时，便将"君子"、"小人"之别的"义"提升为"人之为人"之"义"，并将"义"作为"性善"的"四心"之一确立下来，作为"良知"、"良能"的具体体现。正是在"人之为人"的意义上，孟子提出"人之所以异于禽于兽者几希，庶民去之，君子存之。舜明于庶物，察于人伦，由仁义行，非行仁义也"②。孟子认为"人"与"禽兽"的主要区别便是"人性"中的"仁"、"义"、"礼"、"智"之"端"，即有"由仁义行"的内在潜能，如若能够"扩而充之"、"求其放心"地自觉涵养，便能行仁据义、践履伦理道德。孟子在这里还对行为动机和行为结果进行了区分，在"人性"的高度上对行为动机提出了"以义为先"的思想，指出"仁义"是"人之为人"的内在缘由，不是取利的手段和方式，"利"只是"由仁义行"而自然得到的行为结果，不可刻意地追求"利"而去"行仁义"，从而确立了"先义后利"的基本理论前提。

先秦"义利观"思想的道德至上指向还表现在"群"的社会关系之中。孔子之所以开启"义利之辨"，便是通过对"德"字蕴含的延伸、"仁学"的发明，将"义"与"利"放入"群"的社会关系互动中去考量和分析。人的显著特征除了孟子所讲述的"性善"方面，还有"能群"的特点。孔子之时，已经提出"鸟兽不可与同群，吾非斯人之徒与而谁与"③的思想，其"仁义"的思想即是在"群"的思维下所产生的，"'仁'的这一要素对个体提出了社会性的义务和要求，它把人与人的社会关系和社会交往作为人性的本质和'仁'的重要标准"④。孔子所讲的"信近于义，言可复也"⑤、"见义不为，无勇也"⑥、"不义而富且贵，于

① 朱熹：《四书章句集注》，中华书局2011年版，第155页。

② 李学勤主编：《孟子注疏·离娄下》，第223页。

③ 李学勤主编：《论语注疏·微子》，第250页。

④ 李泽厚：《中国古代思想史论》，天津社会科学院出版社2008年版，第24页。

⑤ 李学勤主编：《论语注疏·学而》，第10页。

⑥ 李学勤主编：《论语注疏·为政》，第26页。

我如浮云”[①]，都是将“义”放在“群”的互动关系中去考量和分析，并将其理解为人际互动中所应遵守的伦理道德和义务要求。

荀子认为“水火有气而无生，草木有生而无知，禽兽有知而无义，人有气、有生、有知，亦且有义，故最为天下贵也”[②]，“人”与“草木”、“禽兽”之区别，在于“能群”和“能分”，而这一切的发生都有赖于“人”所具有的“义”，从而“制礼义以分之，使有贫富贵贱之等，足以相兼临者，是养天下之本也。《书》曰：‘维齐非齐。’此之谓也”[③]，即用“礼义”之“分”去遏制和约束人的自然本能中所具有的“趋利性”以及调节现实生活中人之能力的不同，而不是忽视现实的社会条件，一味地“维齐”，从而形成贵贱、上下、君臣、父子各安其所、各尽所能的和谐社会关系，促进社会有秩序、有组织的良性运转。这种对“群”的互动关系的认识，决定了“以义为先”或“以义为上”的首要价值地位，彰显了“见利思义”的道德至上指向。

所以，先秦儒家“义利观”中“义以为上”、“见利思义”的伦理道德指向，除了是“人之为人”的内在价值要求，还是“群”之中互动关系的首要价值标准，是“人与人”良性互动关系的前提。甚至可以说，“义”之蕴含及在社会关系中的体现是社会交往关系的运作规律，也正是在此意义上，孟子认为“义”是人人皆可走的“人路”，又是人人皆可得的“天爵”，从而确立了“义”对于“利”的权威性和统摄性。所以，无论是“君子”之“义”、“四心”之“义”，亦或是“礼义师法”之“义”，都是旨在表明“义”在现实的“人”的社会生活中所起的重要作用，并以此来明确每个人在“群”的社会关系中该尽的义务和责任，从而更好地实现“人”的价值以及更为融洽地融入社会，进而弘道利人，促进自身的人格修养和社会的和谐运转。

2. “欲不可去，节之为善”的人道主义追求

先秦儒家“义利观”思想虽然具有“义以为上”的伦理价值指向，强调个人在普遍性、整体性的群体关系中恪守自身的义务、责任，遵守群

① 李学勤主编：《论语注疏·述而》，第91页。

② （清）王先谦撰，沈啸寰、王星贤点校：《荀子集解·王制》，第162页。

③ 同上书，第151页。

体或社会的道德规范、习俗规定，从而促进社会的统一和群体关系的良性发展。但是，先秦儒家“义利观”思想中所具有的人道主义、人文关怀倾向，使其以现实中的“人”为理论视角，去分析“人与人”互动关系中所呈现的特点和问题，进而促进良性人际互动关系的形成和人格境界的提升。正因为先秦儒家不将“人”作为抽象的、形而上的、固化的哲学概念来对待，其“义利观”思想体现了对人的关怀和尊重，把“人”作为一个鲜活的、动态的、现实的生命过程，层层展开，层层递进，进而完成“人之为人”的终极价值目标。可以说，先秦儒家“义利观”思想是以“人”为中心的价值理念和伦理系统，其人道主义的色彩和底蕴是不言而喻的。

中国古代的宗教经历了民神不杂、民神杂糅、绝地天通三个历史阶段，殷商时期的“鬼神”文化是中国古代宗教思想的具体体现。殷商时期，人们将现实的世俗需求转变为对于“帝”或“鬼神”、“宾于帝廷”的先王先公的祈求，将现实中的具体互动关系转变为了对于神灵、自然的敬畏和崇拜，从而忽视了“人”本身所具有的价值以及“人与人”之间的双向互动。自西周时期的“人文转向”，人的价值开始凸显。《尚书·召诰》中讲“惟不敬厥德，乃早坠厥命”①，周人不再认为天命永存，而是将天命与“德”的思想紧密相联，提出“敬德保民”的政治思想，是否有“德”，直接关系到俗世政权的合法性和稳定性。虽然西周之“德”主要还是宗室贵族所特有的政治规范和修身德目，与孔子所讲的内在之“德”还有较大差距，但是不可否认，周人对“德”的发明使其摆脱了原始宗教的束缚，将“人”与“神”、“人”与“自然”的单线联系转变为了“人”与“人”的现实双向联系。开始认识到“人”在现实生活、社会、政治中所起的作用，并积极地去认识、稳定、改进这种现实而具体的社会关系。正是在此基础上，提出“天视自我民视，天听自我民听。百姓有过，在予一人”② 的政治思想，自觉地去调整“王”与“民”的现实关系，而不再过分希冀“鬼神”、“祖先”的保佑，开始在现实的行动中去探寻和总结历史变动的原因，并彰显“人”在历史活动中所起的重

① 李学勤主编：《尚书正义·召诰》，第 399 页。

② 李学勤主编：《尚书正义·泰誓中》，第 277 页。

要作用，所以提出“惟天地万物父母，惟人万物之灵”① 人文思想。

而进一步将“人”从“天上”拉回“人间”的便是周公的“制礼作乐”，通过礼乐制度将“人”镶嵌进现实的互动关系中，从而达到社会的规范化和秩序化，是一种对现实的反思和历史的总结。《国语》中有这样的记载：“古者，先王既有天下，又崇立上帝、明神而敬事之，于是乎有朝日、夕月以教民事君。诸侯春秋受职于王以临其民，大夫、士日恪位著以儆其官，庶人、工、商各守其业以共其上。犹恐其有坠失也，故为车服、旗章以旌之，为贽币、瑞节以镇之，为班爵、贵贱以列之，为令闻嘉誉以声之”②，礼乐的功用不是抽象的玄谈，而是现实中的“敬事”和“教民”，明确个人在群体中的责任和义务，从而庶人、工、商各安其位、各司其职，并制定车服、旗章、贽币、瑞节、班爵、贵贱之差别，使社会关系呈现出等差有别，而又安定有序的和谐统一。

西周的礼乐制度对中国文化的发展方向产生了至深的影响，其“人文转向”所蕴含的人道主义，注重用“人”的视角去解决现实中“人”的问题，这种分析问题的路径直接被孔子所继承。“到了春秋时期，‘以人为本’思想逐步得到确立，这一思想是西周‘德政民本’思想逻辑发展的必然结果。孔子在继承、丰富和发展了殷商以来人学思想的基础上，在当时复杂动荡的社会环境下，以恢复弘扬‘周礼’为己任，提出了较为系统实用的儒家人学思想，奠定了后来中国人学思想发展的基本格局。”③ 孔子在继承西周思想的同时，也对其进行了改造和突破。西周“制礼作乐”的局限性在于它的宗法血缘制度，使其对现实社会的理解受到了某种局限性的影响，孔子通过对“德”字的延伸和“仁”学的发明，将“人与人”的互动关系超越了宗法血缘的局限，使“人”进入了普遍性、广泛性的社会关系之中，并对此关系进行反思和调节，从而开启了“义利之辨”。所以，“义利之辨”从产生到发展，皆是以“人”为中心，关怀人、尊重人，去解决现实的“人”的问题。

正因为如此，先秦儒家“义利观”思想中的“义”与“利”不是绝

---

① 李学勤主编：《尚书正义·泰誓上》，第 270 页。

② 徐元诰撰，王树民、沈长云点校：《国语集解·周语上》，中华书局 2002 年版，第 33—34 页。

③ 王杰：《儒家文化的人学视野》，中共中央党校出版社 2000 年版，第 58 页。

对的对立，而是在现实中呈现出一种“欲不可去，节之为善”的人道主义追求。既肯定人在现实生存和生活中所需的物质利益，即“欲不可去”；又主张对人的欲望适当地进行节制和调节，以促进社会的和谐稳定和自我的人格完善，即“节之为善”。如孔子在强调“君子”与“小人”之别时，又主张“因民之所利而利之”（《论语·尧曰》），在主张“见利思义”时，亦是主张“富而后教”。足见孔子眼中的“利”并非不可取，关键在于用何种手段或方式去“取利”以及“取利”的目的是用来满足私欲还是用来利益大众。所以，先秦儒家的“义利观”思想由承认现实生活中的“欲不可去”，直接进入了现实社会关系中的“节之为善”，并在现实的社会关系中砥砺人格。正是在此意义上，孔子既说管仲不知礼，又赞叹管仲“如其仁”，就在于管仲能够帮助齐桓公“九合诸侯”，制定“尊贤育才”、“无曲防”、“无遏籴”的葵丘之盟，以此利益大众，“由此可见，依孔子意见，谁能够使天下安定，保护大多数人的生命，就可以许他为仁”[①]。这种以“人”为主线和中心点的“义利观”思想，可以理性地对待现实中“义”与“利”的关系问题，既能以“义”的权威性和统摄性来约束、调整“利”，又能认识到“利”在现实的“人”的生存和生活中的不可或缺，从而完成“欲不可去”与“节之为善”的有机统一，即“义”与“利”的和谐共存。

3. “生之谓性，生之可能”的人性论倾向

先秦儒家“义利观”思想之所以具有“人道主义”的追求，不只是单就其尊重“合理”之“利”来说。它以现实的“人”为主线而展开的“义利之辨”不仅仅是关怀人、尊重人，更重要的是还可以改造人、提升人，使个体可以完成“人之为人”的终极价值指向。在这一层意义上，“欲不可去”不只是表示生存或生活所必需之“利”，而是意旨作为主体的“人”要清醒地认识到自身的“欲望”或“取利”之心，并对其进行“反思”，从而可以“节之为善”，引导内在道德自觉性的萌发或主动地接受“礼义师法”之化。如果说，上文中所讲的“欲不可去”与“节之为善”的有机统一，是为了满足人之生存或生活所必需的物质条件，并引导人们以合理的方式和方法去获得“利”，那在这一层意义上所讲的“欲

① 杨伯峻：《论语译注》，中华书局2015年版，第20页。

不可去”与“节之为善”则是侧重于“人之为人”的终极价值指向，引导人的自我实现和自我完善。从而“欲不可去”与“节之为善”的关系可以转变为“生之谓性”和“生之可能”的人性论倾向。

孟子之时的告子，曾提出“生之谓性”的观点，认为人性无有“善”或“不善”之分，认为人性是生命初始阶段的一种自然而然、原本具有的资质或本能，并不具备伦理道德的价值蕴含。所以，告子认为人性为“决诸东方则东流，决诸西方则西流”[①]，对人性没有像孟子、荀子那样做出“善”或者“恶”的价值评判。“生之谓性”是中国古代“即生言性”传统的一部分，认为“性”可以与“生”互用，“性”就是人之生命自然展开的过程，在此过程中所表现出来的喜、怒、哀、悲之情绪或情感，“食”、“色”的自然欲求，欲富、欲贵的心理需求都可以称之为“性”，在此层次上所论述的“性”是无“善”无“恶”，更多的是一种事实判断，而非价值判断，意在表明人生来既有的“事实”。

但是，这并不是“即生言性”及先秦儒家人性论的全部内容。孟子反问告子：“然则犬之性，犹牛之性；牛之性，犹人之性与?”[②] 孟子在某种意义上承认“生之谓性”的说法，亦是认可人性中生来便有的一种倾向和趋势。但是，孟子反对将“生之谓性”作为人性的全部内容，认为如果只从“生之谓性”的生物本能去看待人性，则无法区分人与犬、牛之性，人性就会如同犬、牛之性一样，完全变为一种无意识的生物本能。所以，孟子主要是从人与禽兽的区别性上去认识和阐释人性，“古人所言之性，不是抽象的本质、定义，不是‘属加种差’，而是倾向、趋势、活动、过程，是动态的，而非静止的。用今天的话说，性不是一事物之所以为该事物的内在本质，而是一生命物之所以为该生命物的内在倾向、趋势、活动和规定”[③]，人性之“性”虽具有某些与生俱来的生物本能，但这并不是人性的主要方面，人性的主要内容便是“人之为人”的主要原因，是人性之中的“必有所向”。认识到人性中的“必有所向”，是先秦儒家的一个共同特点。《性自命出》中的“牛生而

① 李学勤主编：《孟子注疏·告子上》，第295页。

② 同上书，第296页。

③ 梁涛：《郭店竹简与思孟学派》，中国人民大学出版社2008年版，第323页。

长，雁生而伸，其性使然；人而学或使之也”[①]、《中庸》的“天命之谓性，率性之谓道，修道之谓教”[②]、《大学》中的“三纲领”、“八条目”的修身、齐家、治国之道，都蕴含着人与犬、牛、雁等禽兽的根本区别。

虽然，荀子提出“性者”为“本始材朴”，是“不可学”、“不可事”，认为人性是生命本初的一种自然状态。但是，荀子在表述人性之时亦是提到“生之所以然者谓之性”（《荀子·正名》），其中的“所以”二字与孟子的“君子所性”（《孟子·尽心上》）中的“所”字，表示一种倾向和趋势。“所”字，《说文》解释为“伐木声也”，主要用作动词。徐复观先生对此评述到：“此处‘生之所以然者谓之性’的‘生之所以然’，乃是求生的根据，这是从生理现象推进一层的说法”[③]，表明荀子所论之“性恶”或孟子所论之“性善”皆是超越了人指自然本能的事实判断，而进入“生之可能”的“必有所向”之层次。

可以这样说，孟子、荀子对人性所作出的“善”或“恶”的价值评判，是中国哲学史上对人性概念之认识所作的最重要的突破，只有对人性作出了某种价值性的预判，才可使之具备“反思”人性的能力和方式，从而对人生来既有的欲望、情感进行“反思”，并主动地对其进行约束和调节，使之适应人的生命的发展，促进社会的安定秩序。

在“生之谓性”与“生之可能”的人性论倾向中，先秦儒家不仅强调“义”与“利”在内容和形式上的辩证统一，而且主张通过对“利”的自觉的“反思”，主动地认识到自身所具有的欲望、情感以及需求，从而内在自觉地对其进行调适，使其既能合理地满足自己的需求、尊重他人的利益，又能避免陷溺于物质追求中而忽视内在精神层面的提升，这也就是唐君毅先生所讲的“一具体之生命在生长变化发展中，而其生长变化发展，必有所向。此所向之所在，即其生命之性之所在”[④]，正是此“必有所向”才是“人之为人”的价值所在，也是人主动地进行内在道德自觉性和接受外在“礼义师法”之化的缘

① 李零：《郭店楚简校读记》，中国人民大学出版社 2007 年版，第 136 页。

② 李学勤主编：《礼记正义·中庸》，第 1422 页。

③ 徐复观：《中国人性史论·先秦篇》，九州出版社 2013 年版，第 203 页。

④ 唐君毅：《中国哲学原论·原性篇》，新亚研究所 1974 年版，第 27 页。

由和动力。

先秦儒家“义利观”思想在“生之谓性”与“生之可能”的理论框架下所作出的价值评判，主张对“生之谓性”中的“欲不可去”有一个清醒的认识和反思，而不是任由人的生物本能自由的展开，人与禽兽之区别便是人可以认识到自身的本能方面，从而去调整和约束，使其既可满足自己生存的需要，又能不妨害“生之可能”的适宜发展。而动物，则对自身所具有的自然本能毫无觉知，其生存和种族延续皆是在不自觉的过程中完成，人却可以完成对自然本能的超越，并对其进行自觉地“反思”。先秦儒家“义利观”所体现的人性论便是帮助人们去自觉地“反思”这种与生俱来、不可学、不可事的生物本能，使其被限制在“适度”的范围。这也就是古人所讲的“人莫不饮食也，鲜能知味也”[①]，人人都无法摆脱“生之谓性”中“欲不可去”的饮食之“利”，但是人的独特之处便是能够在“生之可能”中对此“利”进行调节和约束。所以，圣人通过对道德的内在自觉性涵养，或通过“制礼作乐”的外在方式对其进行调整，以促进人的改造和提升，实现“人之为人”的终极价值指向。

孔子在促进人对自我欲望、情感的“反思”，大体采用内在之“仁”和外在之“礼”的两种路径。孔子之后，孔门分化，亦是沿着“内”与“外”两条路径各自延伸。曾子、子游、子思及之后的孟子倾向于“务内”，主张以人性中的内在道德自觉性去自由调适“欲不可去”之“利”，以此来获得人性中的“必有所向”，完成“生之可能”。而荀子则“直指人心”，与“务内”倾向的“循循善诱”不同，直截地提出人性中所蕴含的“取利”倾向，要求人们要对这种欲暖、欲饱、欲休之心进行直接的“反思”，并通过外在的“礼义师法”之“伪”对人进行教化和提升，使之“人之为人”。所以，不论是“务内”还是“务外”，都是促进人们进行对“生之谓性”之“利”进行合理的节制，进而达成“生之可能”的价值目标，并在此理论框架和治学思路中完成合理之“利”与“人之为人”之“义”的辩证统一。这是先秦儒家“义利观”的一个显著的共同点。

① 李学勤主编：《礼记正义·中庸》，第 1424 页。

二 先秦儒家义利观之差异

1. “义外”与“义内”：践履方法之争

先秦儒家“义利观”思想中“义”与“利”的关系，不论是“义利两养”，抑或是“先义后利”、“义以取利”、“以义为利”，总体上是一种以“义”为权威性、主导性的伦理价值指向，这是先秦儒家“义利观”思想的共性。既然都以“义”的权威性来对“利”进行统摄和调适，那问题的关键便是如何通过“义”对自然本能、社会互动关系中所产生之“利”进行引导和约束，即“践履方法”之争的问题。在以上的章节中笔者已经讲到，孔门分化之后，围绕着孔子“仁”、“礼”二元结构产生了“务内”与“务外”两种治学路径。受这两种治学路径的影响，“义”字之意义和蕴含形成了“内”、“外”两种倾向性，从而主要表现为“义”如何统摄“利”的方法论即“践履方法”之争。

在孔子那里，“义”并没有明显地被区分为“内”与“外”。“义”可以被用来描述君子的内在品质，如“义以为质”；也可以用来表示外在的行为规范，如长幼之节、君臣之义。所以，“义”字在《论语》中的用法颇有争论。如黄俊杰先生认为“从《论语》的相关材料看来，在孔子思想中，‘义’与‘君子’观念密切结合，‘义’是完美人格的必要条件……‘义’与‘我’有密切关系，是完美人格所必具的德行，有普遍性，是所有完美的人共具之美德”①，在这里，黄俊杰先生显然将“义”理解为与“我”即自身相关的具有普遍性的内在品质，强调“义”与“价值内在”、“意志自由”的联系，更多地倾向于“义”的内在方面。但是，亦有学者提出不同的看法。如张汝伦先生认为“‘义’在孔子那里并非主观的东西，它的根据和基础、它的合理性，建立在天理和事理的基础上。自然，具体何事为宜，需主观的判断，但‘义’本身并非出于主观，而是客观的行为准则”②。显然，张汝伦先生将“义”理解为与“我”无关，而与“天理”、“事理”之外在客观存在相联系，从而认为

① 黄俊杰：《“义利之辨”及其思想史的定位》，载王中江主编《中国观念史》，中州古籍出版社 2005 年版，第 332 页。

② 张汝伦：《义利之辨的若干问题》，《复旦学报》（社会科学版）2010 年第 3 期。

“义”没有主观内在的蕴含，而是一种外在的客观准则。

笔者在第一章有关“义”字之字义流变的内容中已经讲到，“义”字从“人与自然”互动的“宗教性”、外在礼仪规范的“氏族性”发展至与“我”相关的内在自觉性，是一个渐进而相互涵盖的过程。至孔子“仁”学的发明，是对殷商宗教文化、西周礼乐文化的继承和突破，使人意识到自我“主体性”的存在，初步建立了个人对“我”的内在“反思”，但是，亦包含外在礼仪准则对个人社会行为所作出的道德约束。所以，孔子所论之“义”，笔者认为是“内在”与“外在”的统一，孔子并没有对其做出刻意区分。但是，孔子强调“仁”对于君子人格内在方面的培养，指出“仁远乎哉？我欲仁，斯仁至矣”①，强调自我对内在之“仁”的把握，以及用“仁”来衡量自身内在的“安”或“不安”。其“见利思义”、“义以为质”、“君子之于天下也，无适也，无莫也，义之与比”②，显然通过“仁”学的发明赋予“义”更多的“内在”的倾向。

通过以上孔子对“义”的应用，可以看到“义”字既注重“内在”，也强调“外在”，使其调适和约束“利”的方法产生了不同。“义”字的“内在”方面，主张个体与自我产生联系，通过内在的道德自觉，而主动地约束自身的欲望、情感以及满足自身所需之“利”的方式、方法。“义”字的“外在”方面则主张个体通过外在的礼仪道德准则之权威性，如“道德仁义，非礼不成”（《礼记·曲礼上》）、“君臣之义”、“成妇之义”，从而对“利”产生统摄的作用。

在分析“义”字之“内”、“外”时，我们还需要对“内”与“外”做出一个界定。笔者在此节内容中，主要通过“义”字的内在道德自觉性和外在道德规范约束性两个方面对“义”字进行“内”与“外”的区分。但是，在孟子、荀子之前的儒家经典中，对“义”字之“内”、“外”的界定还包括血缘上的“家族内”和“家族外”、“亲亲”和“尊贤”的区分③，从而产生了“仁内义外”的思想。如“门内之治，恩掩义；门外之治，义断恩。资于事父以事君，而敬同，贵贵尊尊，义之大者

---

① 李学勤主编：《论语注疏·述而》，第95页。

② 李学勤主编：《论语注疏·里仁》，第50页。

③ 梁涛：《郭店竹简与思孟学派》，中国人民大学出版社2008年版，第387页。

也。故为君亦斩衰三年，以义制者也”[①]、“仁者人也，亲亲为大；义者宜也，尊贤为大”[②]，形成了“门内”与“门外”、“事父”与“事君”、“亲亲”与“尊贤”的差别，认为“贵贵尊尊”的外在性表现是“义”的主要内容。又如，郭店楚简《六德》：“仁，内也；义，外也；礼乐，共也。内立父、子、夫也，外立君、臣、妇也”[③]，形成了“父、子、夫”与“君、臣、妇”的区别。

“内”与“外”的这三层含义之间，会产生一定的冲突和融合。笔者认为，表示内在道德自觉性和外在道德规范性的这一层含义，主要阐释道德情操何以发生的问题；“门内”与“门外”、“事父”与“事君”、“亲亲”与“尊贤”的差别主要解释道德的适用范围问题。两者所阐述的层次不同，所论述的理论内容不同，这一点必须要清晰地看到，否则便会造成理解上的误区，庞朴先生指出：“一个最大的误判是，后世学者多用‘人心内外’来解说告子的‘仁内义外’，认为孟告之战的焦点是道德情操特别是‘义’德的发生问题，……误会的关键在于对‘仁内义外’说的‘内’‘外’二字作了非原义的理解，从而将告子所维持的仁、义二德的适用范围问题，错当成孟子所关心的道德情操何由发生的问题。”[④] 自孔子发明“仁”学之时，“仁”的萌发与应用多与具有血缘特殊性的“孝悌”观相联系，主张“弟子入则孝，出则弟，谨而信，泛爱众，而亲仁”[⑤]，强调由血缘特殊性的“孝悌”向外层层递推，进而达到更为普遍性的社会互动关系即“泛爱众”。但是，应该清楚地认识到，这是一个道德的适用范围问题，而不是道德何以发生的表述。对于仁德的萌发和培养，孔子依然重视君子内在的道德自觉性，强调个体对自我的“反思”。

当人们的哲学思考，一旦突破血缘性的藩篱时，就会以一种更为宽广的理论视野去审视“义”与“利”的问题，从而将“义”的适用范围问题融入进了“义”何由发生的理论框架内。而完成这一突破性转化，笔者认为是自子思的《五行》篇开始的，至孟子的“仁义内在”说以及荀

① 李学勤主编：《礼记正义·丧服四制》，第1673页。

② 李学勤主编：《礼记正义·中庸》，第1440页。

③ 李零：《郭店楚简校读记》，中国人民大学出版社2007年版，第171页。

④ 庞朴：《试析仁义内外之辨》，《文史哲》2006年第5期。

⑤ 李学勤主编：《论语注疏·学而》，第7页。

子的“性”、“伪”之分，最终将“义”之“内”、“外”突破了血缘特殊性，进而融入具有普遍性的“人与人”互动关系的视野中。也只有在此意义上，“义”对于“利”的统摄，才会发生方法论上的意义。

《五行》篇中对“义”作了这样的区分：“义，形于内谓之德之行，不形于内谓之行”[①]，郑玄在《周礼·地官·师氏》中注曰：“德行，内外之称。在心为德，施之为行”[②]。《五行》篇中对“义”所作的“形于内”与“不形于内”的区分，已明显是在德行何以发生的框架下提出的，而不是论述德行的适用范围，不再囿于“门内”和“门外”的血缘特殊性，反映了内在道德自觉性和外在道德规范约束性这两条治学路径。正如郭沂先生所讲：“所谓‘形于内’，即指自然形成于内在心性的道德。‘形于内’的过程，也就是《天命》所说的‘率性之谓道’、‘自诚明’的过程。所谓‘不形于内’，是指通过学习外在的道德规范而形成的道德。这个过程，也就是《天命》所说的‘修道之谓教’、‘自明诚’的过程”[③]。《五行》篇中对“义”观念的这种阐释，直接开启了先秦儒家内部“义利之辨”的方法论之争。假如说在孟、荀之前的儒家思想中，没有明显地意识和指出这两条治学路径的矛盾之处，至孟、荀之时，二人则在其具有“普遍性”的人性论基础上，明确地提出了“义”调适、约束“利”的方法论问题，并各自沿着“内”、“外”两条治学路径阐述自己的“义利观”思想。

注重“义内”的孟子，认为“义”乃心性所固有，为“四心”之一，是“不学而能”、“不虑而知”的“良知”和“良能”。在以上章节的内容中笔者已经讲到，孟子之“性善”的意思并不是说人性的全部内容皆为善，而是认为“君子所性，仁义礼智根于心。其生色也，睟然见于面，盎于背，施于四体，四体不言而喻”[④]，其中的“所”字为动词，意在表示人性之中有“向善”的可能和潜力，即人性中的“必有所向”决定了人可以通过自身的道德觉知去完善自我、提升自我，进而充于四肢、推己及人，从而达到“人之为人”的价值目标及指向。所以，强调

① 李零：《郭店楚简校读记》，中国人民大学出版社 2007 年版，第 100 页。

② 李学勤主编：《周礼注疏》，第 348 页。

③ 郭沂：《郭店竹简与先秦学术思想》，上海教育出版社 2001 年版，第 147 页。

④ 李学勤主编：《孟子注疏·尽心上》，第 362 页。

通过内在的道德自觉性“求其放心”，走“人路”而获“天爵”。

孟子正是通过“自得”之“义”而非外在“义袭”之“义”，对“利”形成一种统摄性和权威性作用，但是，孟子对于“利”的遏制所采取的方式，并不像荀子那样“刚烈”。孟子所采取的方式略显“循循善诱”而又“循序渐进”，犹如孔子的“因材施教”。告子认为人性如“杞柳”，“义”如“桮棬”，将“义”当作人性之外的一种制约力。孟子对此提出疑问：“子能顺杞柳之性而以为桮棬乎？将戕贼杞柳而后以为桮棬也？”[①] 意思是您是顺从杞柳的自然本性将其制作成杯盘呢？还是戕害、违逆杞柳的自然本性将其制作成杯盘呢？接着，孟子提出“人性之善也，犹水之就下也”[②]，从而认为，人性之善如同水有定向一般，涵养“仁义”是顺从人性之“定向”，是人性发展的趋势和“必有所向”。所以，孟子主张在顺从人性发展的前提下，涵养自身所具备的“仁义”之德，如同“智者若禹之行水也，则无恶于智矣。禹之行水也，行其所无事也”[③]。正是在顺从而不是违逆人性发展的前提下，孟子提出了“四心”之一的“义”，同时又承认人的喜、怒、哀、悲之情和生存、生活之“利”。不是将“义”作为外在的措施和规定对人性进行强制性的约束，而是在尊重人性之“必有所向”及人的情感、欲望的前提下，对人的提升和潜力的发展提出了“人之为人”的要求。故，正是在此基础上，孟子一面主张“何必曰利”，一面提倡“养生丧死”之“利”；一面主张“舍生取义”，一面提倡无“恒产”则无“恒心”；一面承认人之欲富欲贵之心，一面提倡“富贵不能淫，贫贱不能移，威武不能屈”[④] 的“大丈夫”之“义”。

所以，孟子在面对齐宣王所讲的三疾：“好勇”、“好货”、“好色”时，没有对其表示直截的反对，而是隐约的指出此三疾是人人皆有之欲，故，要合理运用这三种生来便有的欲望之“利”，并将其转变为“一怒而安天下之民”和“与百姓同之”的“公利”，用“必有所向”之“义”去约束获得欲望之“利”的方式和方法，进而将其推己及人，促进国家和社会的和谐稳定及自身的心性培养、人格完善。如贺麟先生所说：“道

① 李学勤主编：《孟子注疏·告子上》，第 294 页。

② 同上书，第 295 页。

③ 李学勤主编：《孟子注疏·离娄下》，第 231 页。

④ 李学勤主编：《孟子注疏·滕文公下》，第 162 页。

德为目的，经济为工具，道德为立国之本，经济为治国之用”①，在这样的一种理论框架内，并不排斥经济之“利”，而是将其作为一种促进内在道德觉醒的手段和工具，最终完成内在“义”的自觉性和人性“必有所向”的升华。

荀子与孟子不同，认为人性中有“求利”的趋向性、倾向性，从而需要外在的“礼义师法”之“伪”进行约束和节制，从而，认为“礼义”皆为外在性的存在，而非内在道德的自觉体现，加之人性中的“趋利性”，所以荀子主张上下、尊卑、长幼、贫富皆各安其位的外在之“义”的权威性和统摄性，通过“义”对人性中的“趋利性”进行矫正和修饰，达成“化性起伪”的最终目的，使其促进社会互动关系即“群”的和谐统一及稳定牢固。

“人生而有欲，欲而不得，则不能无求。求而无度量分界，则不能不争；争则乱，乱则穷。先王恶其乱也，故制礼义以分之，以养人之欲，给人之求。使欲必不穷乎物，物必不屈于欲。两者相持而长，是礼之所起也。”② 荀子认为，“礼义”之所起的原因，本身便是为了遏制人性中的欲求不满之特性。与孟子不同的是，孟子主张通过内在之“义”的道德自觉性对“利”进行主动的“反思”，而荀子则认为人性之中并不具备伦理道德的“内在价值”和自觉性的“意志自由”。所以，荀子直截地指出人性之中的缺陷即“趋利性”，然后通过“礼义师法”对其进行外在的干预，使其满足自身欲望之“利”所采取的方式和手段符合道义，以及使其自身的欲望限制在良性社会互动关系之内，从而既能满足人的“欲”、“求”，又能避免“争”、“乱”、“穷”的恶性社会互动关系，也正是在这样的一种理论视野下，荀子提出了“公义”的思想理论，以“公”之“礼义之分”来约束“私”之“欲求不满”。

通过以上的分析，我们可以清晰地看到“义内”或是“义外”的区分，直接影响了“义利观”思想中“义”通过何种方式遏制、调适“利”的方法问题，而这种方法论上的区分，又间接影响了其“义利观”思想的基本理论方向。所以，“义内”或是“义外”的问题，是先秦儒家

① 贺麟：《文化与人生》，世纪出版集团 2011 年版，第 31 页。

② （清）王先谦撰，沈啸寰、王星贤点校：《荀子集解·礼论》，第 337 页。

学派内部“义利观”思想的主要内容及主要分歧之一。“义内”与“义外”的区分，至孟子、荀子之时已趋近明显。“义内”之理论，主张通过“自得”、“反求诸己”、“自诚明”的方式促进自我的道德觉知，进而对自身及身处的社会关系进行自觉地“反思”，从而调节“我”与自身欲望之“利”的关系，以及获知满足合理之“利”的手段、方法，进而完成社会关系的良性互动、和谐稳定，并在自觉的道德意识下提升自我、完善人格，达成“我”的知、情、意的和谐统一。而“义外”之理论，则主张通过外在的道德规范，对自身的欲望之“利”进行强制性、权威性的统摄，以此来遏制人性中的“欲求不满”，并通过外在之“义”使人明确何种方式为合理的“求利”手段，通过“礼义师法”规定个人在社会互动关系即“群”之中的责任、义务和角色，以此促成“群”关系的等差有序、稳定统一，避免争则乱、乱则穷的恶性“人与人”互动关系的形成和发生。从而，“义外”的思想理论更为重视外在制度的建设，强调“虑积焉，能习焉”（《荀子·正名》）的后天之“伪”的作用，主张用道德礼教之化、“公义”之分，行礼义文理之实，从而“以矫饰人之情性而正之，以扰化人之情性而导之”[①]，使个体在礼义、法度的约束下完成在普遍性、广泛性的社会关系中的各安其位、各得其所。所以，“义内”和“义外”两种理论各自采取了不同的方式及方法对“利”进行约束和节制，在分析其理论内容及倾向时我们应该明确地认识到，这两种方法各有利弊，不应将其完全割裂分离，应放在先秦儒家的理论框架及时代背景下，使其相互融通、相互补充，以此使我们能够更为清晰地了解先秦儒家“义利观”的思想内涵，及更好地使其服务于当下，解决现实问题。

2. “性相近”“性善”“性恶”：人性论之争

先秦儒家“义利观”思想之所以理论蕴含深远、视野广阔，是因为它具有多个价值前提和理论基础作为支撑，其中的“人性论”便是其“义利观”思想重要的理论内涵及价值指向之一，也是先秦儒家学派内部“义利观”之差异的具体体现。人性论的不同决定了“义”之来源的不同，人性论的差异亦是决定了“义”对“利”节制、调节所采取方式的不同。可以说，人性论是先秦儒家“义利观”得以形成的最重要的理论

① （清）王先谦撰，沈啸寰、王星贤点校：《荀子集解·性恶》，第421页。

基石之一，是其理论蕴含最发人深省的组成部分，对中国传统文化的形成和发展造就了不可磨灭的影响。

在孔子那里，并没有对人性做过多的界定和评述，“夫子之文章，可得而闻也；夫子之言性与天道，不可得而闻也”①。孔子认为人与人之间“性相近”而“习相远”，意在表明人们的天性相近而后天的培养、习俗、环境的不同造成了个体之间的差异性。孔子所论之“性”，与“天命之性”、“性善”、“性恶”之“性”不尽相同，笔者认为，孔子所论述的“性”是侧重于人的生命生理活动而言，并未涉及到“人禽之辨”、“人之为人”的价值伦理范畴，是一种较为朴素的论述人的生命活动的人性理论。孔子的人性论与“生”联系紧密，侧重于生命之展开过程的自然体现，强调后天之“习染”对先天之“生命”的影响、作用。徐复观先生讲过：“就具体的生命而言，便谓之生；就此具体生命之先天禀赋而言，便谓之性”②，孔子对人性的看法更多是对人之“具体生命”而言，将人性作为一个客观存在的具体之物来对待，受到中国古代“即生言性”之“性者生也”的影响。如《尚书·召诰》所言：“今休，王先服殷御事，比介于我有周御事，节性惟日其迈”，郑玄对“节性”注曰：“节其性，令不失中，则道化惟日其行”③。正因为要顾及生命的常态，不可违逆常性，才要调适“性”之发展过程，因此“兹乃不义，习与性成”④，要依靠后天“习染”的作用对生命所体现的情感、欲望、需求进行适应和节制。皆将“性”理解为一种客观存在的常性、常态，即生命发展过程中的一种具体体现。在《左传·昭公二十五年》中更是将“性”理解为“则天之明，因地之性，生其六气，用其五行，气为五味，发为五色，章为五声，淫则昏乱，民失其性，是故为礼以奉之……民有好恶喜怒哀乐，生于六气，是故审则宜类……好物乐也，恶物哀也，哀乐不失，乃能协于天地之性，是以长久”⑤，用客观存在之物“六气”、“五行”、“五味”、“五色”和“五声”来论证人之生命的“好恶喜怒哀乐”，主张“性”在

① 李学勤主编：《论语注疏·公冶长》，第 61 页。

② 徐复观：《中国人性论史·先秦篇》，九州出版社 2014 年版，第 8 页。

③ 李学勤主编：《尚书正义·召诰》，第 398 页。

④ 李学勤主编：《尚书正义·太甲上》，第 210 页。

⑤ 李学勤主编：《春秋左传正义·昭公二十五年》，第 1448—1449 页。

生命的展开过程中合乎常理，反对违逆常性、常理的欲望、情绪、需求的具体体现，从而使其适宜人之生命的发展。所以，傅斯年先生认为“古初以为万物之生皆由于天，凡人与万物生来之所赋，皆天生之也。故后人所谓性之一词，在昔仅表示一种具体动作所产之结果”①。故，这种“即生言性”传统将“性”作为客观的具体行为及所产生的结果、常理、习俗，从而对“性”的具体表现形成一种外在的约束性，进而适应生命的适宜发展。在《大学》之中，曾子虽然已经表现出一种“务内”的倾向，但是曾子所论之“性”，笔者认为与孔子大同小异，皆是将人性理解为一种朴素的客观存在，视为适宜生命发展的“一种具体动作所产之结果”，是人类在生存、生活及社会互动关系中的一种经验总结。“好人之所恶，恶人之所好，是谓拂人之性，灾必逮夫身”②，意思是别人皆厌恶的我都喜好，而别人喜好的我却厌恶，曾子认为此行为和心理是“拂人之性”，即违逆了人的常性、常理及习俗规定。从而我们可以清楚地看到，曾子在《大学》中唯一一处论“性”，亦是将人性理解为“一种具体动作所产之结果”，是对具体行为和结果的一种现实意义上的反思。但是，曾子之时已表现出“务内”的治学倾向，其“诚其意”的“慎独”，“止于至善”的“格物”、“致知”、“诚意”、“正心”、“修身”、“齐家”、“治国”和“平天下”，都在彰显着人性内在的光芒和魅力，为后期儒家心性哲学的发展打下了坚固的基础。

至子思之时，人们已不满足于将人性停滞于外在的客观存在之中，而是向内寻求“人之为人”的价值指向和伦理内涵。在郭店楚简《性自命出》篇中，虽亦是认同人之“性”为喜、怒、哀、悲之“气”的自然展露，但是认为“好恶，性也。所好所恶，物也。善不善，性也。所善所不善，势也”③，将“性”与客观存在之“物”做了严格的区分，不再混为一谈、界限不明。指出“好恶”之缘由、动机在于人性之中，而所好所恶却在于外在的客观之“物”，在人性之中去寻找“好恶”的原因，进而反思和认识人之“性”。其“性自命出”之说，更是将

① 傅斯年：《性命古训辩证》，广西师范大学出版社 2006 年版，第 78 页。

② 李学勤主编：《礼记正义·大学》，第 1603 页。

③ 李零：《郭店楚简校读记》，中国人民大学出版社 2007 年版，第 136 页。

“性”之内涵提高到“天”的形而上层面，为人性构建了更高的价值前提和道德伦理指向，使其摆脱了外在客观存在的束缚，使之成为内在于人的先天禀赋。认为牛出生之时便会“长”，大雁出生之时便会“伸”，尽管它们在生命发展过程中的具体体现不同，但是它们的“性”是一样的，并且后天的学习、习染会对“性”产生作用。“牛”与“雁”本身是两种各不相同的物种，笔者认为《性自命出》篇此处表达的意思并不是认为牛之“性”与雁之“性”相同，而其“其性一”的意思是两者皆包含一种生命发展的倾向性和趋向性，即笔者在以上章节内容中所讲的“性”之中的“必有所向”。而这种“必有所向”可以“或动之，或逆之，或交之，或厉之，或黜之，或养之，或长之”[①]，通过触动、迎受、交接、磨砺、黜退和养育来使之成长。《性自命出》篇中亦是区分了“养性”和“长性”这两个方面，“习”为“养性者”，而“道”则为“长性者”，用后天的“习染”来养护“性”，从而使其具体的行为及结果适宜生命之发展，强调外在规范对“性”的引导作用，即《中庸》的“自明诚，谓之教”。而“道”则能使人之“性”中的“必有所向”即“人之为人”的倾向性和潜能得到生长和发挥，即《中庸》所采取的“自诚明，谓之性”的内向性方式。故，此处所区分的“养性”和“长性”已明显表明，子思已经开始从人性的内在方面去反思和认识“人之为人”的倾向性，并在形而上的“天”的层面为其人性论构建价值前提。

子思的人性论之最大贡献，便是确立了人性的内在属性，从而使儒家的人性论突破了朴素的只注重具体行为及结果的外在客观性，达到了自身对“性”的自觉之反思和认识，完成了人性在主观内向性层面的转化，进而在更为普遍性、广泛性的“人”的概念框架内对“人之为人”作出价值判断，形成了儒家所特有的心性理论。在子思人性论的框架内，虽然隐约地指出人性之向善的可能，但是并没有明确地指出“性”之“善”、“恶”的问题。至孟子、荀子之时，儒家的人性论则分化为孟子的“性善”论与荀子的“性恶”论。其“性善”或“性恶”皆指人性中的某种趋向和潜能，并不是说人性的全部内容

---

① 李零：《郭店楚简校读记》，中国人民大学出版社 2007 年版，第 136 页。

为“善”或为“恶”。这是孟子、荀子在“即生言性”的传统下，所作的突破和革新。明确地指出人性之“必有所向”中的“所向”问题，并清晰地进行对人性的反思，以及界定“人之为人”的价值指向、伦理内涵。正因为孟子与荀子所创建之理论的侧重点不同，从而导致两人的人性论观点相左，甚至背道而驰。孟子的“性善”论主张通过内在之“义”，对“利”进行自觉地反思和节制，从而“成己”、“利他”，完善人格、提升自我，促进社会关系的良性互动。荀子的“性恶”论则主张通过外在之“礼义师法”，对“利”进行权威性和强制性的约束，从而使个体在“群”的互动关系中各任其职、各尽其责，形成社会的和谐统一、安定有序。

所以，先秦儒家的人性论思想，自孔子的“性相近”发展至子思对“性”的内向性转化及人性之趋向性、倾向性的清晰化，孟子、荀子正是沿着其内在的思想理路进行突破、革新，使人性这个概念在更为普遍性的意义下表示“人之为人”的内在价值和伦理指向，各自提出了不同的人性论观点。可以说，先秦儒家学派内部的人性论思想各自不尽相同，也正是由于此，其各自的“义利观”思想呈现出了不同特色的思想蕴含，极大地丰富了中国传统哲学中的“义利观”思想，并在不同的层面之间相互融合、相互补充，促进了“人与人”互动关系的和谐运转，并彰显了“人之为人”的独特性和尊贵性。

3. “自然之天”、“人格之天”、“性命之天”：天道论之争

先秦儒家“义利观”思想中，除上文所讲的践履方法之争、人性论之争外，由于对“天”的体认各不相同，从而导致其“义利观”思想中的天道论之争。“义内”或“义外”的践履方法之争涉及到如何通过“义”去调适和节制“利”的方法论问题，“性相近”、“性善”、“性恶”的人性论之争关乎“义”对“利”之优先性的价值指向问题。而天道论之争则关乎“义利观”思想的合法性、根基性问题，即“义利观”何以产生、何以重要的问题。

“义利观”思想作为一种道德价值和人伦指向，“是一种社会现象，社会现象不是脱离自然界而存在的。人，生存于社会之中，同时亦生存于自然界之中。人与非人的自然界有区别，但是这种区别，从根本意义上来

说，只是自然界中的内在的区别。"[①] 人的生存、生活、社会互动关系或伦理价值创造皆离不开自然，可以这样说，人与自然的互动是一切社会互动关系的前提和基础。而人与自然的互动，在中国传统文化的语境中可还原或转化为"人"与"天"的关系，通过"究天人之际"而"通古今之变"，即"天道"与"人道"的相互融通、相互印证。

"天"是西周时期对殷商"帝"概念的改造和延伸，并将"天"与人之"德"紧密相联，既是对"天"的一种体悟，又是为俗世之"德"和"制礼作乐"寻找终极的价值依据，从而保证俗世政权的合法性以及人间社会关系的秩序化。此时之"天"虽是对殷商时期降祸禳灾的"人格之天"——"帝"的转化和改造，但是亦保留着浓厚的宗教蕴含，如"故天降丧于殷，罔爱于殷，惟逸。天非虐，惟民自速辜"[②]，所以，在某种程度上讲，西周之"天"仍具有"人格之天"的意味，它可以"降丧"且"罔爱"于殷，从而导致殷商的覆灭。与殷商宗教文化不同的是，西周之时赋予了"天"浓厚的道德色彩，认为"天非虐"，惟有"敬德"、"保民"才可秉受天命、祈福于天。这种将"天"的人格化，认为"天"如人一样，亦有喜、怒、哀、乐，亦会赏善惩恶。其实是"人"的价值理念的一种延伸，并为其找到价值根据。是俗世伦理价值的一种延伸，并为这种伦理价值提供基础和理论证明。使"人"的价值镶嵌于青冥的"天"中，是典型的由"人"及"天"的思维方式，这便是西周时期的"人文转向"，开始在人的道德伦理价值层面思索和体悟天道。在继承殷商宗教文化中的"帝"之主宰性的同时，又为这一高高在上的主宰者披上了道德伦理的外衣，从而"天"转变为俗世伦理价值的创造者和承载者，是人们政治生活和社会生活的至高无上的终极价值实体。

这一思想被孔子所继承，并作出改造和延伸。在孔子那里，"天"的人格性被进一步减弱和稀释，取而代之的是"天何言哉？四时行焉，百物生焉，天何言哉"[③]，虽然孔子讲过"天厌之"、"天生德于予，桓魋其如予何"[④]，但是孔子已明显地将"天"作为评判人伦道德的依据，使其

---

① 张岱年：《中国伦理思想研究》，江苏教育出版社 2009 年版，第 139 页。

② 李学勤主编：《尚书正义·酒诰》，第 380 页。

③ 李学勤主编：《论语注疏·阳货》，第 241 页。

④ 李学勤主编：《论语注疏·述而》，第 93 页。

与俗世的伦理价值紧密地联系在一起，正是在道德伦理的基础上，孔子提出“天厌之”和“天生德”的说法。孔子之后的曾子、子思、孟子更是将“天”与人的“性”、“命”联系在一起，构成了“性命之天”的思想体系，认为通过“尽性”、“尽心”而“知天”，从而人之“心”、“性”与天道相联，完成了人性和天道的统一，既突出了“天”的至高无上的尊严，也彰显了“人”所独有的价值，使“天”与“人”紧密地结合在一起，构成了中国独特的宇宙论、心性论。在这种天道观的理论框架内，其“义利观”思想获得了源于天道的价值依据，“义”被贵为“天爵”，是天道在人之心性中的体现，更是天之所赋予的“良知”和“良能”。

而在荀子那里，他认为“天行有常，不为尧存，不为桀亡”①，将“天”视为“自然之天”，意指外在于人类的客体之天，是与“人”相对而存在，并不以人的意志为转移的客观实体。“自然之天”有着自己的运行规律，不会受人类社会的影响，亦不会对人类社会施加影响，而是自然而然地存在着。但值得注意的是，在中国哲学这一特殊的语境中，中国人的“自然之天”是有别于西方的“宗教之天”，这与中国哲学所特有的人文情怀有着密切的关系，虽然“自然之天”与“人”相对立而“自化自为”，但是中国的哲人仍试图去找到它们之间精微的联系，并以此来证实“人道”的合理性。故，荀子虽认为“天人相分”，但是亦强调人们可以觉知天道之规律，并以此“制之”、“化之”、“用之”和“使之”，达到“制天命而用之”的理想境界，并根据天之“天职”、“天情”、“天官”和“天君”来映射和论证人间之秩序，来完成“义”对“利”的统摄和节制。

综上所述，先秦儒家“义利观”中的天道论，将“天”各自视为“人格之天”、“性命之天”或“自然之天”。其天道观的不同，直接影响着其“义利观”的思想理路。注重“人格之天”，则将“天”视为至高无上的主宰者和统治者，势必会降低人之自主性、主动性，使人屈服于“天”之尊威，过多地将俗世的问题局限于天人关系之中，从而无法在普遍性的社会互动关系中去寻求人间治乱兴衰的缘由。注重“性命之天”，则将“天”与“人”合二为一，在其心性论的基础上达到“天人合一”

① （清）王先谦撰，沈啸寰、王星贤点校：《荀子集解·天论》，第300页。

的理想境界，由“天”及“人”，而“人”能知“天”。在“尽心”、“尽性”的内在道德自觉性的基础上，完成对“义”的自知和自觉，走“人路”、得“天爵”，从而对“利”达到合理性的节制，进而完成“义”与“利”的辩证统一关系。注重“自然之天”的“天人相分”，则强调“天有其时”和“人有其治”，主张合理而主动地认识和利用外在的客观规律以服务于人类，而不应将天道神秘化和抽象化。这种对天道的认识，使人可以充分运用自身所具有的主观能动性，并进而专注于自身所处的社会互动关系，从而对其进行改进和调适，使其适应个人及社会的和谐发展。“义”不再是“天”之所赋予，亦不是人性之内在的萌发，而是“人有其治”的社会互动关系中的规律性和规定性，是人之社会、“群”关系治乱兴衰的经验总结。由此，我们可以看到天道论之不同对先秦儒家学派内部“义利观”思想所产生的作用，以及对其“义利观”思想和内在的逻辑理路造成的影响，极大地丰富了中国传统哲学的思想内容以及拓宽了中国文化的理论体系。

第三节　先秦儒家义利观与先秦道家、墨家、法家之比较

一　“道与器”：先秦儒家“义利观”思想与道家思想之比较

先秦道家思想之中，亦是蕴含着丰富的“义利观”观思想，并与先秦儒家“义利观”思想存在着较大的差别，其对于“义”、“利”二字的用法及“义”与“利”之间为何种关系，都具有自身学派所独具的理论特质和思想特点。

我们先来看一下先秦道家思想对于“利”字的用法。在《老子》通行本中，“利”字多被用为表示主体与客体或人与自然互动之时，顺从、符合外在客观规律、客观环境，从而使其满足人的客观及主观需求。如，“民利百倍”和“国之利器”，都是用来表示一种是否“适合”、“有用”或“有益于”的事实判断，没有价值判断的伦理意味。但是，在《老子》文中亦有“利”字被赋予了某种价值判断，“绝巧弃利，盗贼无有”①，

① （魏）王弼注、楼宇烈校释：《老子道德经注校释·十九章》，中华书局 2008 年版，第 45 页。

意指弃绝狡诈和货利，则无盗贼之祸。此处之“利”已含有一种关系互动的指称意味，表示通过损害他人之利益来满足自身的私利。至庄子之时，“利”字已被赋予了更多的“人与人”互动关系的蕴含，如“以身殉利”（《庄子·骈拇》）、“争归于利”（《庄子·马蹄》），这几处之“利”已不再是单纯的主体与客体或人与自然的互动关系，而是进入了“人与人”互动关系的价值评判之中，带有浓厚的伦理价值指向，意指妨害自身天性及他人的“私利”。值得注意的是，先秦道家对于“利”看法虽与先秦儒家相似，将“利”分为两层含义：1. 主体与客体或人与自然的互动而产生的事实判断，用以表示满足某种客观的需求；2. “人与人”的互动关系而产生的价值判断，用以表示获取“利”之方式是否合理或符合伦理价值。但是，总体而言先秦道家对于“利”持否定态度，主张少私寡欲、不贵人为、因任天性、无知无欲的“自然”之道。所以，“小人则以身殉利，士则以身殉名，大夫则以身殉家，圣人则以身殉天下”①，在庄子看来人之天性自然，不应为私利、名声、家国、天下而以身殉之，而在儒家看来以身殉“家”和“天下”皆为所提倡的“公利”，并以此“公利”为“义”即“以义为利”。在这里，庄子已明确认为不论是“私利”还是“公利”皆是人们“以物易性”的缘由，从而主张对其进行摒弃，避免成为丧失天性和异化于物的“倒置之民”。

我们再看一下先秦道家对于“义”字的用法。老子认为，“大道废，有仁义；智慧出，有大伪；六亲不和，有孝慈；国家昏乱，有忠臣”②、“绝圣弃智，民利百倍；绝仁弃义，民复孝慈”③，在郭店楚简中被表述为“故大道废，焉有仁义。六亲不和，焉有孝慈”④。笔者认为，老子并没有像先秦儒家那样把“义”理解为人之内在的伦理价值或“人之为人”的外在“礼义”之分，而是将“义”理解为一种单纯外在的政令法章和行为规范，将“义”理解为一种强加于人的外在规范，从而妨害了人之

① （清）郭庆藩撰，王孝鱼点校：《庄子集释·骈拇》，中华书局1961年版，第324页。

② （魏）王弼注，楼宇烈校释：《老子道德经注校释·十八章》，中华书局2008年版，第43页。

③ （魏）王弼注，楼宇烈校释：《老子道德经注校释·十九章》，中华书局2008年版，第45页。

④ 李零：《郭店楚简校读记》，中国人民大学出版社2007年版，第33页。

“自为”、“自化”，进而“大道废”、“六亲不和”、“国家昏乱”。庄子更是认为“仁义之端，是非之涂”[①]、“夫尧既已黥汝以仁义，而劓汝以是非矣”[②]、“而强以仁义绳墨之言术暴人之前者，是以人恶有其美也，命之曰灾人”[③]，认为“义”是人间争乱之端、昏乱愚昧之因、逐名求利之本，甚至以“黥”、“劓”之刑来比喻“义”，以“义”为“矫言伪行”，进而认为“尧不慈，舜不孝”，大盗起于圣人之间。与先秦儒家对“义”的理解和诠释大相径庭。

所以，先秦道家持“义利双弃”的态度，“义”与“利”被同时弃绝和否定，从而两者之间没有如先秦儒家那样形成一种双向的互动关系，这是先秦道家“义利观”思想的特点。先秦道家与先秦儒家之所以形成了截然不同的“义利观”思想，笔者认为是两者对于“道器论”的认识不同，即“道”与“器”为何种关系的问题。

真正具有哲学意义的“道”是由老子首先提出的，“道生一，一生二，二生三，三生万物。”[④]“道”在中国古代哲学中被看做是宇宙之本源，人类行为之准绳，伦理道德之源头，是客观环境、客观条件运行的规律。特别是在先秦儒家思想中，“道”蕴含的意义不只是客观规律的一种实体化，更是代表一种内在的价值诉求和向内寻求的道德力量。“器”在《说文》中被解释为：“器，皿也，象器之口。”段玉裁注曰：“皿，饭食之用器也。然则皿专谓食器，器乃凡器之统称。”[⑤]“器”是具体的存在于时空之中的有形态的事物。所以，“器”所代表的是外在的客观事物，即相对“道”而存在的外在客观之物。“道”与“器”从总体上讲，是规律与现象、抽象与具体、体与用的关系。在中国传统哲学中，“道”是“理一”，“器”是“分殊”，构成了一种“理一分殊”的关系。

---

① （清）郭庆藩撰，王孝鱼点校：《庄子集释·齐物论》，中华书局1961年版，第93页。

② （清）郭庆藩撰，王孝鱼点校：《庄子集释·大宗师》，中华书局1961年版，第279页。

③ （清）郭庆藩撰，王孝鱼点校：《庄子集释·人间世》，中华书局1961年版，第136页。

④ （魏）王弼注，楼宇烈校释：《老子道德经注校释·四十二章》，中华书局2008年版，第117页。

⑤ （汉）许慎撰，（清）段玉裁注：《说文解字注》，上海古籍出版社1981年版，第86页。

《周易》中最早出现“道”与“器”这对哲学范畴，并对“道”与“器”的关系做了初步的定义和价值层次上的划分：“形而上者谓之道，形而下者谓之器。化而裁之谓之变，推而行之谓之通，举而错之天下之民谓之事业。”①。后期的很多学者也正是因为这句话，认为“道”为大，“器”为下。其实，在《周易》中，“上”和“下”并没有蕴含任何价值评价的意思，只是说出了“道”与“器”这两个哲学范畴的状态而已。那么，在《周易》中是怎么认为“道”与“器”的关系呢？在《周易》中对“道”与“器”做出“形而上”、“形而下”的区分后，便提到“道”与“器”可以相互转变，要“化而裁之”和“推而行之”，从而“举而错之天下之民谓之事业”。我们可以看出，在《周易》中并没有把“道”和“器”对立起来，没有将内在价值或外在规律与外在的价值或现象、事物完全冲突化，也没有将其划分为高低之等，反而认为两者要结合互通，只有这样才可达成“事业”，在这里所谓的“事业”指的是人类的生存、生活状态，即“有利于”天下。

《周易》中亦写道，“《易》有圣人之道四焉：以言者尚其辞，以动者尚其变，以制器者尚其象，以卜筮者尚其占”②。在这里，《周易》所讲的圣人之道并不是“迂阔”的空谈，而是一种“道”与“器”的结合即内外价值的统一，要“尚其辞”以“言者”，“尚其变”以“制动者”，“尚其象”以“制器者”，“尚其占”以“卜筮者”。然后又讲“备物致用，立成器以为天下利，莫大乎圣人”③。“道”与“器”相结合是为了“备物致用”从而“为天下利”。正是因为能够利天下，所以才为圣人，而这种圣人并不只是空谈道德而毫不理会世间的物质生活条件之“利”的。

所以，在《周易》中我们可以看出，“形而上”的道和“形而下”的器即价值的两个不同层次是相互结合在一起的，而“义”在《周易》中被认为是“立人之道曰仁与义”（《周易·说卦》），从而“义”是“道”的一种表现。再加之上文对“器”的分析，“器”的最终目的是

① 李学勤主编：《周易正义·系辞上》，第292页。

② 同上书，第283页。

③ 同上书，第289页。

“天下利”，即利“天下之民”的“事业”。故，在《周易》中“道”与“器”的互通融合，导致了“义”与“利”的和谐统一。

孔子讲“朝闻道，夕死可矣”（《论语·里仁》），从而将“道”放在首要的位置。孔子所讲之“道”主要是仁、义、礼、智的人间之“道”，主张通过“仁”、“德”、“礼”、“义”重建俗世人伦秩序，使人各居其位、行不逾矩，这样的一种对“道”的解释，孔子之后的儒家亦是如此理解。皆认为“道”并不是一种完全外在于人的客观规律和价值实体，而是一种关乎人间俗世、内在于人的心性之中的自然体现，是一种社会运行的秩序规律，也正是基于此，先秦儒家与先秦道家对于“道”的理解存在着巨大的差异性。对于“器”的解释，孔子及之后的曾子、子游、子思、孟子和荀子大多将其作为外在的客观器物理解，亦表示为一种功用和途径。如孔子讲过“君子不器”（《论语·为政》），用外在客观事物的具体功用，表示君子不可将自身限制于某种固定的功用之中，也就是突破己身的“有限性”进而完成“人之为人”的“无限性”，通过“学不可以已”、“学而时习之”来实现自身不同的“器”之功用，即不断地完善自我、提升自我，发挥人性中的“可塑性”，从而利益天下之民。所以，在先秦儒家的思想内容中，“道”与“器”相互融合、相互贯通，以“道”的引导来实现“器”的功用之“利”，进而达成“义”与“利”辩证统一的关系。

“道”是先秦道家的核心思想，老子对于“道”的解释为“道可道，非常道；名可名，非常名。无名天地之始，有名万物之母。故常无欲，以观其妙。常有欲，以观其徼。此两者同出而异名，同谓之玄，玄之又玄，众妙之门”①。老子认为，“道”乃万物之源，更是价值的本质，是可遇而不可求的终极实体。庄子则认为“夫道未始有封，言未始有常，为是而有畛也。请言其畛：有左，有右，有伦，有义，有分，有辩，有竞，有争”②，大道本身没有“封”和“畛”，即万物同一而没有区别，正因为人们没有遵从“道”，所以便“以物易性”及“有待”而非“无待”，丧

① （魏）王弼注，楼宇烈校释：《老子道德经注校释·一章》，中华书局2008年版，第1—2页。

② （清）郭庆藩撰，王孝鱼点校：《庄子集释·齐物论》，中华书局1961年版，第106页。

失了人之“常性”、“常德”，从而产生了俗世中的分别，“义”便属于其中之一。正因为“不可道”和“不可名”、“未始有封”，所以先秦道家之“道”不可能与儒家之“道”那样作出鲜明的定义和解释，更不可能将其作为人间秩序的一种表达，也不会作出俗世中君君、臣臣、父父、子子的地位以及义务的划分。进而导致了先秦道家的另外一个核心思想“道法自然”，认为天下万物，当然也包括人类，应该“任其自然”、“逍遥无待”，强调“无为”和“清心寡欲”，而不应该人为地去干涉任何事情，这与先秦儒家主张发挥人的主观能动性的观点亦是不同。老子、庄子将“道”绝对抽象化，认为“道”是宇宙大化流行之规律，进而认为道外无物，不应用仁、义、礼、智来诠释“道”。

对于“器”的理解，先秦道家认为“小国寡民，使有什伯之器而不用，使民重死而不远徙。虽有舟舆，无所乘之；虽有甲兵，无所陈之；使民复结绳而用之。甘其食，美其服，安其居，乐其俗。邻国相望，鸡犬之声相闻，民至老死不相往来”①。在这一段中，老子明确了自己对于外在于“道”的客观事物及现象的态度，与《周易》中鼓励“尚象制器”和“致远以利天下”的价值内外结合论截然不同。主张对“什伯之器”、“舟舆”、“甲兵”的外在器物之“利”弃而不用，从而“至人无为”、“大圣不作”，达到不被外物所桎梏的大道境界，做到无己无物的逍遥状态。从而在“道”对于“器”的扬弃中形成了一种“义利双弃”的价值观思想。

综上所述，先秦儒家“义利观”思想与先秦道家“义利观”思想在内容和逻辑方面截然不同，这种不同缘于两者在“道器论”方面的差异。先秦儒家既认为“道”为外在于人的客观实体，更是认为“道”为人间秩序和心性内容的基础，从把“道”拉回“人间”，融入人之心性当中，而“义”正是“道”的主要内容之一。正是在此认识上，先秦儒家不排斥外在之“器”，主张“尚象制器”、“君子不器”以利益天下，实现“人之为人”的责任和义务，而“利”便是此“器”的主要内容。从而，先秦儒家达成了“义”与“利”的辩证统一关系。先秦道家则将“道”

① （魏）王弼注，楼宇烈校释：《老子道德经注校释·八十章》，中华书局2008年版，第190页。

绝对抽象化，将“道”理解为一种“万物与我同一”的玄秘境界，更多地将“道”理解为一种外在于人的客观规律，并不是人间秩序的一种表征。从而任“自然”，反“人为”，对人间的秩序之“义”和器物之“利”采取弃绝的态度，即反对任何带有目的性的“人为”的活动，不得以俗世之规定性去破坏“道”之自然性，从而形成了与先秦儒家截然不同的“义利观”思想。

二　“德与力”：先秦儒家“义利观”思想与先秦法家之比较

以商鞅、韩非为代表的先秦法家学派的“义利观”思想，主张“崇利”而“简义”的思想，认为“利”是一切价值评估和行为动机的根本，以及国家、社会协调统一和规范社会关系的唯一标准，更是富国强兵和君王法、术、势统一的主要手段。而尊崇“仁义”的先秦儒家学派则被贬低为“五蠹”之一，认为其“仁义”之说乃以文乱法之理、迂阔不实之言，无益于耕战、国富、兵强，从而与先秦儒家之“义利观”思想针锋相对。其实，两者的“义利观”之所以迥然不同，究其原因，则为儒家重“德”而法家崇“力”。重“德”则尊“义”，崇“力”则尽“利”。先秦儒家与先秦道家的“义利观”之冲突，是春秋战国百家争鸣之时“礼法之争”转向“德力之争”所必然出现的结果。从而分析法家与儒家“义利观”之不同时，我们可以通过两者对于“德”、“力”的态度不同，进而探寻其“义利观”的思想内容及理论逻辑之不同。

“利”字在先秦法家中的应用和诠释，是其“德”与“力”思想的前提和主要内容。在第一章内容中笔者已经讲到，“利”字主要有两层含义：1. 人与自然或主体与客体互动过程中，人顺应客观环境或事物的属性做出满足生存、生活需要的适宜选择，强调客体对于主体的客观满足，是一种事实判断；2. 强调在社会互动关系中以何种方式或方法来获取利益及满足需求，是一种良性或恶性人际互动关系的指代。先秦法家虽斥责儒家迂阔而不实，以根植于现实并能够解决现实问题来标榜自己的学说，但是，在“利”字的应用上，笔者认为反而是儒家将“利”字的分析放入了具体而现实的社会互动关系中去衡量和评价，产生“私利”与“公利”之分，抑制“私利”而提倡“公利”，这是一种具体而现实的分析路径。而标榜现实的法家思想，反而将“利”字抽象化和概念化，认为“利”是人性的主要表现及历史变迁的主要原因，从而将“利”抽象为一种“人性论”和社会价值标准，将其作为“放之四海而皆准”的社会治理方式和价值衡量标准。

如商鞅认为“民之生，度而取长，称而取重，权而索利”[①]，“取长”、“取重”、“索利”等现实生活中的行为正是人性的具体表现，更是“人情”、“民情”的基本内容。因为“人无毛羽，不衣则不犯寒。上不属天，而下不著地，以肠胃为根本，不食则不能活。是以不免于欲利之心”[②]，所以将“欲利之心”作为人性的主要内容，并将其作为法治思想的理论基础，强调“凡治天下，必因人情。人情者有好恶，故赏罚可用；赏罚可用则禁令可立，而治道具矣”[③]，主张“因人情”而设“以法为教”和“以吏为师”的赏罚禁令制度。先秦法家将“利”与“人性”结合在一起，是一种悲观的人性论思想，更是将荀子“性恶”理论推向了极端。在荀子那里，“性恶”是指人性之中的某种倾向性和趋向性，并不是说人性之内容全部为恶。而先秦法家的人性论中，人性与“欲利之心”之间甚至可以画等号，从而“利”被抽象为人性的全部内容。不论是君臣，还是父子、夫妇之间的关系，皆以“计算之心”相待而“计之长利”。可以这样说，在先秦法家思想中人人都是为“利”而生、为“利”而死，正所谓“利之所在民归之，名之所彰士死之”[④]。

另外，先秦法家思想还将“利”抽象化为历史变迁的原因和动力。在继承荀子“法后王”的思想外，更为历史的发展脉络给出了“利”的解答。“古者丈夫不耕，草木之实足食也；妇人不织，禽兽之皮足衣也。不事力而养足，人民少而财有余，故民不争。是以厚赏不行，重罚不用而

① 蒋礼鸿撰：《商君书锥指·算地》，中华书局1986年版，第48页。

② （清）王先慎撰，钟哲点校：《韩非子集解·解老》，中华书局1998年版，第145—146页。

③ （清）王先慎撰，钟哲点校：《韩非子集解·八经》，中华书局1998年版，第430—431页。

④ （清）王先慎撰，钟哲点校：《韩非子集解·外储说左上》，中华书局1998年版，第263页。

民自治。今人有五子不为多，子又有五子，大父未死而有二十五孙，是以人民众而货财寡，事力劳而供养薄，故民争，虽倍赏累罚而不免于乱”[①]，认为历史发展、变迁的原因是人口之多、少和货财之足、寡造成的，并区分了“养足”而“不争”和“供养薄”而“争”两种情状，总之，这一切的发生都与人的“衣”、“食”之“利”有关，从而“利”成为先秦法家历史观思想的前提和主要内容。因此将历史的发展区分为了四个时期：有巢氏、燧人氏的上古之世、鲧禹的中古之世、桀纣汤武的近古之世和当今之世，并认为历史处于动态发展的过程当中，是对荀子“法后王”思想的继承，从而批判儒家的追思先圣、“宪章文武”以及道家的“小国寡民”、“至德之世”，提出“圣人不期修古，不法常可，论世之事，因为之备”[②] 的思想，认为历史演进的过程处于发展、进步之中，应“不期修古”，寄希望于“新圣”而非寄于“先圣先王”。

正因为先秦法家思想之中将“利”作为人性论和历史发展论的基本内容，甚至将“利”作为政治、社会、经济生活的全部内容，所以对“利”的节制和应用是法家思想所面临的主要问题。从而，将“利”分为正、反即有益、有害两个方面来区别对待。“利”的有害方面便是人性中的“欲利之心”，如不对其加以遏制，则会争、竞无度，势必引发国家、社会的动荡不已。而“利”的有益方面，便是对其因循利导，使人们功在耕战，以成霸王之业。故，主张对人性之“欲利”采取外在的严刑峻法、赏罚分明，同时又以厚赏和美誉，使民“利之”和“荣之”。而统摄这两方面的不是“德”而是“法”，不是“义”而是严明的“赏”和“罚”。

商鞅认为，“以刑治则民威，民威则无奸，无奸则民安其所乐。以义教则民纵，民纵则乱，乱则民伤其所恶。吾所谓利者，义之本也；而世所谓义者，暴之道也”[③]。在这里，法家学派明确地提出“利”乃“义”之根本，而大家广为认知的“义”是“民纵”、“民乱”的缘由，甚至是“暴之道”。取而代之的便是以“刑罚”之“法”治民，因“利”导民，

① （清）王先慎撰，钟哲点校：《韩非子集解·五蠹》，中华书局 1998 年版，第 443 页。

② 同上书，第 442 页。

③ 蒋礼鸿撰：《商君书锥指·开塞》，中华书局 1986 年版，第 56 页。

用“法治”的治理方式，以民之所好而攻民之所恶。正是在此基础上，韩非子在上古之世、中古之世、近古之世和当今之世的区分下提出“古人亟于德，中世逐于智，当今争于力……处多事之时，用寡事之器，非智者之备也；当大争之世而循揖让之轨，非圣人之治也”[①]。主张“今”、“古”之别，“古”之时可用德，而“今”之世正值战乱多事，各国竞于国力之富足、争于军力之强盛，从而不可用“德”，亦不可用“义”，只能用“法”整合社会资源和规范国家政治秩序，亦只能用“力”相互博弈、相互攻伐。从而，法家所提倡的便是排“德”据“力”和斥“义”崇“利”的价值观思想，与先秦儒家修身养德、义以为先、见利思义的价值标准迥然相异。

先秦儒家则泾渭鲜明地提出“以力假仁者霸，霸必有大国，以德行仁者王，王不待大。汤以七十里，文王以百里。以力服人者，非心服也，力不赡也；以德服人者，中心悦而诚服也，如七十子之服孔子也”[②]，强调以内在之“德”完成对外在之“力”的统摄，并最终“以德服人”，达成“仁政”、“王道”的良性政治秩序。所以，先秦儒家的“尚德”、“弘德”、“尊德”的“德治”思想一直是其思想脉络的主流，正如孔子所讲“骥不称其力，称其德也”[③]，从而确立了“德”、“礼”对于“政”、“刑”之“力”的优先性，从而做出“君子”与“小人”的义、利之分。当然，先秦儒家并不只是一味地轻“力”尊“德”，认为“徒善不足以为政，徒法不能以自行”[④]，对于“法”与“利”亦是提倡，只不过将其纳入“德”、“义”的统摄范畴之下而运作、施行。如荀子在“一天下”、“王霸并用”的思想前提下，提出“隆礼重法”之礼、法并用的思想，用“礼”实现人性之“伪”，完成“人之为人”的道德教化，以“法”约束“性恶”当中的“趋利性”，从而促进“群”关系的协调发展，维护政治、社会的稳定和谐。荀子虽重视“礼”、“法”二端的协调并用，但其最终的价值目标却还是“力术止”而“义术行”，认为专靠强力而取得“一天下”的政治结果并不稳定，还要完成由“霸”而“王”的转变过

① （清）王先慎撰，钟哲点校：《韩非子集解·八说》，中华书局1998年版，第426页。
② 李学勤主编：《孟子注疏·公孙丑上》，第87页。
③ 李学勤主编：《论语注疏·宪问》，第198页。
④ 李学勤主编：《孟子注疏·离娄上》，第185页。

程，用“德”、“义”之道德教化、政风熏陶来感召天下及百姓民众，从而使人可以知道“仁义法正之质”（《荀子·性恶》），并践行“仁义法正之具”（《荀子·性恶》）。所以，先秦儒家“义利观”思想所呈现出的“德”与“力”的关系，是“德”、“力”并重，以“德”导“力”的理论结构。而在此理论建构中，注重由“德”生“义”，而达成对“力”之“利”的统摄，进而实现两者的对立统一关系。

综上所述，“利”是先秦法家学派理论的核心价值范畴，通过对“利”在人性论、历史观和社会治理方式上的分析和应用，法家主张富国强兵之“利”，从而达到对俗世政治、经济、社会之“力”的追求，以完成国家的霸业。进而认为儒家仁义道德学说“是故乱国之俗，其学者则称先王之道，以籍仁义，盛容服而饰辩说，以疑当世之法而贰人主之心”①，因此排“德”尊“力”，认为“力”即经济、军事实力和君王之权势才是国家的根本，并认为尚力废德是历史发展的必然。从而提倡国治在于“务力”而国乱在于“尚德”，有功在于“尽力”而无用在于“恃德”的学说体系。在这样一种学说体系中，法家甚至认为“义”为国家、社会的“暴之道”，所以，君王应“挟大利”而治国、大臣应“挟大利”而治理，为政的根基便在于能够“计之长利”。故，先秦法家与先秦儒家“义利观”之不同，便在于“利”在“德”与“力”关系中所呈现的地位、意义不同，从而导致尊“德”、“义”或崇“力”、“利”的价值选择问题。更是由于此价值选择的不同，导致了进一步的王霸之分和礼法之别的价值范畴讨论。总之，通过分析儒、法两家“义利观”思想的差异性，我们可以看到“义利之辨”在春秋战国百家争鸣之时所呈现出的多样性和多元化的发展路径，为中国传统哲学的发展添加了重要的一笔。同时，也更加体现出先秦儒家“义利观”思想底蕴的多样性和深厚性，通过与先秦诸子的对比，其“民本”思想、“人本”色彩、“人性”光辉等思想理论更是跃然纸上，令人惊叹。

三　“群与己”：先秦儒家“义利观”思想与先秦墨家之比较

先秦时期，墨家学派的思想居于显学地位，至孟子之时，已对儒家思

① （清）王先慎撰，钟哲点校：《韩非子集解·五蠹》，中华书局 1998 年版，第 456 页。

想有着巨大的冲击，其思想内容和思想逻辑方面都与先秦儒家存在着很大的差异性和矛盾性。所以，孟子说："圣王不作，诸侯放恣，处士横议，杨朱、墨翟之言盈天下。天下之言，不归杨，则归墨。杨氏为我，是无君也；墨氏兼爱，是无父也。无父无君，是禽兽也"①，认为欲彰"孔子之道"则必息"杨墨之道"，以"距杨墨"为己任，甚至将是否"距杨墨"作为"圣人之徒"的一个标准，可见当时墨家思想给儒家思想所带来的巨大冲击和危机感。正是在这样一种差异性和矛盾性中，儒、墨两家的"义利观"思想便呈现出巨大的不同，不论是思想的内容方面，还是立论的思路方面，都通过其各自的"义利观"思想显现出各自学派的理论特色和独特见解。笔者认为，先秦儒、墨两家的"义利观"思想之不同，根源在于对"群"、"己"关系的认知和理解不同。而两者的"义"与"利"的关系正是深深地镶嵌于"群"与"己"的关系之中。在下文中，笔者将通过对儒、墨两家"群"、"己"关系认知的不同，分析其"义利观"的差异性。

群己之辨在中国古代哲学中，代表着两种不同维度的价值立场。就其争辩的本质来讲，群、己之辨可归结为价值立场之争，即不同的价值立场所反映的价值意识之争。群与己，顾名思义就是群体与个人、整体与个体。从价值方面来讲，就是社会价值与个人价值的关系，是探讨怎样处理好群体利益与个人利益关系的学说理论。

先秦儒家强调群己合一论，自孔子至曾子、子游、子思、孟子和荀子，都表现出了一种群己并重的倾向，强调社会价值和个人价值、群体利益和个人利益的统一。儒家的核心思想"仁"，是儒家群己价值观的基础和前提，"'仁'的这一要素对个体提出了社会性的义务和要求，它把人与人的社会关系和社会交往作为人性的本质和'仁'的重要标准"②。孔子对"仁"学的发明，是一种对社会互动关系的主动反思和分析，将个体融入普遍性的"人与人"互动关系中去考量和评价，本身便包含一种个人与群体的关系问题。故，我们可以从"仁"出发，去了解和分析儒家的群己观思想。

① 李学勤主编：《孟子注疏·滕文公下》，第178页。

② 李泽厚：《中国古代思想史论》，天津社会科学院出版社2008年版，第24页。

在儒家看来“仁”与“礼”相通，“仁”是“礼”的基础，“礼”是“仁”的目的和外在表现。孔子理论中的“仁”，可以是“爱人”、“忠恕”，亦可以是“居处恭，执事敬，与人忠”[①]。虽没有对其下明确的定义和界定，但是孔子所说的“仁”绝不是“孤芳自赏”般的自我独处，而是将己身融入群体之中的一种社会互动准则，更是一种在“群”关系中完善自我、提升自我的人格修养方式。人不能脱离群体而独自存在，“鸟兽不可与同群，吾非斯人之徒与而谁与”[②]，而“礼”则是为了更好地使人融入群体的社会秩序当中，“克己复礼”就是为了实现人的“自修”以至融入群体之中的价值选择问题。所以，孔子十分重视“群”的价值立场，要求君子做到仁和礼，从而达到“群”的价值层面。但是孔子亦是讲到，“为仁由己”（《论语·颜渊》）要想达成“仁”，更多地取决于“自修”和自我的道德自觉性之萌发，而不是单纯地依靠外力，还要依靠“自力”去体悟、去实践。

通过以上的分析，我们可以清楚地看到，孔子既贵群也贵己，贵己是为了让个人更好地实现社会价值，贵群是为了个人更好的修身，以实现个人的价值。两者相辅相成，缺一不可，从而促成良好的社会互动关系及主体道德意识的萌发。正是在“群”、“己”并重的理论前提下，孔子既提倡“义以为质”，以“义”形成对“放于利”之行为的约束。又主张个人合理的生存、生活之“利”，因为孔子相信，个人有内在道德的力量作为支撑，从而可以对“利”作出合理的谋取和应用。

孟子对孔子思想的继承主要表现在“仁”上。孔子并没有对“仁”下一个明确的定义，而孟子则将孔子的“仁”推到了“性善”的层次，在政治上则主张推行“仁政”和彰显“王道”。孟子十分重视“群”的价值，指出“老吾老以及人之老”、“幼吾幼以及人之幼”，认为在社会群体中只有互助互爱才能达到社会的理想状态，是一种典型的对“群”关系进行分析的学说体系，其“仁政”、“王道”思想便是在“群”关系的互动之中才可完成。孟子同时也尊重“己”的价值利益，我们可以从他对“心”的论述中得出，孟子“心”的概念可分为四个部分：恻隐之心、

① 李学勤主编：《论语注疏·子路》，第178页。

② 李学勤主编：《论语注疏·微子》，第250页。

羞恶之心、恭敬之心、是非之心。这四个部分也就是孟子所说的“良心”和“本心”。孟子主张“性善”，主张人人固有良知和良心。孟子指出：“君子深造之以道，欲其自得之也”①，孟子认为，要想得到自身所固有的“良知”则要反求诸己，即向内寻求，强调自身的道德自觉性和主动性。孟子十分重视个人的“良知”、“良能”，并将人人可得、可行的“仁义”贵为“天爵”和“人路”，充分体现了孟子在重视社会价值的同时，也十分重视个人的主动性和价值性，更是在个人价值方面发出了那个时代最发人深省的声音：“居天下之广居，立天下之正位，行天下之大道；得志，与民由之，不得志，独行其道。富贵不能淫，贫贱不能移，威武不能屈，此之谓大丈夫。”②

所以，孟子的“群己观”在其“性善”论的前提下，首先提倡“群”对“己”的节制，主张以人性“必有所向”的“义”对己之“私利”进行约束和调适，使之适应人性中“善”的潜力性和倾向性。同时在“即生言性”的传统下，亦是承认个人在生命发展中所必需之“利”，尊重个人的道德自觉性和主动性，从而自觉地完成对“利”的调适，进而在“群己”关系中形成“义利”关系的主次有别、和谐统一。

荀子则主张“化性起伪”，认为人的本性生来便是素朴的材料，人并不具有先天的善性，而所谓的善是“起伪”的结果，也就是后天教化的作用。认为人只有在后天的“礼法”之教化下才会“善”，这也就强调了人要想成就“善”，就要依据“礼”的要求融入社会群体中去，只有这样才能做到“起伪”。在这里，荀子着重强调了社会价值对于个人价值的作用。荀子曰：“力不若牛，走不若马，而牛马为用，何也？曰：人能群。”③ 这里，荀子首先是尊崇人类实践活动的能动性，虽“力不若牛，走不若马”但能“牛马为用”，就是因为“人能群”。这仍是他的“化性起伪”理论的一种表达，强调了社会对个体的作用，他还特别提道：“君者，善群也。群道当，则万物皆得其宜，六畜皆得其长，群生皆得其命。”④ 突出了他的“善群则生”的思想。并且荀子提出了“明分使群”的理论，强调在社会中礼法的重要

① 李学勤主编：《孟子注疏·离娄下》，第220页。

② 李学勤主编：《孟子注疏·滕文公下》，第162页。

③ （清）王先谦撰，沈啸寰、王星贤点校：《荀子集解·王制》，第162页。

④ 同上书，第163页。

性，只有“分”够使君、臣、父、子、农、士、工、商“各得其宜”，才能使人们能在后天礼法的教化下“化性起伪”。

荀子对“己”的体认在一定程度上承继了孟子“人皆可以为尧舜”的思想，荀子认为“涂之人可以为禹”。人们可以从后天的教化中学习做到“仁义法正”，充分肯定了个人的积极能动性和个人的价值，并认为真正的君子应该有“傀然独立”的勇气和独立性，由此我们可以清楚地看到，荀子在重“群”的同时又是重“己”的，即强调社会群体的价值也强调个人的价值，极富实践的理性思维。

从而章太炎先生指出“荀子专主人事，不务超出人格，则但有人趣”①，虽然荀子着重阐释其“隆礼重法”之治和“礼义师法”之化的“善群”思想，但是荀子依然强调“群己”关系中“己”的价值性，表现出一种对“人格”、“人趣”的理论倾向。既强调“义”在“群己”关系中“分”的作用，主张以外在“礼义师法”整合社会关系的秩序。又承认个人在“群己”关系互动中所发挥的价值和作用，从而亦是提倡“养人之欲”、“给人之求”之“利”。

先秦墨家学派则主张“群”与“己”的对立，即社会价值和个人价值的分离，这与先秦儒家的价值思想大相径庭。墨家之所以有这样的“群己”观，与它的“尚贤”和“尚同”思想相关。墨子提出：“古者民始生未有刑政之时，盖其语‘人异义’。是以一人则一义，二人则二义，十人则十义。”② 墨子认为，当时的社会混乱是由于人们对于“义”的理解各执一端，他认为一人一义，十人十义，百人百义，以此类推，社会必然陷入混乱之中。故而，墨子提出“尚同”的思想，认为只有将“群”关系整合统一，才会实现社会的安定，这样就可以“上之所是必皆是之，所非必皆非之”③。其后，墨子提出“尚贤”的思想，“官无常贵，而民无终贱。有能则举之，无能则下之”④，墨子的“尚贤”是不分等级、不分贵贱，与儒家所提倡的宗族等级制度和血缘宗亲思想截然不同，显然，墨子的这一思想受到其本身社会背景所影响，墨家要求突破等级束缚和血

① 章太炎：《国学讲义》，海潮出版社 2007 年版，第 180 页。

② （清）孙诒让撰，孙启治点校：《墨子间诂·尚同上》，中华书局 2001 年版，第 74 页。

③ 同上书，第 75 页。

④ （清）孙诒让撰，孙启治点校：《墨子间诂·尚贤上》，中华书局 2001 年版，第 46 页。

缘限制，达到不分贵贱、有能则举的社会互动关系状态。

通过以上分析，我们可以看到墨子“尚同”和“尚贤”的思想强调“群”的价值和社会整体的统一，而且在强调“群”之价值的同时，刻意排斥“己”的价值，认为“己”只会谋利并给社会造成混乱。墨子的“兼爱”思想更能体现出他的“群己”观念。墨子指出：“若使天下兼相爱，国与国不相攻，家与家不相乱，盗贼无有，君臣父子皆能孝慈，若此，则天下治。”① 要求人们“兼相爱”，在这种社会环境中，排除自我，从而完全地做到无差别的爱人，重点突出一个“兼”字。使整个社会变为一个“尚同”、“兼爱”的无差别的整体。从而，在这个整体中所谓的“义”就是“国家百姓之利”，墨子将其贵群的思想发展到了高峰。也正是这个“兼”字，使墨家认为“义”即是“公利”，是无差别、无贵贱的社会互动关系之行为准则，在此层意义上“义”与“利”之字义相同，即“义，利；不义，害”②，用“利”字对“义”之蕴含作出了诠释，并用“义”来表示社会互动关系中无差别性的“公利”。

综上分析，先秦儒家强调“群”“己”之分以及“群”对“己”的统摄作用，但正是在“群”“己”有别的基础上，承认社会互动关系的“亲亲之差”和“尊贤有等”，从而尊重“己”之价值和权利，进而完成“群己并重”的价值观念。在上下、尊卑、君臣、父子、夫妇的社会等差秩序中，既强调“群”之整体的重要性和权威性，又尊重“己”之个体的特殊性和差别性，进而完成“群”之“义”与“己”之“利”的对立统一关系。而墨家学派则主张“尚同”“尚贤”和“兼爱”思想，排斥儒家宗法等级制度和血缘宗亲之局限性，希冀消除“群”关系中的“异”而求“人与人”关系的“同”。在这种“同”的基础上所建立的“义”，已经失去了与“利”产生对立关系的前提，而建立在“兼爱”基础上的“利”观念，亦是不可避免地被诠释为“除天下之害”和“兴天下之利”的“公利”观，因为在这样的一种社会

① （清）孙诒让撰，孙启治点校：《墨子间诂·兼爱上》，中华书局2001年版，第100—101页。

② （清）孙诒让撰，孙启治点校：《墨子间诂·大取》，中华书局2001年版，第407页。

秩序建构中，“私利”已被消除殆尽，余下的便是“上利天”、“中利鬼”、“下利人”的“天德”之“利”即“义”的存在。从而，儒、墨两家在“群己观”上所表现出的差异性，直接影响了其“义利观”思想的不同，并在“群”与“己”的向度方面深刻地体现出了两家“义利观”思想体系的差异性。

第四章　先秦儒家义利观之价值影响

先秦儒家“义利观”思想的形成和筑建，在继承西周“人文转向”的基础之上，以“人”的视角对人伦秩序的理解、“中庸”方法论的应用、人之价值选择自由的阐释，提出了具有学派特点的见解和诠释，进而对整个先秦时期哲学思想的构成和发展产生了深远的影响。正是在此基础上，我们需要将先秦儒家“义利观”思想所体现的理论价值古为今用，使其在当代的国家（德治与法治）、社会（公德与私德）、个人（权利与义务）三个方面发挥自身所具有的价值，从而服务于当下，展望于未来。

第一节　先秦儒家义利观对先秦思想的贡献

一　先秦儒家“义利观”对人伦秩序的构建

先秦儒家“义利观”思想之最重要的理论价值，便在于帮助人们突破信仰的迷思，重建俗世中人伦之秩序。人，首先是一种具有“类”本能的生物，具有自然的情感、欲望和需求。但是，“人之为人”还在于能够在“群”的互动关系中把握及突破自身的本能属性，从而塑造自我的社会属性。并能够在一定的社会关系互动中获得“内在价值”和“意志自由”，进而超越物质层面，实现自身心性的安宁，从而获得“人之为人”的力量和尊严。正是在这样一种“向上”和“超越”的力量、“内在”和“外在”的尊严，不断推动着人类认识自我、完善自我和改进社会，从而完成“人之为人”的责任和义务。而“人”的自我完善和自我发展，并不是通过静坐冥想、退隐山田、孤云野鹤般的生活状态所达成，而是要在一定的“群”关系的互动之中去完成和实现，并在社会互动关系中去促进“人与自然”、“人与社会”、“人与人”互动关系之“秩序”

的形成，在此“秩序”之中人们各尽所能、各尽其职，完成应尽的责任和义务。“人之为人”的一个重要特征便是能“思”，即对“自我”以及与他人、社会所形成的互动关系进行“反思”，进而对政治、经济、生产和生活中所形成的“秩序”进行“反思”，从而自觉主动地对“秩序”进行改造和改善，使之适应人的需要、社会的发展和时代的变迁。可以说，先秦儒家“义利观”思想是一种运用“人”之内在自觉主动性去造就“秩序”而又“反思”改进“秩序”的思想理论，是一种立于“现实”而又超越“现实”的社会治理思想，从而促进“人”之“内在价值”、“意志自由”的萌发和国家、社会、生活互动关系的和谐统一。

古人重视天道中的“常”，“用中国哲学的术语说，运动变化的规律性叫做‘常’”[①]，即“天”所显现于世人的某种秩序性。早在《尚书》之时，便记载“乃命羲和，钦若昊天，历象日月星辰，敬授人时”[②]，古人观天象地，定日月星辰之序，以察天之“常”并“敬授人时”。通过对外在客观事物的观察和分析，进行对外在于“人”的客观规律的总结及应用。但是，受限于当时生产能力的低下和思维逻辑的原始，人们往往会将外在于“人”的客观规律抽象化、神秘化，进而将其作为凌驾于“人”之上的权威性、终极性的“常”即“秩序”来对待和膜拜，如“帝令雨足年”（《殷墟书契前编》1·50·1）、“今三月帝令多雨”（《殷墟书契前编》3·18·5）、“帝弗乍王祸”（《殷墟书契前编》4·86·1），这是人与自然互动的初始阶段所具有的实践特征。人们将与自然的“秩序”转变为人与“神灵”（“帝”）、人与玄秘力量的关系，进而规定人与人、人与社会的互动关系所形成的“秩序”，成为人们生存、生活、政治和生产实践的秩序标准和行动准则。也就是说，依靠天之“常”（秩序）来规定人间的秩序。正是基于此，古人往往通过“天”的秩序来衡量和论证人间之“秩序”，“尔有善，朕弗敢蔽；罪当朕躬，弗敢自赦，惟简在上帝之心”[③]，人间“秩序”的有序或无序、兴盛或衰落之基础“惟简在帝心”，即遵守或违逆“天”之“秩序”是人间“秩序”稳定与否的关键，

① 宋志明：《中国传统哲学通论》，中国人民大学出版社2004年版，第91页。

② 李学勤主编：《尚书正义·尧典》，第28页。

③ 李学勤主编：《尚书正义·汤诰》，第201页。

一个“惟”字甚至表达出“天”之“秩序”是人间“秩序”的唯一依据。

箕子所论述的“洪范九畴”，将外在的客观规律、事物的联系抽象化和神秘化为水、火、木、金、土的运作规律。其后才是对“敬用”、“农用”、“协用”、“建用”、“乂用”、“明用”和“念用”之八“用”的阐述，此八“用”皆是人间俗世之“用”。将“五行”居于提纲挈领的首位，意指用外在的客观规律性来指导和规范人间之“用”即政治、生活中的“秩序”，其理论的最终用意和目的便是第五畴“建用皇极”，用天之“秩序”来稳定政权及论证政权的合法性，从而保证和谐有序的政治、生活秩序，这也是武王克商之后询问箕子的用意之所在，即“惟天阴骘下民，相协厥居，我不知其彝伦攸叙”①。以天之“秩序”指导、印证人间“秩序”，又以人间“秩序”忖度天之“秩序”，形成了一种人与自然或人与天的互动关系，在此互动关系中外在客观规律渗透至人间“秩序”之中，而人间“秩序”的主观意识、道德内涵、伦理指向亦是影响着人们对“天”之秩序的认识和体悟。西周时期的“人文转向”，正是通过“敬德”、“保民”、“慎罚”等具有伦理价值的思想实现了由敬拜“帝”向尊崇“天命”的转变，认识到了“人”在人间“秩序”所发挥的作用和人间所应具备的“常”即“秩序”，亦是赋予了“天”道德伦理方面的价值指向。进而将“人与自然”的互动推进至“人与人”的互动关系之中，开始用“人”的视角去分析人间的“秩序”，形成了一种双向的互动关系。

正因为这样一种“天”与“人”的双向互动关系，从而形成了“天人合一”的秩序观，如“有天地然后有万物，有万物然后有男女，有男女然后有夫妇，有夫妇然后有父子，有父子然后有君臣，有君臣然后有上下，有上下然后礼义有所错”②、“立天之道曰阴与阳，立地之道曰柔与刚，立人之道曰仁与义”③。由“天地”至“万物”、“男女”、“夫妇”、“父子”和“君臣”的宇宙发生论，而产生人间“秩序”中的“上下”之分和礼义之“错”。由天地之“阴阳”、“刚柔”，而立人间的“仁义”之序。从而将外

① 李学勤主编：《尚书正义·洪范》，第297页。

② 李学勤主编：《周易正义·序卦》，第336页。

③ 李学勤主编：《周易正义·说卦》，第326页。

在的客观规律性与人的主观伦理道德紧密地联系在一起，由天地之序而规定人间之“秩序”，经俗世之仁义道德来体认天地之玄德。更为重要的是，这种“天人合一”的“秩序”观，摆脱了殷商宗教文化中“帝”的束缚，开始用“人”的视野去分析和反思“人与人”的互动关系中所应具备的“秩序”，由对天之“常”（秩序）的关注转为对人间之“常”（秩序）的聚焦，是先秦儒家对俗世“秩序”观的巨大贡献。

先秦儒家“义利观”思想正是对人间“秩序”的具体阐述。“义”之原初字义便是表示殷商宗教文化中的祭祀仪式，通过祭祀仪式中的“秩序”性来表达对“帝”及先王先公的敬意及俗世中的祈求。到西周礼乐文化之时，“义”与“仪”相通，意指宗法制度下氏族内部的行为、饮食、车服、班爵、旌旗等方面的内容规定性，从而明确区分各自应尽的义务和责任，是一种典型的俗世中的“秩序”，是西周由“天”及“人”的“制礼作乐”的具体表现，标志着“人”对自我所处社会关系的反思和觉醒。但是，其宗法制度中的血源性局限，仍是将这种人间的“秩序”性拘泥于氏族的王公贵族之中，没有将这种所应具备的“秩序”推进至更为广泛和普遍的“人与人”互动关系之中。伴随着孔子对“义利之辨”的开启，“义”开始以更为普遍性的意义介入广泛的社会互动关系之中，成为人间“秩序”得以构建的基础之一，与“仁”、“礼”相配合，共同筑建人间之“常态”和社会之“秩序”。

正因为孔子将“义”观念作为人间“秩序”的重要内容和表现形式之一，从而建立了俗世“秩序”的标准和价值指向，以“人”的角度去分析和阐释应构建何种人间“秩序”以及如何构建的问题。所以，孔子提出了两种社会秩序：“君子喻于义”和“小人喻于利”。一种是以“义”为价值标准，主张“见利思义”、“义以为质”、“闻义而徙”、“义以取利”，从而形成良性的社会互动关系，达成“忠恕”之道的和谐社会秩序；一种是以“利”为衡量标准，形成人人争于利的社会状态，从而人心浇薄、世风不正，人人趋利而从私欲，造成恶性的社会互动关系，致使国家动荡、社会混乱、人心不稳。所以，孔子“罕言利”，认为“放于利而行，多怨”[1]。显然，孔子所提倡和主张的是“君子喻于义”的社会

① 李学勤主编：《论语注疏·里仁》，第50页。

秩序观，强调“饭疏食饮水，曲肱而枕之，乐亦在其中矣。不义而富且贵，于我如浮云”①，强调立足于“现实”而又能反思“现实”，从而改进社会秩序，建立以“义”为标准的互动关系。

孔子的这种以“义”为主线的社会秩序观，为其后儒家“义利观”思想中的秩序观打下了基础和定下了基调，皆认同和强调以“义”为中心的社会治理模式和人间秩序状态。不论是《大学》中的“以义为利”、《中庸》中的“义者宜也，尊贤为大”、《礼运》中的“大同”、“小康”之世，还是孟子“何必曰利”的“仁政”、“王道”思想、荀子的“礼义师法”之教化，皆是继承和深化了孔子以“义”为核心的人间秩序思想，用“义”来规正人之思想，进而影响良性社会互动关系的形成。从而，建构和谐统一的国家、社会、生活之秩序，并使个人在此秩序中得以完善自我和提升自我。可以说，先秦儒家“义利观”思想所阐述的便是一种理想的以“义”为核心的人间“秩序”，是对“礼崩乐坏”时期政治、社会、价值标准和道德伦理失序状态的反思、回应和抨击，古人厚重的历史责任感和担当力充溢在其思想理论之中，至今仍令人深省。

二　先秦儒家“义利观”对“中庸”思想的应用

先秦儒家“义利观”思想所建构的人间“秩序”，以“义”的优先性为主线，统摄人与自然、人与社会、人与人互动中所产生的关系，并培养人之自觉践履“义”的主动性，从而实现“人与人”互动关系及社会秩序的和谐运转。值得注意的是，先秦儒家“义利观”思想框架下所建构的社会秩序，虽以“义”为伦理价值的主要指向，具有绝对的权威性，是先秦儒家秩序观的基础。但是，在其“义利观”思想的引导下，“义”并不是对人之欲望“禁欲”式的遏制，而是主张“合理”之“利”的实现，以及引导和约束满足“合理”之“利”的方式和方法，从而“自利”、“利他”，形成自己与他人、社会、国家的良性互动关系。因此，“义”与“利”不只是单向式的“义”对“利”的节制，而是二者双向式的互动。既形成了以“义”为价值核心的秩序体系，又将“利”融合其中，使“利”在“义”的统摄下完成“取”、“予”之间的平衡及获取

① 李学勤主编:《论语注疏·述而》，第91页。

方式的合理性，从而形成了“经”与“权”、“常”与“变”的灵活而动态的发展关系，这便是先秦儒家“义利观”思想之中的“中庸”思想。

“中庸”的概念最早见于《论语》，“中庸之为德也，其至矣乎！民鲜久矣。”[①]“中庸”之意，郑玄将“庸”解释为“用”、“常”。二程则解释为：“不偏之为中，不易之为庸。中者，天下之正道；庸者，天下之定理。”[②] 笔者认为，不论将“中”解释为“常道”或是“正道”、“不偏”，还是讲“庸”解释为“用”或是“常”、“定理”，皆是将“中庸”之思想理解为一种伦理价值和认识方法来对待，是方法论和道德伦理的合二为一。是一种人们日用常行中所应遵循的道德价值，亦是应对客观事物、社会现象、生存生活时所应采取的认识方法和解决问题时应使用的方法论，即，在日用常行之中随时随地用“中”之“正道”。

故，“中庸”之道在孔子的思想理论中，应分为伦理价值和方法论两个方面。孔子之时，社会处于急剧变化和转型时期，道德伦理堙没，礼法制度失序，诸侯逐鹿中原，宗法制几近崩溃，“礼崩乐坏”是这一时期最显著的特征。孔子为解决当时之乱象，以复兴周礼为己任，提出了“正名”的礼制思想，以此规范“上下”、“尊卑”、“君臣”、“父子”、“夫妇”之政治、社会和生活的秩序。正是在此基础上，孔子提出“礼夫礼，夫礼所以制中也”[③] 的思想，此处的“中”是一种伦理秩序的含义，并非方法论意义上指导，意在表明人之“视听言动”、身份、行为皆要合“礼”。这种用法在《尚书》中亦有体现，如“汝分猷念以相从，各设中于乃心”[④]、“丕惟曰，尔克永观省，作稽中德，尔尚克羞馈祀”[⑤] 之“中”字，亦是作为一种伦理价值而被应用，更是与“德”相联，表示符合自身在礼法秩序之中所当尽的责任和义务，以保证社会的和谐运转。又如孔子所讲：“恭而无礼则劳，慎而无礼则葸，勇而无礼则乱，直而无礼则绞”[⑥]，其中“恭”与“劳”、“慎”与“葸”、“勇”与“乱”、“直”

① 李学勤主编：《论语注疏·雍也》，第 82 页。

② 朱熹：《四书章句集注》，中华书局 2011 年版，第 19 页。

③ 李学勤主编：《礼记正义·仲尼燕居》，第 1383 页。

④ 李学勤主编：《尚书正义·盘庚中》，第 241 页。

⑤ 李学勤主编：《尚书正义·酒诰》，第 376 页。

⑥ 李学勤主编：《论语注疏·泰伯》，第 101 页。

与“绞”的对立转化，皆需“礼”的节制和调适，使其行为方式符合、有利于社会秩序稳定而和谐的发展，而“礼”是关键，这也就是以“礼”制“中”的主要思想。故，作为道德伦理价值层面的“中庸”思想是通过“礼”之秩序性所表现和实现的，用以规定和约束人们在礼法秩序中所应遵守的道德规范和行为准则。

如果说“中庸”的伦理价值层面，意指其所适应的范围为礼法秩序。那么“中庸”的方法论层面，则旨在表达如何稳定国家、社会、生活秩序，即方法论问题。在此层意义上，“中庸”思想不再局限于礼法秩序之中，而是以更高的理论程度和哲学思维去分析事物和解决问题。在方法论意义上，“中庸”思想强调“过犹不及”的思想，主张避免“过”与“不及”两种极端状态。“过”和“不及”是一种行为、现象、状态的两种极端发展结果，皆会影响事物乃至秩序的稳定性，从而引发事物的质变和秩序的混乱。如“子温而厉，威而不猛，恭而安”①、“宽而栗，柔而立，愿而恭，乱而敬，扰而毅，直而温，简而廉，刚而塞，强而义”②、“质胜文则野，文胜质则史”③，都旨在描述一种两两相对的状态，而在这种“相对”的状态中，两两相互依存、相互融合，不可偏废一方或偏执一方，也就是孔子所说的毋“意”、“必”、“固”、“我”。亦如荀子所讲“万物为道一偏，一物为万物一偏。愚者为一物一偏，而自以为知道，无知也”④，探寻事物、追求物理、遵守德行不可执于“一物一偏”，因为“儒家认为，任何一个事物、一种德行，都只是道之一偏，不是道之全体；只见这个事物，固执这一德行，都叫做执一，而不成用中”⑤，这也是孟子所讲的“执中无权，犹执一也”⑥。为了达到这种不执于“一物一偏”的理想状态，子思在《中庸》提出了“时中”的概念，朱熹注曰：“君子之所以为中庸者，以其有君子之德，而又能随时以处中。小人之所以反中庸者，以其有小人之心，而又无所忌惮也。盖中无定体随时而在，

---

① 李学勤主编：《论语注疏·述而》，第99页。

② 李学勤主编：《尚书正义·皋陶谟》，第104页。

③ 李学勤主编：《论语注疏·雍也》，第78页。

④ （清）王先谦撰，沈啸寰、王星贤点校：《荀子集解·天论》，第312页。

⑤ 庞朴：《儒家辩证法研究》，中国出版集团2009年版，第84页。

⑥ 李学勤主编：《孟子注疏·尽心上》，第367页。

是乃平常之理也。"[1] 君子之"时中"，就是要随着时间及客观环境的不断变化，找到两两对立中的统一或适宜的"中"点，从而避免事物和德行的极端以及"无所忌惮"，做到适中或适宜。正因为"中"为"无定体"，所以需要人们不断地忖度和考量自己所处的社会环境及社会互动关系，以"平常之理"、"常道"、"常理"为标准，做到不受一物、一时、一境之拘泥，在灵活而动态的"时中"过程中达成君子人格和行为处事的理想境界，对孔子"中庸"思想作出了更进一步的理论化和哲理化延伸及改造。

"中庸"的两个层次：伦理价值方面和方法论方面，两者相互依存、相互融合，不可割裂来看。伦理价值方面侧重"中庸"理论的适用范围（道德伦理秩序），而方法论方面侧重于应对客观环境、客观事物及社会现象等现实问题时，应当如何实现国家、社会以及生活的稳定秩序和安定有序。正是出于这样一种价值选择和价值判断，先秦儒家"义利观"思想是对"中庸"概念之"伦理价值"、"方法论"两个层面的统合。

体现在第一个层面，便是"以义为先"、"以义为质"、"舍生取义"、"义以群分"的"义"之优先性和权威性，注重"义"在道德伦理、礼仪秩序中的作用，用"义"之价值指向维持和稳定现实中的社会秩序以及"人与人"互动关系的有序进行。从而君臣、父子、夫妇、上下、贵贱、长幼之"有别"，进而达到"推礼义之统，分是非之分，总天下之要"[2] 的"有序"。在此层意义上，"义"具有绝对的价值统摄性，也就是孟子所讲的"何必曰利"，达成"以礼制中"的理想社会秩序，实现"上老老而民兴孝，上长长而民兴弟，上恤孤而民不倍"[3] 的社会和谐运行。

体现在第二个层面，便是注重"义"与"利"之动态发展的关系。先秦儒家"义利观"思想中的"义"字，笔者在第一章中已经做过详尽的分析。"义"字由宗教仪式性、宗法氏族的礼仪规定性，发展至注重内在的道德自觉性，强调"义者，宜也"，正所谓"君子之于天下也，无适

---

① 朱熹：《四书章句集注》，中华书局 2011 年版，第 21 页。

② （清）王先谦撰，沈啸寰、王星贤点校：《荀子集解·不苟》，第 48 页。

③ 李学勤主编：《礼记正义·大学》，第 1600 页。

也，无莫也，义之与比”[①]，突破了宗教的仪式性和宗法制下的氏族礼仪规定性之局限，注重“时中”的判断能力和行为方式，从而在具有普遍性的社会互动关系中实现对“义”灵活而动态地达成，以及适宜地把握“义”与“利”的关系，避免崇“义”而非“利”和趋“利”而害“义”的“偏执”的价值取向。故，孔子虽反对“放于利而行”，但是亦承认富、贵皆人之所欲，且主张“富而后教”。孟子虽曰“何必曰利”，亦是承认无“恒产”则无“恒心”，主张“制民之产”、“养生丧死”之“利”。荀子虽讲“重死持义而不桡”[②]、“以义制利”，亦是主张“义利两有”、“养人之欲”、“给人之求”之“利”。

所以，先秦儒家“义利观”思想正是“中庸”思想在“义”、“利”关系中的应用和实现，以“义”作为伦理秩序的基础，并在现实条件、环境所造就的“人与人”互动关系中完成“义”与“利”关系的相互依存和相互融合，既能以“义”统“利”，又能“义利两有”，无偏无执，从而达成个人心性的涵养和社会、生活的安定有序。这是一种深邃的辩证思维方式，既能通过“义”实现君臣、父子、夫妇、昆弟、朋友之人伦秩序，又能根据现实的具体环境、条件对“利”进行合理的满足和节制。将“义”、“利”放入普遍性和广泛性的社会互动关系中去衡量和评估，不仅是对现实的调适和改造，还是对理想国家、社会、生活状态的希冀，既立足于现实，而又超越现实，这也许就是“极高明而道中庸”之蕴含所在。

三　先秦儒家“义利观”对“人”之价值选择自由的阐释

“义利观”思想，是在“义”与“利”之间做出价值判断和价值选择的思想理论。从而依据这种价值选择和价值判断建构人间“秩序”，并运用“中庸”思想及方法论完成“义”、“利”的对立统一，促进政治、经济、生活等诸方面互动关系的和谐运行。而这种价值选择或价值判断，抑或是这种“秩序”的构建和“中庸”思想的运用，“人”是其“秩序”组成的基本因子，同时也是运用“中庸”思想进行价值选择或价值判断

① 李学勤主编：《论语注疏·里仁》，第50页。

② （清）王先谦撰，沈啸寰、王星贤点校：《荀子集解·荣辱》，第57页。

的直接承载者和施行者。故，先秦儒家“义利观”思想归根结底便是“人”对“义”、“利”的价值选择问题，是以“人”为价值中心和理论主线的“以人为本”的价值学说。先秦儒家“义利观”思想的字里行间无不充溢着对人性的价值诉求、人之生存、生活状态的探寻和希冀，而其思想理论最后的落脚点便在于相信“人”在面临价值选择时会依靠自身所具有的自觉性和主动性，对“义”或“利”作出合理的自由选择，在自由意志的作用下去实现“人之为人”的责任、义务和价值，既能“独善其身”又能“兼济天下”，最终达成“内圣外王”的至高价值理想。

孔子讲“君子喻于义”而“小人喻于利”，此“喻”字是“晓得”或“懂得”的意思，意在表明“君子”与“小人”之别不仅是对“义”、“利”的客观选择问题，而是由内心之自觉性“晓得”或“懂得”何为道义、何为私欲。故，“为仁由己”，道德伦理本是自身对“我”的自觉占有和主动调节，进而“富与贵是人之所欲也，不以其道得之，不处也；贫与贱是人之所恶也，不以其道得之，不去也”[①]，对人之自然本能所欲的“富”“贵”和所恶的“贫”“贱”进行自由的抉择，不是局限于人之自然属性当中不能自拔，而是主动地融入“人与人”的互动关系中，以“忠恕”之道实现自身的社会属性。所以，孔子所开启的“义利之辨”本身便蕴含人之“有限性”和“无限性”的关系问题，而“自由意志”的作用便是实现两者的有机统一，体现“人”的价值，并合理而自由地作出价值判断和价值选择。

人的“有限性”是指，人自然所具有的生物或生理本能，这种自然本能之欲是生来既有，犹如《礼记·礼运》篇中讲到的“何谓人情？喜怒哀惧爱恶欲七者，弗学而能”[②]，这种自然本能可以表现为欲饱、欲暖、欲休的生理需要，亦可表现为喜、怒、哀、悲的情感呈现或情绪冲动，是“不可学”亦“不可事”的生理本能。人的这种“有限性”，是人与自然互动过程中自然产生的一种生理机制和本能反应，正是此层意义上先秦儒家皆承认“饮食”“男女”之欲，虽圣人亦不能去。

虽然人具有与生俱来的自然本能即“有限性”，但是人却能够对此

① 李学勤主编：《论语注疏·里仁》，第48页。

② 李学勤主编：《礼记正义·礼运》，第689页。

"有限性"进行反思和评估，以此来自觉而主动地实现自我的"社会属性"，这一发展和进化过程便是人的"无限性"。"人之为人"与禽兽有着本质的区别，人具有禽兽所没有的"可塑性"和"趋向性"，即人性中的"必有所向"。人可以超越自身的自然本能，通过自觉的反思，完成对本能的把握和掌控，使其不至于损害心性中所具有的潜能和"人之为人"的尊贵。人可以对本能之"情"进行节制，这也正是"礼"的作用所在，而"直情"即放肆感情、不加修饰者，则被认为是"戎狄之道"。正是通过对本能的自觉反思，人才具有了塑造性和趋向性，从而"苟日新，日日新，又日新"[①]，不停地塑造自我、发挥人之潜能，达成"人之为人"的某种趋向性。而禽兽则不能掌控自身的本能欲望，始终被其所左右，从而不能凭借己身的诉求和期望去塑造自我及完善自我，从而禽兽自"生"至"死"始终如一，其生命的本质被限制于时空之中，仅是本能欲望的在时空中的自然呈现。而人则可依据心性之中的"必有所向"以及"学而时习之"的外在之"学"超越本能及时空的局限，进而获得"无限"的可能，在"群"的互动关系中完成"成己"、"成人"的价值理想。

在先秦儒家"义利观"思想中，人之"无限性"与"有限性"虽相互对立，但是又相互融合、涵盖，并不是非此即彼的关系。其"义利观"思想中，承认人之自然本能之"利"，而又要求对此"利"进行反思和调适，使其符合人之心性发展的"无限性"，不至于妨害人性中"必有所向"之"可塑性"和"趋向性"。而这一切的发生皆依赖于人的意志自由。只有人的意志具有自由性，才可对价值进行自觉而主动地选择，进而反思本能欲望之"利"，超越时空的局限，从而依据现实而又超越现实地对国家、社会、个人进行改造和完善，完成人之义务和责任。

正是因为人具有"意志自由"的本性，所以人可以自由地从其"大体"之"心"，进行"反求诸己"的自我反思，以"仁义"存心，求其"良知"、"良能"，进而扩而充之，使其在社会互动关系中的价值选择中自由而主动地作出符合人性"必有所向"的评判和选择。如在《五行》篇中所记载的"君子无中心之忧则无中心之智，无中心之智则无中心之

① 李学勤主编：《礼记正义·大学》，第1594页。

悦，无中心之悦则不安，不安则不乐，不乐则无德”①，其“中心”一词可解释为“内心”，无论是“中心之忧”、“中心之智”或是“中心之悦”，都旨在表明人在作出价值抉择之时，必须具有发自内心的诉求和希冀，是自身的一种自由选择，而不是外在于己身的客观环境、物质条件所强制而为。如若不是发自“中心”的自由选择，则会“不安”、“不乐”乃至“无德”。所以，先秦儒家“义利观”思想中“义”对“利”的统摄、权威从来不是强制性和强迫性的，而是通过“内”或“外”方式方法引导人们运用己身的自由意志，以“我”在社会互动关系中的责任和义务为背景，作出自由的合理的价值选择。

孟子曰：“口之于味也，目之于色也，耳之于声也，鼻之于臭也，四肢之于安佚也，性也，有命焉，君子不谓性也。仁之于父子也，义之于君臣也，礼之于宾主也，智之于贤者也，圣人之于天道也，命也，有性焉，君子不谓命也。”② 孟子此段内容的意思是，人之口、目、耳、鼻、四肢的自然本能之欲是人的天性，是人之“有限性”的具体表现，这种本能的欲望能否得到满足是命运所作，并不是自身所能够完成的，需要外在的客观条件及环境的辅助和配合。而“人之为人”在于人性中的“可塑性”和“趋向性”的实现及引导，从而达成人之“无限性”的完成，发挥自由意志对价值选择的作用，正是在此意义上，孟子认为口、目、耳、鼻、四肢的自然本能之欲“有命焉”而“不谓性”。但是，仁、义、礼、智、圣的实现不需要外部客观环境的辅助，而是依据人之“无限性”去自觉而主动地实现心性之中的“必有所向”，并依靠自由意志完成对自然本能的超越以及对现实的反思，是一种自觉性和主动性的体现。所以，在此层意义上孟子认为仁、义、礼、智、圣“有性焉”而“不谓命”。其实，孟子所讲的便是通过自由意志实现对外部客观环境、自然本能的超越，从而内在道德自觉性萌发，摆脱外在的束缚，达成价值选择的自主性。并不是通过外部的强力和权威对“利”进行节制，而是通过自由意志“随心所欲”地实现“义”对“利”的统摄、约束。

荀子虽然主张“性”、“伪”之分，认为人性“趋利”，强调用外在

① 李零：《郭店楚简校读记》，中国人民大学出版社 2007 年版，第 100 页。

② 李学勤主编：《孟子注疏·尽心下》，第 393—394 页。

“礼义师法”的权威性达到对“利”的节制。但是，荀子“义利观”思想中亦是主张个人用自由意志自主而自觉地对“义”、“利”价值作出选择。“目辨白黑美恶，而耳辨音声清浊，口辨酸咸甘苦，鼻辨芬芳腥臊，骨体肤理辨寒暑疾养，是又人之所常生而有也，是无待而然者也，是禹桀之所同也。可以为尧禹，可以为桀跖，可以为工匠，可以为农贾，在埶注错习俗之所积耳”①，荀子认为目、耳、口、鼻、骨体肤理通过对外在客观事物的辨别，来满足自身的需求，是人的一种“常生而有”的自然本能，是自然而然的生命活动体现，是圣人和暴君所共有的生理欲望。但是“人之为人”的价值便在于可以突破“有限性”而达到“无限性”，可以自由地依据“注错习俗之所积”对“尧禹”、“桀跖”、“工匠”、“农贾”进行价值选择。荀子在此虽与孟子注重内在道德自觉性不同，但是，荀子注重外在的“礼义师法”之化，并不代表他企图用外在的礼义规范对“利”进行强制性的节制而对人之自由选择的意志全然不顾。其文中的“可以”二字，已明确地将人性中的自由意志表示出来，旨在用人之自由意志去主动地完成人的“无限性”，在“无限性”的发展过程中将人之潜能发挥出来。只不过，孟子之自由意志对价值的选择，注重内在“义”的培养和抉择。而荀子之自由意志，注重对外在道德规范、伦理价值作出合理而自由的选择，从而通过自身所自由选择的道德规范对“利”进行调适和节制。虽然两者存在路径上的不同，但是都强调自由意志在实现人之“无限性”上的重要作用。

所以，先秦儒家“义利观”思想注重人的“有限性”和“无限性”的区别及统一，主张以自由的意志实现对“有限性”的反思和“无限性”的达成，进而完成人之“有限性”与“无限性”的统一。并通过自由意志来彰显人之价值和尊严，立足于现实而又能超越现实，进而自觉、自主地进行价值选择，超越物质层面和外在客观环境的制约，进入广泛而深远的精神层面，使“人之为人”获得“向上”的力量和“内在”的尊严。进而通过自由意志，“随心所欲不逾矩”般地对“群”之互动关系进行引导和调节，使之既能适应人之“有限性”的需求，又能满足人之“无限性”的希冀，最终实现人与人、人与社会、人与国家和人与自然的和谐

① （清）王先谦撰，沈啸寰、王星贤点校：《荀子集解·荣辱》，第63页。

统一。

第二节　先秦儒家“义利观”对当代的影响

一　个人：权利与义务的统一

先秦儒家“义利观”不只是一种学派的思想理论和价值学说，更是一种现实生活中必不可少的行为准则和道德理念，是人们“日用常行”中的一部分。它历经千年，对中国人的文化、生活、行为、习俗等诸方面产生了至深的影响，更是中国人文化基因的重要组成部分，流淌在每一个华夏儿女的血液当中。它并没有随着时空的转变、社会的变迁而丧失价值的光芒，更没有成为“不合时宜”的文化“化石”，而是在新的时代和新的环境中突破时空的束缚，依然对当代国家、社会和个人的伦理内容和价值指向产生不可磨灭、替代的重要作用及巨大影响。

先秦儒家“义利观”思想对当代的影响，首先表现在对个人“权利”和“义务”之统一方面所作出的理论贡献和价值影响。先秦儒家“义利观”思想既强调个人在国家、社会、家庭之中的义务和责任，又尊重个人在生存、生活及政治、社会、经济中所应得的权利，从而形成一种典型的“义务”与“权利”相统一的价值学说。

“义务”二字，旨在表示个体在政治、经济、生活、社会关系中由于地位、职业、身份的不同所产生的应尽的责任和使命，是在广泛的社会互动关系中所产生的一种习俗规定、道德伦理和法律法规，对“人与人”的互动关系形成一种权威性的约束作用，进而调适个体在社会整体中的行为、品格和素质。笔者认为，当代的“义务”观与先秦儒家的“义”观念具有极大的相似性。虽然，当代“义务”观更多地被放入法律法规的视角下去阐释和解读，注重社会互动关系中具体的客观方面的“义务”规定，如政治义务、经济义务、家庭义务、社会义务等，而先秦儒家之“义”观念侧重道德伦理之主观方面的价值规定性。但是，先秦儒家主观方面的价值规定亦是发展出诸多客观方面的内容规定，并被应用在社会关系的诸多客观领域，如“人与人”互动关系所应遵循的“见利思义”、家庭方面的“孝悌之义”、政治方面的“君臣有义”、社会秩序方面的“礼义师法”。所以，当代的“义务”观与先秦儒家之“义”观念可以相互涵盖、相互补充，虽在某些方面两者相互抵牾，但是“义”观念仍会对当代“义务”观产生至深的启迪。

“权利”一词在先秦时期多被表示为权势和利益。如，“是故权利不能倾也，群众不能移也，天下不能荡也”[①]，旨在表达俗世的利益和权势不能使之屈服，人群大众不能使之改变（独行其道）的志向，天下之事不能使之动摇心志。此处的“权利”二字便是被用来形容在现实社会关系中所产生的地位、身份、职业所带来的权势和利益，更多地被用作一种具体行为所带来的结果，是一种事实判断。但是，“权利”除含有事实判断方面的蕴意，亦是具有与“义”字相对的价值判断的意蕴。如《后汉书·董卓传》：“稍争权利，更相杀害。”此处的“权利”二字在价值层次方面与“义”字相对立，表示一种“上下交征利”的“私利”，显然更多地被用来表示一种价值判断。在当代，“权利”二字则被表示为法律、法规所赋予主体的一种权力和利益，是主体在政治、经济、文化等广泛的社会关系中所应得的认可和保障。显然，中国古代的“权利”字义与当代背景下“权利”二字所蕴含的意义具有鲜明的差别，在中国传统文化中“权利”二字既可用为事实判断，又可用为价值判断，旨在表示在政治、经济、文化等社会关系中所存在的具体行为结果或道德伦理指向，且较多地被赋予与“义”之字义相左的消极含义，旨在表示一种“私利”，如《荀子·君道》：“接之以声色、权利、愤怒、患险，而观其能无离守也”[②]，将“权利”与“声色”、“愤怒”、“患险”并列，强调“礼义师法”对“权利”、“声色”的约束和调节，使之“群”关系的和谐运转。而当代“权利”二字则侧重主体之合理的、具有法律保障的权力、利益方面的诉求，强调在所应遵循的法律、法规的框架内，认可和尊重个体在生存和生活中的生理性及社会性需求。但是，我们不能只是根据两者之词义的不同而断定中国古代哲学中没有保障个体权力和利益的思想。先秦儒家强调在“义”观念的统摄下去认可和保障个体在生存、生活中所必需、应得的权力和利益，而反对的是损人利己、“率兽食人”的“私利”，并不排斥适宜或合理之“利”。所以，在此层意义上当代的“权利”观念与

① （清）王先谦撰，沈啸寰、王星贤点校：《荀子集解·劝学》，第19页。

② （清）王先谦撰，沈啸寰、王星贤点校：《荀子集解·君道》，第236页。

先秦儒家对待“利”的态度亦是具有相似之处。

通过以上的分析，我们可以看到“义”与“义务”、“利”与“权利”的异同之处，正是通过此异同之处，先秦儒家的“义利观”思想对当代“义务”与“权利”的统一产生了重要的影响和启示。当代“义务”与“权利”的关系，强调个体在法律、法规的框架下完成应尽的“义务”，旨在表示个体在社会关系中的“付出”之意。同时，又主张在广泛而复杂的社会关系中获取生理、生活、政治、经济、文化等具体领域应得的“权利”，旨在表示一种“回报”之意，即，在履行该尽的“义务”同时，应获得相应的“权利”回报。所以，当代“义务”与“权利”的统一之处便在于“付出”与“回报”之双向关系的和谐统一。当代的时代背景，以商品经济为主要特征，强调个人至上、意志自由，这原本无可厚非，但是如若过分强调个体之“回报”而忽视为整体所作出的“付出”，则容易导致“义务”与“权利”的混淆，进而加深两者的矛盾，引起社会整体的价值失范和道德危机，从而人人争于“利”、立于“欲”，致使“利益”成为衡量社会互动关系的唯一标准，必然导致国家动荡、社会紊乱、人人取“利”而无所不用其极。这一切的发生，都在于“义务”与“权利”没有得到合理而协调的统一。

先秦儒家“义利观”的思想蕴含则为当代“义务”与“权利”的统一提出了极具启发性的路径。先秦儒家“义利观”思想强调“义”对“利”的权威性和统摄性，主张以“义”为基本价值取向和伦理内涵，从而完成对合理之“利”的满足和造成恶性人际互动之“私利”的节制。是一种“义”与“利”的双向互动关系，由“义”制约“私利”，又以“与民同利”之“公利”深化对内在道德自觉或外在伦理内容之“义”的涵养，从而完成以“义”为价值基准的“义”“利”统一，实现个人自然属性和社会属性的融合，最终达成“人之为人”的价值目标。但是，在当代的“义务”与“权利”的辩证关系中，由于过分依赖外在硬性的法律、法规的具体内容规定性，而忽视“人之为人”的内在道德价值，疏于“自律”、“自省”、“慎独”等内在价值的诉求，单纯地从生理、心理机制方面对“人”进行界定，人人皆以“己利”为标准来度量其他个体或社会互动关系，形成人人皆有一“利”而国家、社会却无一“义”的危机状态，必然引起个体乃至国家、社会整体的价值认同危机和社会秩序紊乱。所以，尽管我们处于新的时代背景和社会环境之中，作为“人”便具有“人之为人”的社会“义务”和道德内涵，在“人与人”的社会互动关系中各尽所能、各尽其职，达成由自然本能向社会“义务”的提升及升华，并在这种转变之中获取自身所应得之“权利”，促成良性的人际互动关系和社会的和谐统一。《大学》中讲道：“孟献子曰：‘畜马乘，不察于鸡豚；伐冰之家，不畜牛羊；百乘之家，不畜聚敛之臣。与其有聚敛之臣，宁有盗臣。’此谓国不以利为利，以义为利也。长国家而务财用者，必自小人矣。彼为善之，小人之使为国家，灾害并至。虽有善者，亦无如之何矣！此谓国不以利为利，以义为利也”①，曾子认为国家的安泰和稳定的关键便在于不能“以利为利”，而要“以义为利”，从而达成“义”与“利”的和谐统一。旨在表示不论是对“义”的内在体悟，还是对“义”的外在践行，如若涵养并坚持“义”的价值标准，则行至深处自然会获得“义”与“利”即“义务”与“权利”的统一。放在当代背景下则可被诠释为，认真负责地践履自己本分的社会义务，则可形成利益社会大众的“公利”，并在此“公利”之中自然取得自身所需之“利”即“权利”，进而实现“义务”与“权利”的统一，并促使个体自觉地体认“人”之价值，主动地遵行社会“义务”，以“人之为人”视角去获取自身所需的“权利”，使之既能满足自身生存、生活、经济、政治、文化等诸方面的需求，又能在“义务”的统摄下调适和节制自身的“权利”之欲。

故，笔者认为先秦儒家“义利观”思想对当代“义务”与“权利”之辩证关系所产生的影响，便在于使个体以“人”之价值为基本出发点，突破了单向式的法律、法规的外在规定性，融入了以“人”为价值核心的人文精神，进而考量“义务”与“权利”的关系以及“付出”与“回报”的矛盾性。既能以人文精神尊重个体之价值和“权利”，又强调“人性”的“必有所向”之“义”和个体在社会关系中应尽的“义务”，从而使“义”与“利”、“义务”与“权利”在“人之为人”的价值取向中得到和谐的结合。所以，先秦儒家“义利观”思想中“义”与“利”相结合的路径，为当代个人“义务”与“权利”的统一提供了深厚的理论

① 李学勤主编：《礼记正义·大学》，第1603页。

土壤，更是为以商品经济为特征的时代背景提供了“义务”与“权利”相统一的价值前提和伦理指向。

二社会：私德与公德的统一

先秦儒家“义利观”思想对当代的价值影响，除上文所讲个人方面的“权利”与“义务”之统一，还表现在社会方面的“私德”与“公德”之统一。所谓“私德”与“公德”，其所表现的都是一种内在的德性和外在的具体德行。两者的区别便在于对内在道德自觉性的体悟和外在道德行为的认识不同，具体体现在“私”与“公”二字上面。“私”字，《说文》解释为“私，禾也。从禾，厶声。北道名禾主人曰私主人”[①]，段玉裁注曰“盖禾有名私者也。”[②]“私”字由“禾”、“厶”构成，意指田地之禾谷粮食的主人为“私主人”，象征自我或自家所具有的财产和粮食。而“公”字，《说文》解释为“公，平分也。从八，从厶。八犹背也。韩非曰：背厶为公”[③]，段玉裁注曰：“自环者谓之私，背私者谓之公。”[④]将“厶”字解释为“自环者”之私产，而“公”字则意指背“厶”者，象征“分其厶以与人为公”（《韩非子·五蠹》），代表不偏私、公平正直、公共之意。“公”、“私”二字意义相左，常以相对立的形式出现，如“雨我公田，遂及我私”（《诗·小雅·大田》）、“不以私邑累公邑也”（《公羊传·昭公五年》）、“举公义，辟私怨”（《墨子·尚贤上》）。所以，以“公”、“私”二字来分别形容“德”字，便在“德性”和“德行”的内、外两方面对“德”字进行了区分，意指“德”的内在体悟和适用范围之程度的不同，以及通过“公”、“私”二字对“人与人”互动关系进行道德价值方面的衡量和评价。以“公”字的公平、无私之“道义”来反衬“私”字的偏私、私营之“己利”，从而使“公德”与“私德”形成一种辩证统一的关系，亦可通过“公”、“私”二字的特

① （汉）许慎撰，（清）徐铉校订：《说文解字》（附检字），中华书局1963年版，第144页。

② （汉）许慎撰，（清）段玉裁注：《说文解字注》，上海古籍出版社1981年版，第32页。

③ （汉）许慎撰，（清）徐铉校订：《说文解字》（附检字），中华书局1963年版，第28页。

④ （汉）许慎撰，（清）段玉裁注：《说文解字注》，上海古籍出版社1981年版，第49页。

殊含义将“公德”、“私德”之间的关系还原为“义”与“利”的辩证统一关系。从而，“公德”可以理解为一种突破一己、一家等诸多“小群体”之“私利”，而使自我融入普遍性、广泛性的政治、经济、文化等社会互动关系中的道德品质和行为。“私德”则可以理解为与“公德”相对立而存在的一种道德品质和行为，它局限于自身或具有特殊性的“小群体”之中，其内在道德诉求和适用范围与“公德”存在着巨大的区别。值得注意的是，不论是“公德”还是“私德”，其“德”字是两者的基本价值指向，不可在将“公德”理解为无偏私的“道义”的同时，将“私德”单纯地理解为一种偏颇的“私利”。两者都注重“德”的修养和应用，只是对“德”的内在体悟和适用范围存在差异。

先秦儒家“义利观”思想中蕴含着丰富的“公德”与“私德”的思想，并通过“义”与“利”的辩证关系将其呈现出来。《礼运》篇中对“公德”与“私德”有着细致的分析，“公德”可理解为“大道之行也，天下为公。选贤与能，讲信修睦，故人不独亲其亲，不独子其子，使老有所终，壮有所用，幼有所长，矜寡孤独废疾者，皆有所养。男有分，女有归。货恶其弃于地也，不必藏于己；力恶其不出于身也，不必为己。”[①]“公德”为“天下为公”，突破了血缘的局限性，不独“亲其亲”、“子其子”，而是在内在道德自觉性的基础上对普遍性的社会互动关系形成了一种体认和反思，进而将一家、一姓之“私”融入国家、社会之“公”中，使人各尽所能、各得其所，为社会大众谋“公利”，行“道义”，却“不必为己”。“私德”可理解为“今大道既隐，天下为家，各亲其亲，各子其子，货力为己，大人世及以为礼。城郭沟池以为固，礼义以为纪；以正君臣，以笃父子，以睦兄弟，以和夫妇，以设制度，以立田里，以贤勇知，以功为己。”[②]“私德”为“天下为家”，并不是说“私德”就是不修道德，而是指“德”的内在体认和外在适用范围具有鲜明的局限性，与“公德”形成了强烈的对比。“私德”将“德”的应用局限于“亲其亲”、“子其子”的一家、一姓、一族的范围之内，从而“货力为己”、“以功为己”，没有形成对普遍性的人际互动关系的反思和认识。

① 李学勤主编：《礼记正义·礼运》，第659页。

② 同上书，第660页。

同样，先秦儒家“义利观”中的“义内”、“义外”之争，亦是涉及到“公德”与“私德”的区别。如“门内之治，恩掩义；门外之治，义断恩。资于事父以事君，而敬同，贵贵尊尊，义之大者也。故为君亦斩衰三年，以义制者也”①、“仁者人也，亲亲为大；义者宜也，尊贤为大”②、郭店楚简《六德》篇：“仁，内也；义，外也；礼乐，共也。内立父、子、夫也，外立君、臣、妇也”③，这里的“门内”、“门外”之分、“亲亲”、“尊尊”之差、“仁内”、“义外”之别，笔者在第三章中已做过详尽的分析，皆是表示“德”的一种适用范围，不是“德”何由产生的问题，而是“德”何以为用的适用范围问题。即，“义”能否突破家族、家庭血缘性之“私”，达成“济众”之“公”，是划分“义”之内、外的关键，亦是“公德”与“私德”的主要区别。总体而言，先秦儒家“义利观”所呈现的“公德”与“私德”之关系是一种辩证统一的双向互动关系，是在“德”之基础上“公”与“私”的结合，即强调“亲亲”与“泛爱众”、“门内”与“门外”、“父子、夫妇、兄弟”与“群”之互动关系的统一。特别自孟子、荀子提出具有普遍性的人性论之时，已是在突破血缘局限的基础上，强调“人皆可为尧舜”、“涂之人可以为禹”，在广泛性的“人与人”互动关系中对人的道德行为进行界定，进而完成了“公德”与“私德”的辩证统一。

值得注意的是，在“义”与“利”辩证统一关系的基础上，先秦儒家强调以“义”之“公”达成对自身、一家、一姓之“私”的统摄，即通过“公德”实现对“私德”之适宜、合理的调适和节制。孟子讲道：“推恩足以保四海，不推恩无以保妻子。古之人所以大过人者无他焉，善推其所为而已矣。今恩足以及禽兽，而功不至于百姓者，独何与?”④意指，只有将自身之“德”推而广之、扩而充之、突破局限，才足以恩及四海以及“至于百姓”，形成“公德”。在这里，孟子将“公德”放在首要位置，认为能否做到“推恩”之“公”，直接影响到能否“保妻子”之“私”，旨在表示“公德”对“私德”的统摄和调节。荀子亦是讲到

① 李学勤主编：《礼记正义·丧服四制》，第1673页。

② 李学勤主编：《礼记正义·中庸》，第1440页。

③ 李零：《郭店楚简校读记》，中国人民大学出版社2007年版，第171页。

④ 李学勤主编：《孟子注疏·梁惠王上》，第21页。

要达“公道”而塞“私门”，明“公义”而息“私事”，荀子处于“大一统”的前夕，已认识到突破家族、血缘局限的重要性，从而达到国家之“常”，建构一套统一的“礼义师法”价值标准，将“德”由“私”推向了“公”的层面。

综上所述，笔者认为在先秦儒家“义利观”思想框架内，儒家强调在“公德”的基础上完成“私德”与“公德”的辩证统一关系。既认可“父父”、“子子”、“兄兄”、“弟弟”之“私德”，又强调“老吾老，以及人之老；幼吾幼，以及人之幼”[①]之“公德”；既认可“父为子隐，子为父隐，直在其中矣”[②]之“私德”，又强调“为民父母”、“与民同之”之“公德”；既认可“父子不得不亲，兄弟不得不顺”[③]之“私德”，又强调“公义”之“公德”。从而，在先秦儒家的思想中，不可因“公”废“私”，亦不可以“私”忘“公”，而应是一种辩证统一的关系。先秦儒家所表述的这种“公德”与“私德”的关系，对当代完成“公德”与“私德”的统一提供了坚实的理论基础。新的时代背景下，随着商品经济的发展、社会竞争的加剧、城市化的扩展，人与人之间撕下了温情脉脉的面纱，剩下的只有冷冰冰的物质利益、尔虞我诈的利己主义、争名逐利的金钱至上，致使社会互动关系处于恶性循环之中，只顾“私德”，而忽视“公德”。重视“私德”本未尝不可，只不过如若过分强调“私德”，则容易滑入“小群体”、“小圈子”的特殊利益之中，而忘却国家、社会之“大义”、“公利”，只思慕一己、一家之“私利”。结合先秦儒家“义利观”思想所呈现的“公德”与“私德”之关系，当代的“公德”与“私德”建构，应以“公德”为伦理价值基准，在此基础上完成“公”与“私”的和谐统一，做到以“公”立“私”和因“私”成“公”的辩证统一关系，不可偏废一方而导致极端。进而在以“公德”为价值基准的理论框架内，尊重“私德”，认可及保障合理之“私利”，完成“公德”与“私德”的辩证统一关系，促进政治、经济、文化及社会互动关系的和谐运转。

---

① 李学勤主编：《孟子注疏·梁惠王上》，第21页。

② 李学勤主编：《论语注疏·子路》，第177页。

③ （清）王先谦撰，沈啸寰、王星贤点校：《荀子集解·大略》，第478页。

三　国家：德治与法治的统一

先秦儒家“义利观”思想在国家治理层面的意义，体现在“德治”与“法治”的统一。既强调“明于德”之“德治”，又主张“审法度”之“法治”，对当代以德治国和依法治国的有机统一，提供了丰富的理论内容和价值前提。

“义”与“德”的伦理内涵和价值指向联系紧密，笔者在以上章节已经做过此方面的论述。孔子对西周“德”观念的应用和延伸，将其融入自身道德修养和普遍性的“人与人”互动关系之中，从而使“德”观念突破了宗法等级的血缘性局限，使之人人可“据于德”、“修于德”、“好于德”，将特殊性的王公、贵族之“德”延伸为了普遍性的君子之“德”。正因为孔子对“德”观念所作的改造和突破，直接影响了“义”观念的发展和深化，使“义”之理论蕴含由注重外在的行为规定性（主要是宗法等级制下氏族内部成员的行为规范）发展至人人可“闻义”、“徙义”和“喻于义”的人格品质，甚至是“人之为人”的主要理论根据之一。所以，“义”观念与“德”观念的内在逻辑理路几近相似，决定了两者在国家治理层面的高度配合和紧密联系，因而在先秦儒家以“义”为价值核心的“义利观”思想中，体现出丰富的“德治”思想。如，“德之不修，学之不讲，闻义不能徙，不善不能改，是吾忧也”[①]“主忠信，徙义，崇德也”[②]“志意修，德行厚，知虑明，是荣之由中出者也，夫是之谓义荣”[③]，将“德”与“义”并举而论，两者相互涵盖、相互融通。由此，在其“义利观”所体现的“义以为上”“以义制利”“以义为利”的思想中，充分地表现出了“德治”的治理倾向和价值蕴含，并以此达到对“利”的节制、引导和调适。

“道之以政，齐之以刑，民免而无耻；道之以德，齐之以礼，有耻且格。”[④] 在孔子看来，政令和刑罚只会起到暂时的作用，如想长治久安，甚至达到“无讼”的状态，就要施行“德治”。先秦儒家所讲的“德治”

① 李学勤主编：《论语注疏·述而》，第84页。

② 李学勤主编：《论语注疏·颜渊》，第162—163页。

③ （清）王先谦撰，沈啸寰、王星贤点校：《荀子集解·正论》，第333页。

④ 李学勤主编：《论语注疏·为政》，第15页。

注重自我道德意识的觉醒，特别是执政者要有“德”，做到“上行下效”，强调执政者的表率和引导作用，以此完成对“利”的疏导。故，孔子说“修己以安百姓”[①]“其身正，不令而行；其身不正，虽令不从”[②]“政者，正也。子帅以政，孰敢不正”[③]，如此便能治国如“运诸掌”。也正如孟子所讲，“君仁，莫不仁；君义，莫不义；君正，莫不正。一正君而国定矣”[④]。儒家的“德治”与法家的“法治”形成了鲜明的对比。法家注重“君王”、“官府”所颁布之“宪令”和约束“民心”之“刑罚”，认为只有严刑峻法才可扼制人们的“欲利”之心，强调外在律法的权威性和绝对性。故，儒家的“德治”思想重在“疏导”，而法家则奉强制之法为圭臬。

儒家“德治”思想与其“内圣外王”的境界相一致，通过主体个人对“德”的内在修养和人格砥砺，并付诸于外在的为政上，达到儒家所倡导和希冀的“王道”或是“仁政”，则可得民心而取天下，且不用“征城掠地”、“血可浮瓢”。正是这种由内及外的“默而识之”和“自昭明德”，使儒家的为政理念先从“修身”开始，进而方是“齐家”“治国”“平天下”。自秦汉之后，儒家思想便是中国之主流文化，从国家选拔官员到孩童的洒、扫、进、退，无不是沿着这样一条“治国之道”而进行的。同时，儒学的治道思想大力倡导“民本观”，强调民为国家之本。《尚书·五子之歌》指出：“民惟邦本，本固邦宁。”[⑤] 孟子提出“民为贵、社稷次之，君为轻”[⑥] 的主张。荀子则有一个绝妙的比喻：“君者舟也，庶人者水也，水则载舟，水则覆舟。”[⑦] 这些都鲜明地体现了民本思想。怎样才能得民心，保民为王呢？孟子提出了较为系统的仁政思想体系：“重民”“爱民”“惠民”“教民”“省刑罚”“薄税敛”。这些民本思想，都是在“德”的启迪下所产生的。正因为“德治”的民本思想，先

① 李学勤主编：《论语注疏·宪问》，第204页。

② 李学勤主编：《论语注疏·子路》，第173页。

③ 李学勤主编：《论语注疏·颜渊》，第166页。

④ 李学勤主编：《孟子注疏·离娄上》，第207页。

⑤ 李学勤主编：《尚书正义·五子之歌》，第177页。

⑥ 李学勤主编：《孟子注疏·尽心下》，第387页。

⑦ （清）王先谦撰，沈啸寰、王星贤点校：《荀子集解·王制》，第151页。

秦儒家主张以“德治”的治理方式对“利”进行调适和引导，并以内在之道德自觉性和外在伦理价值促成个人对“欲利”的反思，从而认可合理之“利”，强调天下之“公利”“公义”而拒斥一己之“私利”，从而“敬德”“保民”，以内在道德之觉醒谋取天下之“大利”，并完成“人之为人”的价值和作用。因此，先秦儒家所提倡的“德治”不只是对个人“志不可夺”“以仁为己任”的完成，更是对天下黎民的负责，对先人“开万世之太平”遗志的继承，其深重的责任感跃然纸上。

先秦儒家“义利观”除反映其“德治”思想外，亦是体现出了“法治”的治理思路。虽然强调以“德”“义”等诸多道德范畴形成对“利”的引导和制约，但是先秦儒家“义利观”思想亦是注重外在法度对“利”的统摄和节制，并强调“德治”与“法治”的结合。孟子曰：“徒善不足以为政，徒法不能以自行”①，认为只有善政不足以治理国家，只有外在强制性的法度而人们没有行律法的自觉性亦是不可。旨在表示以“德”培养主体的道德自觉性和人格素质，以“法”“六律”等诸多外在行为规定性作为“规矩”，从而内外结合、“德”“法”联用，促进个体在社会互动关系中既能完善人格、提升素质，又能安分守己、恪守法度。正如《尚书·吕刑》所言：“惟敬五刑，以成三德”②，清楚地指出了“德”与“刑”即“法”的关系，笔者认为这就是“法”以成“德”、以“德”行“法”的辩证统一关系。荀子在其人性论和时代背景下更是提出“隆礼重法”的思想理论，强调以“法”胜“私”，认为“无师无法则唯利之见耳”③，主张以外在之法度约束人取利的方式、方法，并由“礼义师法”制约人性中对“利”的趋向性和倾向性，亦是一种重视“法治”的思想。荀子虽重视外在法度的作用，但是其思想仍是强调“法”与“德”、“义”的结合，主张以人之“德”、“义”促成对外在法度的遵行，强调人对于“法”的主动性和自觉性。荀子认为，人与“水火”“草木”“禽兽”之区别便是有“义”，“义”更是人为“天下贵”的主要依据，决定了人们理应主动而自觉地行“义”，旨在表示“德”“义”与“法”应并

① 李学勤主编：《孟子注疏·离娄上》，第185页。

② 李学勤主编：《尚书正义·吕刑》，第533—544页。

③ （清）王先谦撰，沈啸寰、王星贤点校：《荀子集解·荣辱》，第64页。

举而行，如若只是“有法”而不“志其义”，则会局促不安而茫然不知所措，旨在表示“义”对于遵行“法”的作用和影响，突出了“德治”与“法治”的辩证统一关系。

在新的时代背景和社会环境中，怎样做到人人各尽所能、各安其职、各得其所是我们所面临的重大课题。是以“德”斥“法”、以“法”废“德”还是“德”“法”兼备？笔者认为，先秦儒家“义利观”所体现的“德”与“法”辩证统一的关系，为当代国家治理层面“德治”与“法治”的辩证关系提供了重要的启示，“德治”与“法治”不可偏废一端，否则便会走向国家治理层面的极端状况。在当代，复杂而广泛的社会互动关系决定了国家治理层面需要一套严格而标准的“法治”体系，以此约束人们在生活、工作以及社会交往的行为方式和动机，体现为一种外在于人的强制性和权威性。但是，国家、社会的正常而和谐地运转，不能只是依赖于外在的强制性的法律规定，还应培养人们道德意识和法律意识，进而内化于心、外化于行，自觉而主动地践行道德、遵行法律法规，否则便是“为阱于国中”（《孟子·梁惠王下》）的“罔民”之举和“害民”之治。所以，培养人们的内在道德自觉性和主动遵行外在法规的法律意识，是建构“法治”国家、社会的必需条件，决定了“德治”与“法治”相互融合、相得益彰的辩证统一关系。既要以“德治”引导人之道德涵养、人格素质及法律意识，并自觉反思“己利”是否合宜或合理，进而完善自我、提升自我，谋国家、民族、人民之“公利”，存国家、民族、人民之“大义”。也要以“法治”约束个体在生活、工作及社会互动关系之中的行为，制约人们取利的方式、方法，使之适应国家、社会的整体利益，规范个人在“人与人”互动关系中的义务和责任。只有将两者做到有机的统一，才可实现国家及社会的和谐运转，节约国家治理成本，提高社会运转效率，并最终实现个人利益与国家、民族、社会整体利益的辩证统一，完成人之价值，彰显人文精神。

第五章　结论

一　评价

“义利观”思想是先秦儒家的核心理论之一，与“天道观”“群己观”“道器观”“德力观”诸多价值范畴共同建构的完整的思想体系和哲学理论，对先秦时期哲学思想的发展以及后世儒家理论体系的筑建提供了弥足珍贵的借鉴意义。

孔子通过对“德”字意义的延伸及“仁学”的发明，将“义”“利”之价值范畴放入普遍性的“人与人”互动关系中去考量和评判，并以此作为人格涵养、“人之为人”价值指向的主要道德标准和伦理内涵，从而开启“君子”“小人”之别的“义利之辨”。使之突破了殷商的宗教思维、西周的宗法制度，开始真正地以“人”的视角去反思自身以及现实社会中所呈现的互动关系，为曾子、子游、子思、孟子、荀子之“义利观”思想注入了鲜活而又广阔的理论视野，使先秦儒家“义利观”思想始终立足于“人”以及现实社会之中，解决现实问题，涵养道德情操，进而实现“人之为人”的终极价值指向，从而建立和谐稳定的国家、社会、生活秩序。可以说，先秦儒家“义利观”思想通过对“义”与“利”之辩证关系的分析和阐述，为我们勾勒出了现实社会中所存在的运行规律和价值伦理基础，向我们指明了国家、社会以及个人稳定运转、和谐共存、互惠互利的基本理论原理。

先秦儒家“义利观”思想首先体现了以“人”为理论原点的“人文精神”，是对西周“人文转向”思想的继承和延伸。自孔子开启“义利之辨”，提出“君子”与“小人”之别，始终以现实中的“人”为理论原点和价值基础，将“义”与“利”之辩证关系放入“人之为人”的伦理指向中进行探讨和分析。所以，先秦儒家“义利观”思想并不是一种形而上的抽象玄思，而是一种具体而现实的“人”之反思和道德觉醒，是对现实社会互动关系的一种价值界定和评判，并以此肯定“人”之“弘道”的自觉性和主动性，从而改变社会环境、塑造人格素质、提升人文精神。所以，其“义利观”思想不是游离于“人”之外的天道氤氲，亦不是架构于“人”之上的强制性的道德律法，而是“人”得以反思自身、塑造自身、成就自身的一种力量和觉悟，进而以此促进社会中“义”与“利”的和谐统一，达成“人与人”互动关系的良性运转。即，以“人”为价值评判标准，去衡量“义”与“利”之辩证关系，而不是以“义利之辨”去权威性、强制性地约束“人”、扼杀“人”，否则便会本末倒置，“以理杀人”。

故，先秦“义利观”思想强调“人”在“义”“利”辩证关系中的调节作用，以自身的主动性和自觉性去规范社会互动关系中所产生的“义”“利”之矛盾性，进而促成两者的辩证统一。孔子讲：“君子之于天下也，无适也，无莫也，义之与比”①，便是将“义”解释为“适宜”之意，强调君子之“无适”、“无莫”，意在表明“人”在处理国家、社会事务及社会互动关系时，要秉持自身的自觉性和主动性，避免教条化和刻板性。不是以道“弘人”，而是“人能弘道”，非“义利之辨”凌驾于“人”之上，而是以“人之为人”的价值指向去发现现实中的“义”与“利”，并以此去界定社会互动关系中两者理应存在的辩证关系。又如，孔子之后的“义内”、“义外”之辨，依然强调“人”之内在价值的反思和觉醒，通过对“义”之价值的体认完成对外在“义”之规范的统一，即《中庸》所讲：“道不远人，人之为道而远人，不可以为道”②，是以“人”为理论原点，完成对“义”之内、外的统一，非“义”（“道”）对“人”的统摄，而是“人”对于“义”（“道”）的发现和弘扬。特别自孟子之时，更是以“人性”的“必有所向”去诠释“义”，将“义”作为“人之为人”的“四心”之一以及“良知”、“良能”的具体表现，强调以“人”之内在道德自觉性和意志自由去反思社会互动关系中的“义”

① 李学勤主编：《论语注疏·里仁》，第50页。

② 李学勤主编：《礼记正义·中庸》，第1430页。

"利"关系，认为"由仁义行，非行仁义也"[①]，旨在表明以"人"为中心的道德自觉性而非"仁义"由外在对"人"的强制性约束，是一种典型的以"人"之视角去界定"义利之辨"的理论架构。所以，先秦儒家"义利观"思想不是对"人性"的扼杀和强制性的约束，而是在尊重"人"之价值的前提下，对"人性"之"必有所向"的发现和疏导，是对"人"之内在价值和意志自由的肯定，以此确定"人与人"互动关系所应当建立的道德标准和伦理指向，以及个人所应具备的"心性"涵养和人格提升。

先秦儒家"义利观"的理论价值还体现在以"义"为价值核心的伦理指向方面。荀子以"义"之有、无作为"人"与"水火""草木""禽兽"的主要区别，以此确定君臣、父子、兄弟、士农、工商的社会分职、定分，避免"群而无分"所导致的"争""乱""离""弱"，从而形成"以义制利""义利两养"的"义利之辨"思想。以此避免"争夺相杀"，而达成"讲信修睦"之"人利"，考察其理论的内在逻辑理路，是一种典型的以"义"为基本价值指向，而完成"十义"与"人利"的"义""利"辩证统一。《大学》中的"国不以利为利，以义为利"[②]的思想，亦是以"义"为价值核心去诠释"利"，用"义"的道德伦理指向去界定和实现现实之中的"利"，以此约束"取利"的方式、方法，使之促成良性的社会互动关系。故，自孔子提出"君子"与"小人"之别的"义利之辨"，以"义"为价值核心的"义利观"思想体系已初现雏形，后经曾子、子游、子思、孟子、荀子对"义"观念的发展和延伸，使之成为"人与人"互动关系的价值指向，并在"义以为质"的伦理前提下对"利"进行统摄和调适。

先秦儒家"义利观"思想除强调"义以为上"的伦理指向外，亦是在现实的"人"之视角下充分尊重合理之"利"，认可"人"在现实的生存、生活、政治、社会中所需之"利"，从而达成"义"与"利"的和谐统一。孔子讲："富而可求也，虽执鞭之士，吾亦为之"[③]，"富"与

---

① 李学勤主编：《孟子注疏·离娄下》，第223页。

② 李学勤主编：《礼记正义·大学》，第1603页。

③ 李学勤主编：《论语注疏·述而》，第88页。

“贵”皆是人们所向往的生活享受，而“贫”与“贱”皆是人们所厌恶的生存状态。虽然孔子强调要以符合“道义”的方式、方法去得到“富”“贵”以及摆脱“贫”“贱”，但亦是从另一个侧面反映出“人”在现实的生存中所必须拥有的“利”以及希冀美好生活所需的“利”。所以，先秦儒家“义利观”思想并不是“禁欲”式的宗教思维，一味地排斥“利”、贬低“利”，而是立足于现实社会关系，将“义”与“利”诠释为一种双向互动的关系，以“义”促进合理之“利”的达成，并以“公利”约束过度的“私利”，从而又以合理之“利”促成对“义”的体认和内在自觉。如，孟子一方面强调“何必曰利”，一方面又指出“制民之产”“恒产”之“利”的重要性，并以此合理之“利”完成“事父母”“蓄妻子”，从而促成“庠序之教”和“孝悌之义”的达成，清晰地表达出了“义”与“利”的双向互动关系。另外值得注意的是，先秦儒家“义利观”思想受到古代“即生言性”传统的影响，尊重和认可“人”之生命过程中所展现出的生存、生理需求，以“礼”“义”疏导人们的“喜怒哀惧爱恶欲”之“七情”以及“饮食”“男女”之“欲利”，而不是刻意地压抑和排斥“利”，并达成以“人义”促“人利”而又以“养生丧死”“饮食”“男女”之“利”促进对“义”的体认，最终实现“公利”。故，先秦儒家“义利观”思想尊重合理之“私利”并促进“与民同利”之“公利”的形成，在“公”与“私”统一的基础上，实现“义”与“利”的辩证统一关系。

二 启示

先秦儒家“义利观”思想具有丰富的理论内容和深邃的思想蕴含，对国家、社会、文化、经济以及生活的方方面面具有极大的启示作用。可以说，先秦儒家“义利观”思想不只是传统哲学思想在当代的继承，更是古代哲学思维、社会理念、文化信念在当代的应用，对新时代背景下的国家治理、社会运行、个人生活具有不可替代的理论价值。先秦儒家“义利观”思想之所以能够穿越千年、历久弥新，便在于它自觉地把握了人类文明发展史和社会形态兴替的两大核心要素：道义和利益。这两大要素交织于人类的生存、生活、文化之中，相互作用、相互砥砺，充满了张力。是以“道义”引导“利益”，还是以“利益”统摄“道义”，抑或是两者的辩证统一？这不只是先秦儒家“义利观”思想所探讨的问题，亦是当今之世所面临的主要矛盾和社会危机。

通过对先秦儒家“义利观”思想的分析和研究，我们可以看到“道义”与“利益”的双向互动关系，并不是一种单线式地“道义”统摄“利益”或“利益”定义“道义”的关系，而是一种“道义”与“利益”的有机统一。需要指明的是，先秦儒家“义利观”思想虽强调“义以为上”、“义以为质”的价值指向，但并不是刻板而教条地以“道义”排斥“利益”，而是主张两者以现实的“人”为视角、普遍性的“人性论”为根据、广泛性的社会互动关系为基础的辩证统一。从而将“道义”与“利益”统一于“人”的价值之中，进而实现“人性”中的“必有所向”，促进“人之为人”价值目标的达成，完成“义”与“利”、“群”与“己”、“德”与“力”的辩证统一，是“人文精神”的一种表现。

而当代国家、社会，以商品经济为主要特征，依托全球化的时代背景而建立了人类迄今为止最为广泛的经济、政治、文化交流。我们应清晰地认识到，这种广泛而频繁的交往、交流是以商品经济为纽带，以经济“利益”为主导的人类实践活动，始终以经济“利益”为行为目的和价值核心。从而致使当代之道德“道义”被束缚于经济“利益”的动机之下，只是现存经济关系中“利益”分配的行为规范、准则，是一种“利益”之中的“道义”，即以“利益”定义“道义”。这种以“利益”去统摄、定义“道义”的关系，势必会造成国家、社会、个人在价值认同方面的混乱和失序，因为一国便有一“利”、一家便有一“私”、一人便有一“己”，而建立在经济“利益”之中的“道义”，已被深深地打上了“利益”的烙印，充其量只是一种经济行为中的道德伦理，而没有从广泛性和普遍性的视角对“道义”作出定义，致使道德力量的衰落、脆弱和不稳定性。故，在以经济“利益”至上的当代社会，效率和计算、回报成为“人与人”互动关系的衡量标准，将“人”的社会属性单纯地理解为一种经济行为、动机、目的，从而道德价值失范、社会秩序紊乱、自我中心主义膨胀，都是以“利益”定义“道义”所导致的恶果，使人们偏安于“利益”之一隅，忘却了“人之为人”的价值指向和道德责任，以至于使道德“道义”成为了经济“利益”的附属和工具。

借鉴先秦儒家“义利观”思想的理论内涵，笔者认为当今时代的

"道义"困境，实质为对"人"之价值的贬低，将"人"单向度地理解为经济"利益"的载体和物质的生产者、消耗者，过度诠释"利益"在社会互动关系中的作用，从而忽视"人"之"道义"方面的价值。"人"是"义"与"利"的统一，不可偏废一端。只注重"义"而排斥"利"，则会压抑个体生命活动展开的自由和社会运行的活力。只强调"利"而忽视"义"，则会造成社会整体的价值失范、秩序紊乱和人人求"利"而无所不用其极的道德沦丧。所以，在新时代背景下"道义"与"利益"的结合，既要将"道义"从"利益"的局限中发展出来，又要始终做到"以人为本"，尊重个体的合理之"利"，从而使"义"、"利"统一于"人之为人"的价值指向当中，并以此提升"人"、造就"人"，增强个体的道德责任感、使命感，促进国家、社会的秩序稳定、和谐运行。

三 局限性

先秦儒家"义利观"思想虽具有极大的理论价值和启示意义，但我们亦是要承认和意识到它本身所具有的时代局限性，任何思想或理论皆是一个时代的具体产物，无法摆脱其所处时代的影响。先秦儒家"义利观"思想产生于"礼崩乐坏"之时，周王室权力旁落、宗法等级制度崩溃、新兴地主阶层兴起等诸多政治、经济方面的变迁接踵而来。我们可以这样说，先秦儒家"义利观"思想正是在这样一种新、旧交替及冲突之中所诞生的，它既有"新"的发展的一面，也有"旧"的保守的一面，其局限性正是体现在"旧"的保守的方面。孔子致力于复兴"周礼"，对周代之礼乐制度充满了憧憬和期待，从而将"礼"作为其政治思想体系的重要组成部分，其"仁学"的发明亦是为"礼以行之"找到内在的根据和动力。所以，由孔子而开启的"义利之辨"被深深地嵌入到"君君、臣臣、父父、子子"的"正名"思想之中，体现了一种"亲亲之杀"和"尊贤之等"的远近亲疏、上下尊卑、德才禄位的等级制度。虽然，其"义利观"思想强调个人内在道德的自觉性和价值选择的自由性，但是，由孔子而开启的"义利之辨"亦是体现了一种"等级"森严的礼法制度。

即便到曾子、子游、子思、孟子和荀子之时，将"义"、"利"问题放入更为普遍性的"人与人"互动关系中进行考量和分析，其"义利观"思想的定位仍是含有某种礼法等级制度的约束性和局限性，具有其时代特色的烙印。比如，《礼运》中的父、子、兄、弟、夫、妇、长、幼、君、臣之别的“十义”，《荀子》中的“贵贱”、“长幼”、“贫富轻重”的“群分之义”，《孟子》中的“君臣”、“父子”、“兄弟”之“义”，皆是将“义”与“利”的关系放入一种礼法制度的“等级”观中去分析，对“义”与“利”关系的清晰表达造成了不小的阻碍，并成为“义利之辨”理论发展的一种桎梏。从而，将“人”的内在道德自觉性和价值选择自由性局限为维护礼法制度的一种手段和方式，遏制了“人”的多样性和自由性发展，最终不可避免地发展为“存理去欲”和“义利对立”，将“义”“利”的辩证统一关系转变为了一种对立的僵化的“礼教”思想，湮没了其“义利之辨”理论的开放性和多样性。

特别自当代国家、社会、生活方面的变迁和发展，市场经济和法治观念已成为共识，怎样将先秦儒家“义利之辨”思想融入新时代的文明体系之中，是中国哲学发展的重要课题。这就要求我们将“义”与“利”的关系融入更为普遍性和多样性的政治、经济、生活、文化等社会关系之中，赋予其开放性和灵活性，从而突破上下、尊卑、贵贱的血缘宗族性、等级性的“礼教”思维，使“义”与“利”在新时代背景下完成辩证统一的良性关系，并激发个人的内在道德价值，实现人的自由发展，促进国家、社会、个人的和谐统一。

附录一　先秦儒家思想中“人”的有限性与无限性

——以“利”为视角

先秦儒家思想的形成和筑建，在继承西周“人文转向”的基础之上，以“人”的视角提出了具有学派特点的见解和诠释，进而对整个先秦时期哲学思想的构成和发展产生了深远的影响。笔者认为，先秦儒家思想中的人学思想对“人”的定位，可以从“有限性”和“无限性”两个层面进行分析和阐释。“人”是“有限性”和“无限性”的有机结合，是两者辩证统一的载体，不可将“有限性”和“无限性”两者割裂开来讲。笔者将“人”的“有限性”归结为一种“事实判断”，将“人”的“无限性”归结为一种“价值判断”，在下文中会作出详细的解释。

“利”字亦可分为“事实判断”和“价值判断”两层含义：1. 中性之利；2. 义理之利。“利”字的两层含义与先秦儒家思想中“人”的两层内涵具有逻辑上的一致性。故，为了将先秦儒家思想中“人”的这种特殊属性更加具体地表现出来，笔者将以“利”字之字义流变为理论视角，对先秦儒家思想中“人”的“有限性”和“无限性”进行分析。即，从“利”字入手，分析“人”的问题。

一　中性之“利”与“人”的有限性：事实判断

“利”字的甲骨文为，为（禾，庄稼）和（刀）构成，“象以耒刺地种禾之形，上或有点乃象翻起之泥土”①。《说文》解释为“利，銛

① 徐中舒：《甲骨文字典》，四川辞书出版社 2014 年版，第 471 页。

也。从刀。和然后利，从和省。”徐中舒先生认为《说文》中的解释从形和义两方面来讲都不准确，认为“利”字有三个含义：1. 吉利之义。如《周易》之中的“利贞”、“利见大人”、“利永贞”等，亦可引申为“有帮助”或者“有益于”的意思。2. 地名。3. 人名。此外，刘兴隆先生将“利”字解释为“象以刀割禾，所从之小点为禾秆飞屑，示刀之锋利”①，如：“其利断金”（《周易·系辞上》）、“金就砺则利”（《荀子·劝学》）等。

“利”字造字之初，无论是以耒翻土之象，还是以刀割禾象征锋利，都表示一种与农业相关的事实判断，并没有后世价值判断之义，更没有任何道德伦理价值指向的意蕴。早期的“利”字反映的是人类生存和生活所必须拥有的重要元素，是维持人类衣食住行、种族延续的必需条件，是在人类与自然互动之中所产生的，强调人与自然、主体与客体的互动，着眼于自然条件对于人类或者客体对于主体需求的满足或完成。

在《诗经》中“利”字共出现两次：1. “伊寡妇之利”（《诗经·小雅·大田》）；2. “为民不利”（《诗经·大雅·桑柔》）。这两处“利”字的意思可以理解为“有帮助”或者“有益于”的意思，旨在描述外在客观条件是否有益于主体个人，是一种事实判断，没有价值判断的意蕴。在《尚书》中“利”字共出现9次，笔者在文中不再一一列出，除“无以利口乱厥官”（《尚书·周官》）和“臣罔以宠利居成功”（《尚书·太甲下》）带有一定的价值判断外，其它的字义大都是一种“有益于”的事实判断，与《诗经》中的用法相仿，表示在一定的客观条件内，客体对于主体需求的满足或是完成，如《尚书》文中的“利用”、“民利”、“货利”、“不利于”、“地利”。在《周易》中“利”字共出现215次，如“元亨利贞”、“利涉大川”、“吉无不利”、“利用行师”、“无不利”等，大多依然是一种不带价值判断的用法，是人与自然、主体与客体在互动中，产生的一种客观条件和结果。

早期“利”字的这种人与自然、主体与客体互动的意蕴，是人类与大自然关系的写照和反映。任何文明的萌芽和产生都离不开与自然的抗争、适应、合作，有巢氏之巢居、燧人氏之造火、庖牺氏之以绳为罟、神

① 刘兴隆：《新编甲骨文字典》，国际文化出版公司2005年版，第255页。

农氏之和药济人、黄帝之成命百物、帝喾之能序三辰及古人的天象历书之学，都深深地反映了这一点。华夏文明在某种程度上是农业文明和治水文明的结合体，农业和治水问题都指向早期人类最关键的一个概念——"生存"或"种族延续"。在与大自然互动中，人类必须学会保护自身和延续生命，从而，在与大自然互动的过程中要学会在一定的客观条件中做出最优的选择即"有利"的抉择，来保证自己在残酷的自然环境中存活下来。早期人类面对日月星辰的更替、池沼野兽的侵扰等自然现象所产生的迷茫和无奈是现代人所无法体会的，在产生"人与人互动"即"人际互动"之前，人类必须解决的是"生存"的问题，必须在有限的客观条件下做出最"有利"的抉择。

如孟子曰："故者以利为本。所恶于智者，为其凿也。如智者若禹之行水也，则无恶于智矣。禹之行水也，行其所无事也。"[①] 这段论述中的"利"字，古今大家所作的解释不尽相同。朱熹解释为"利，犹顺也，语其自然之势也。"[②] 而陆九渊则解释为"当孟子时天下无能知其性者，其言性者，大抵据陈迹言之，实非知性之本，往往以利害推说耳，是反以利为本也"[③]，将"利"解释为"利益"之"利"。杨伯峻先生在《孟子译注》中将"故者以利为本"这句话解释为"推求其所以然，基础在于顺其自然之理"[④]，摘取其中"利"字的释义，与朱熹大同小异，都旨在强调一个"顺"字。相比较陆九渊之说，笔者认为朱熹和杨伯峻对"利"字的解释较为妥当。研究一个字或者一个词的释义，要将其放在一定的文本中进行研究，脱离文本而作单独的解释，往往会让我们误入歧途。孟子在讲到"故者以利为本"之后，用大禹治水的例子来论证"故者以利为本"这一论点，从而阐明自己的看法。梁涛先生借鉴历代注释，对这段话做了如下解释："人们之所以厌恶智，是因为用智的人往往穿凿附会【不从事物本身出发】。如果用智的人能像大禹治水一样，那么人们就不会厌恶智了。大禹治水

① 李学勤主编：《孟子注疏·离娄下》，十三经注疏标点本，北京大学出版社1999年版，第230—231页（以下凡引该书，只标注书名、页码）。

② 朱熹：《四书章句集注》，中华书局2011年版，第277页。

③ 陆九渊：《陆九渊集》，中华书局1980年版，第415页。

④ 杨伯峻：《孟子译注》，中华书局2008年版，第151页。

【顺从水的本性，采用疏导的办法】，不有意多事。”[①]

梁涛先生在这段文字中对“利”字的解释与杨伯峻先生相仿，将“利”与顺从事物的本性联系在一起。指出，人们往往单凭自己的主观意愿随意攀附客观条件，而不遵循事物本身的客观规律。大禹治水之所以能够成功，便在于做到了“利”即“顺从水的本性，采用疏导的办法”，从而在现实客观条件中做出了符合人类意愿的最“有利”的选择，在人与自然的互动中完成了自身生存和生活的需要，这一切的完成，是一种“中性”的事实判断，而不是价值判断，不存在“善与恶”或“美与丑”的评价问题。甚至可以说是人类与自然抗争、合作的一种经验总结和传递，而不是一种道德伦理、良知良能的价值界定。又如，在《周易》中，有“刳木为舟，剡木为楫，舟楫之利，以济不通”[②]的表述，可以让我们更加清晰地看到“事实判断”之“利”的内在蕴含。在这段话中，“利”字讲的是“舟楫之利”，旨在表达通过“刳木”和“剡木”这两种行为来改造木材以获得“舟楫之利”，从而“有益于”或“有帮助于”人类的生存和生活，是一种典型的事实判断，并不涉及“义理”方面的道德伦理价值指向，而是用来表述客观事物或客观条件对人类的一种需求的满足或适应。

综上所述，“利”字早期的含义侧重于事实判断，是人与自然、主体与客体的一种互动，意在表明客观条件和生存环境对人类需求的适应和满足，并没有道德或伦理方面的价值诉求，是人类在文明草创时期对生存和生活的素朴的希冀和愿景，期望在客观的生存环境中做出最有利于人类生存和种族延续的选择。所以，“利”字不论是解释为“有益于”、“有帮助”，还是阐释为“顺从事物本性”，都表达了人类初期在适应自然环境的同时，亦是开启了人类文明的进程，通过“利”或“不利”的总结，完成了人类初期生存和生活经验的初步积累，为文明的发展和成熟打下了坚实的基础。

通过对“利”字第一层蕴含的分析，我们可以认识到，为了生存和种族的延续，“人”首先表现为一种“类”本能的生物，具有自然的情

---

① 梁涛：《郭店竹简与思孟学派》，中国人民大学出版社2008年版，第373页。

② 李学勤主编：《周易正义·系辞下》，第301页。

感、欲望和需求，笔者将其概括为人的“有限性”。人的“有限性”是指，人自然所具有的生物或生理本能，这种自然本能之欲是生来既有，犹如《礼记·礼运》篇中讲到的“何谓人情？喜怒哀惧爱恶欲七者，弗学而能”[①]，又如荀子所讲“今人之性，饥而欲饱，寒而欲暖，劳而欲休，此人之情性也。”[②] 这种自然本能可以表现为欲饱、欲暖、欲休的生理需要，亦可表现为喜、怒、哀、悲的情感呈现或情绪冲动，是“不可学”亦“不可事”的生理本能。人的这种“有限性”，是人与自然互动过程中自然产生的一种生理机制和本能反应，正是此层意义上先秦儒家皆承认“饮食”“男女”之欲，虽圣人亦不能去。再加之，中国古代哲学有“即生言性”的传统，认为“性”可以与“生”互用。如傅斯年在《性命古训辩证》中讲道，“古初以为万物之生皆由于天，凡人与万物生来之所赋，皆天生之也。故后人所谓性之一词，在昔仅表示一种具体动作所产之结果”[③]，“性”就是人之生命自然展开的过程，在此过程中所表现出来的喜、怒、哀、悲之情绪或情感，“食”、“色”的自然欲求，欲富、欲贵的心理需求都可以称之为“性”，在此层次上所论述的“性”和“人”是无“善”无“恶”，更多的是一种事实判断，而非价值判断，意在表明人生来既有的“事实”。

二 义理之“利”与“人”的无限性：价值判断

受先天自然环境的影响，华夏文明的祖先聚居在纵横交错的江河湖海之河谷地带，土地松软肥沃，便于耕作，产生了有别于依水草而居的畜牧业的客观条件，进入农业文明。“三代时期，农耕业已经成为中原华夏民族社会生活资料的主要来源”[④]，从而我们的祖先依附于土地，生活趋于稳定，形成了固定的族群。正如荀子所说，人与牛马的区别之一便是能“群”，农业文明所产生的相对稳定的生存和生活环境，促进了古人早期的“群居”生活。“群居”生活中，古人除了要与自然互动以获得生存和生活的必需品外，还要处理“群”之中人与人关系的问题，人与人的互

① 李学勤主编：《礼记正义·礼运》，第689页。

② （清）王先谦撰，沈啸寰、王星贤点校：《荀子集解·性恶》，第422—423页。

③ 傅斯年：《性命古训辩证》，上海古籍出版社2012年版，第78页。

④ 张岱年、方克立主编：《中国文化概论》，北京师范大学出版社2004年版，第26页。

动进入了古人的视角当中，从而更多地从“人”的视角去观察和分析问题。人与人的互动关系不再是人与自然的互动关系那样“单纯”和“简单”，不再是单线式的“有益于”或“满足于”的关系，而是一种复杂的人与人之间的双向关系，在这种双向的互动关系中所产生的“利”，不可避免地被打上了道德价值的烙印，从价值“中性”之“利”过渡到“义理”之“利”，带有浓厚的道德伦理指向，从而指代某种特定人际互动关系的性质。主体的“人”所面临的不再是机械的、没有思想、没有感官情欲、没有血肉的自然客体，而是有“生”、有“气”和有“义”的“人”。

像孔子所讲“君子喻于义，小人喻于利”① 里的“利”字显然不是从人与自然或主体与客体互动这一视角来阐述的，而是在人与人的互动关系中应用“利”字，从而“利”字有了“君子”与“小人”、“好”与“坏”、“善”与“恶”的道德判断和伦理价值指向，“利”字也不再仅仅用来表述事实方面的判断，而成为一种衡量人际关系、行为动机和道德情操的价值指标，是人与人互动的产物和指代。“富与贵是人之所欲也，不以其道得之，不处也；贫与贱是人之所恶也，不以其道得之，不去也”②，孔子在肯定“饮食男女”“富”“贵”之“利”的同时，更加注重“取之有道”的求利方式或手段，也就是说孔子并不排斥人们在生存和生活中去追求所必需的“利”，也不排斥人们去追求更加美好的生存和生活状态时所必需的“利”，而是强调人们应该在求“利”的同时要把握好“予”与“取”的关系及平衡点，自己求“利”要建立在不损害他人之“利”的基础上，强调从人与自然或主体与客体互动的视野进入“人与人”互动的视角，并进而激发主体的道德价值意识，培养君子人格，即“己所不欲，勿施于人”③ 和“己欲立而立人，己欲达而达人”④ 的良性人际互动关系。所以，以“人与人”的互动视角来分析“利”时，与人和自然、主体与客体产生的“利”有了鲜明的区别，从事实判断的视角转向了价值判断的视角。

---

① 李学勤主编：《论语注疏·里仁》，第 51 页。

② 同上书，第 48 页。

③ 李学勤主编：《论语注疏·颜渊》，第 158 页。

④ 李学勤主编：《论语注疏·雍也》，第 83 页。

“利首先与个人或特殊集团相联系，而个人（或特殊集团）之利往往并不彼此一致，因此，如果片面地以利作为行为的唯一准则，就不可避免地将导致社会成员在利益关系上的冲突”[①]，一个群体是由每个独特的个体组成的，也就形成了特殊与普遍、个体与整体即“群”与“己”的对立统一关系。从而，在“人与人”互动的视角下分析“利”字的含义，“利”字便有了“公”与“私”的区分。在某种程度上来讲，孔子反对的是“私利”而非“公利”，反对的是以不正当手段即通过损害他人之“利”来获取自我的欲望满足，而对于适当的或合理的“己利”和利益天下苍生的“公利”是相当赞成的。

如，“子贡曰：‘如有博施于民而能济众，何如？可谓仁乎？’子曰：‘何事于仁，必也圣乎！尧舜其犹病诸！夫仁者，己欲立而立人，己欲达而达人。能近取譬，可谓仁之方也已。’”[②]

在自贡与孔子的这段对话中，我们可以清晰地看到孔子对“公利”的诉求和希冀，“博施于民而能济众”旨在不以“私利”或“己利”为目的，而是突破“己”之局限性融入“群”、“民”、“众”之普遍性中，那么这种人怎么样呢？孔子认为只要做到了这一点，何止是仁人，那肯定是圣人，孔子甚至认为尧舜都很难做到！孔子在这里发完感慨之后，便讲到了“博施于民而能济众”的作用机理，便是后文当中的“己欲立而立人，己欲达而达人”，其意旨与“己所不欲，勿施于人”（《论语·颜渊》）相同，都是在表述“人与人”的互动关系之重要性，而不是以“利”言“利”，把“利”作为一种目的或结果来论述，而是用“人与人”之间的关系来论述“利”之好坏、善恶。所以，将“利”放在“人与人”互动的视角中分析，是“中性之利”——人与自然或主体与客体互动中“利”字应用的延伸，前者的逻辑外延可以涵盖后者。严格地说，“利”字在“人与人”的互动中本无好、坏，善、恶，君子、小人之分，关键在于怎样获取“利”和应用“利”，也可说是“中性之利”（人与自然或主体与客体互动的结果）在“人与人”互动中的应用和实施。在这层意义上论述“利”字的含义，已经不再是对“利”字作训诂学意义上

---

① 张岱年、方克立主编：《中国文化概论》，北京师范大学出版社2004年版，第318页。

② 李学勤主编：《论语注疏·雍也》，第83页。

的解释，也不是就“利”字而解释“利”字之含义，而是从“人与人”的互动即主体与主体之间的关系上去论述“利”字，“利”字更多的是代表一种“人与人”之间的“关系”，甚至可以说是一种“关系”的代称，不再仅仅是一种事实或结果的表述。如“朱门酒肉臭，路有冻死骨”，其中“酒肉”之“利”本没有好坏与善恶之分，只是在“朱门”与“冻死骨”之互动关系中，“酒肉”变成了满足“朱门”富贵人家骄奢淫逸的“私利”，假如将“酒肉”施与“冻死骨”的穷苦人，其“酒肉”的性质亦是发生变化，便会变为“大庇天下寒士俱欢颜”的“公利”。所以，“利”字在孔子之后多被用作一种互动“关系”的指代和表述，不能将其单独考释，而要把它放在“义理”的“人与人”之间的“关系”中进行考量。

又如，墨子所讲的“兼相爱”和“交相利”，亦是将“利”字放在“人与人”的互动关系中讲述，侧重于“兼”、“交”和“相”字，与孔子所说的“己所不欲，勿施于人”和“己欲立而立人，己欲达而达人”之意相仿，旨在描述一种互利互惠、互相增益而不互损互害的良性人际互动，其“兴天下之利”的学说更是将这种良性的人际互动关系表述了出来，突出了“天下”的普遍性与“个体”的特殊性之融合，从而反对“亏人自利”的行为，同时也承认“爱人不外己，己在所爱之中”（《墨子·大取》）的“己利”，只不过这里的“己利”已融入“天下”的普遍性之中，只有“天下之利”（普遍性）的完成，“己利”才能实现。所以，与其说是“利”的达到或完成，不如说是“天下”的普遍性与“个体”的特殊性之融合的达成，是“人与人”良性的互动关系的完成。

再如：孟子对曰：“王何必曰利？亦有仁义而已矣。王曰‘何以利吾国’？大夫曰‘何以利吾家’？士庶人曰‘何以利吾身’？上下交征利而国危矣。”①

孟子所讲的“王何必曰利”，并不是说不可以去求“利”，而是指要在良性的“人与人”互动关系中去求“利”，不可抛弃“公利”而专求“吾国”、“吾家”和“吾身”之“私利”，否则便会“上下交征利”而陷国家于危难。其“交征”二字，朱熹解释为“上取乎下，下取乎上，故

① 李学勤主编：《孟子注疏·梁惠王章句上》，第2—3页。

曰交征"①，指"上"与"下"即"人与人"之间为求"利"而无所不用其极，导致人际互动关系的恶性循环，从而陷国家于危难之中。所以，孟子在这里所言的"利"仍然是放在"人与人"互动关系中去论述，指代一种"上下交征利"的关系，并不是"利"之本身出了问题，而是人们没有用"取之有道"的方式和方法去求"利"。假如不将此处之"利"放在人际互动的关系中去理解，则容易将孟子"利"的思想理解偏颇，从而认为孟子只讲"义"而不讲"利"，如果这样的话，孟子所讲的"制民之产"、"五亩之宅"、"鸡豚狗彘之畜"岂不成了一句空话？如齐宣王对孟子说自己有"好勇"、"好货"和"好色"之疾，此三者皆为"求利"的表现，但孟子并没有对此一概否定，而是要求齐宣王做到"一怒而安天下之民"之"好勇"，做到"居者有积仓，行者有裹粮"之"好货"，做到"内无怨女，外无旷夫"之"好色"，便可"与百姓同之，于王何有"，最终的关键是"与百姓同之"，也就是做到与众人乐而不独乐。显然，孟子所反对的并不是"利"，而是反对那种为了一己之私利所导致的恶性的人际互动关系。孟子与孔子相同，都同意"富而后教"的社会治理理念，并不排斥人们为了生存和生活而去获得满足自身需求的"利"（中性之利），反对的是通过损害他人利益来获取己身利益的求利方法，而这种有害或"不义"的求利方式则具体表现为一种恶性的人际互动关系，这便是"上下交征利"。

综上所述，"人与人"互动关系中所产生的"利"，是人际互动关系的一种指代，是人与自然或主体与客体互动中所产生的"中性之利"的一种延伸和应用，笔者将其称之为"义理之利"，其注重价值判断，与"中性之利"的注重事实判断形成鲜明的对比。"中性之利"强调客观条件或客观环境对主体需求的某种满足或完成，形成"有益于"或"有利于"的事实判断，注重结果。而"义理之利"则是用"人"这一独特的视角，将"中性之利"放入特定的"人与人"互动关系中去考量和评估，注重由"利"而产生的某种特定人际互动关系，从而指代某种人际互动关系或恶或善、或好或坏。"中性之利"和"义理之利"是"利"字的一体两面，缺一不可。因为人们不可能摆脱"中性之利"而去空谈生存

① 朱熹：《四书章句集注》，中华书局2011年版，第187页。

和生活，人类必须学会在与自然或客观环境互动中做出最“有利”的抉择，去获取生存和生活的需要。同时，人们也不可能摆脱“人与人”的互动即人际关系互动而去脱离“群体”或“整体”，所以必然会形成种种独特的人际互动形式，而“义理之利”便是人际互动的具体表现形式之一，如形成“公利”和“私利”之分，其中“利”字之意本无变迁，侧重点在“公”、“私”二字，即人际互动关系的一种道德价值界定。所以，在分析“利”字时，要辩证地看待“利”字的这两层内涵，不可随意割裂，否则，便会产生极端崇尚“利”和极端排斥“利”的错误思想。

由“利”的第二层含义，我们可以看到，虽然人具有与生俱来的自然本能即“有限性”，但是人却能够对此“有限性”进行反思和评估，以此来自觉而主动地实现自我的“社会属性”，这一发展和进化过程便是人的“无限性”，它更多的是一种“价值判断”，与“人”的“有限性”之“事实判断”相对存在，反映了“人”的一种“向上”和“超越”的内在力量，体现了“人之为人”的尊严。“人之为人”与禽兽有着本质的区别，人具有禽兽所没有的“可塑性”和“趋向性”，即人性中的“必有所向”，如唐君毅先生所言，人的生命在发展的过程中，并不是漫无目的，而是“必有所向”，这种“必有所向”便是人性之所在，因为“在古人观念中，性是生命自然、适宜的表现，它虽然包括欲望等内容，但只有符合性的规定，适宜于生命成长、发展的欲望才能称作性；而一般所谓欲望，有适宜于生命者，也有不适宜于生命者”[①]。人可以超越自身的自然本能，通过自觉的反思，完成对本能的把握和掌控，使其不至于损害心性中所具有的潜能和“人之为人”的尊贵。人可以对本能之“情”进行节制，这也正是“礼”的作用所在，而“直情”即放肆感情、不加修饰者，则被认为是“戎狄之道”。正是通过对本能的自觉反思，人才具有了塑造性和趋向性，从而“苟日新，日日新，又日新”[②]，不停地塑造自我、发挥人之潜能，达成“人之为人”的某种趋向性。而禽兽则不能掌控自身的本能欲望，始终被其所左右，从而不能凭借己身的诉求和期望去塑造自我及完善自我，从而禽兽自“生”至“死”始终如一，其生命的本质被限制

① 梁涛：《郭店竹简与思孟学派》，中国人民大学出版社 2008 年版，第 137 页。

② 李学勤主编：《礼记正义·大学》，第 1594 页。

于时空之中，仅是本能欲望在时空中的自然呈现。而人则可依据心性之中的“必有所向”内在力量以及“学而时习之”的外在之“学”超越本能及时空的局限，进而获得“无限”的可能，在“群”的互动关系中完成“成己”、“成人”的价值理想。故，笔者将其概括为人的“无限性”，在“人”的价值判断和价值选择中得到具体的体现。

故，笔者认为，先秦儒家思想中的“人”能够在“群”的互动关系中把握及突破自身的本能属性，从而塑造自我的“社会属性”。并能够在一定的社会关系互动中获得“内在价值”和“意志自由”，进而超越物质层面，实现自身心性的安宁，从而获得“人之为人”的力量和尊严，进而达成“人”的“无限性”。正是在这样一种“向上”和“超越”的力量、“内在”和“外在”的尊严，不断推动着人类认识自我、完善自我和改进社会，从而完成“人之为人”的责任和义务。而“人”的自我完善和自我发展，并不是通过静坐冥想、退隐山田、孤云野鹤般的生活状态所达成，而是要在一定的“群”关系的互动之中去完成和实现，并在社会互动关系中去促进“人与自然”“人与社会”“人与人”互动关系之“秩序”的形成，在此“秩序”之中人们各尽所能、各尽其职，完成应尽的责任和义务。“人之为人”的一个重要特征便是能“思”，即对“自我”以及与他人、社会所形成的互动关系进行“反思”，进而对政治、经济、生产和生活中所形成的“秩序”进行“反思”，从而自觉主动地对“秩序”进行改造和改善，使之适应人的需要、社会的发展和时代的变迁。可以说，先秦儒家思想是一种运用“人”之内在自觉主动性去造就“秩序”而又“反思”改进“秩序”的思想理论，是一种立于“现实”而又超越“现实”的社会治理思想，从而促进“人”之“内在价值”、“意志自由”的萌发和国家、社会、生活互动关系的和谐统一。

三 “人”的有限性与无限性的辩证统一：“欲不可去，节之为善”的人道主义追求

先秦儒家思想虽然具有“义以为上”的伦理价值指向，强调个人在普遍性、整体性的群体关系中恪守自身的义务、责任，遵守群体或社会的道德规范、习俗规定，完成“人”在“无限性”属性方面的自觉培育，从而促进社会的统一和群体关系的良性发展。但是，先秦儒家思想中所具

有的人道主义、人文关怀倾向，使其以现实中的“人”为理论视角，去分析“人与人”互动关系中所呈现的特点和问题，进而促进良性人际互动关系的形成和人格境界的提升，以此实现“人”之“无限性”和“有限性”的辩证统一。正因为先秦儒家不将“人”作为抽象的、形而上的、固化的哲学概念来对待，其思想体现了对人的关怀和尊重，把“人”作为一个鲜活的、动态的、现实的生命过程，层层展开，层层递进，进而完成“人之为人”的终极价值目标。可以说，先秦儒家思想是以“人”为中心的价值理念和伦理系统，其人道主义的色彩和底蕴是不言而喻的。

中国古代的宗教经历了民神不杂、民神杂糅、绝地天通三个历史阶段，殷商时期的“鬼神”文化是中国古代宗教思想的具体体现。殷商时期，人们将现实的世俗需求转变为对于“帝”或“鬼神”、“宾于帝廷”的先王先公的祈求，将现实中的具体互动关系转变为了对于神灵、自然的敬畏和崇拜，从而忽视了“人”本身所具有的价值以及“人与人”之间的双向互动。自西周时期的“人文转向”，人的价值开始凸显。《尚书·召诰》中讲“惟不敬厥德，乃早坠厥命”①，周人不再认为天命永存，而是将天命与“德”的思想紧密相联，提出“敬德保民”的政治思想，是否有“德”，直接关系到俗世政权的合法性和稳定性。虽然西周之“德”主要还是宗室贵族所特有的政治规范和修身德目，与孔子所讲的内在之“德”还有较大差距，但是不可否认，周人对“德”的发明使其摆脱了原始宗教的束缚，将“人”与“神”、“人”与“自然”的单线联系转变为了“人”与“人”的现实双向联系。开始认识到“人”在现实生活、社会、政治中所起的作用，并积极地去认识、稳定、改进这种现实而具体的社会关系。正是在此基础上，提出“天视自我民视，天听自我民听。百姓有过，在予一人”② 的政治思想，自觉地去调整“王”与“民”的现实关系，而不再过分希冀“鬼神”、“祖先”的保佑，开始在现实的行动中去探寻和总结历史变动的原因，并彰显“人”在历史活动中所起的重要作用，所以提出“惟天地万物父母，惟人万物之灵”③ 人文思想。

① 李学勤主编：《尚书正义·召诰》，第399页。

② 李学勤主编：《尚书正义·泰誓中》，第277页。

③ 李学勤主编：《尚书正义·泰誓上》，第270页。

而进一步将“人”从“天上”拉回“人间”的便是周公的“制礼作乐”，通过礼乐制度将“人”镶嵌进现实的互动关系中，从而达到社会的规范化和秩序化，是一种对现实的反思和历史的总结。《国语》中有这样的记载：“古者，先王既有天下，又崇立上帝、明神而敬事之，于是乎有朝日、夕月以教民事君。诸侯春秋受职于王以临其民，大夫、士日恪位著以儆其官，庶人、工、商各守其业以共其上。犹恐其有坠失也，故为车服、旗章以旌之，为贽币、瑞节以镇之，为班爵、贵贱以列之，为令闻嘉誉以声之”[①]，礼乐的功用不是抽象的玄谈，而是现实中的“敬事”和“教民”，明确个人在群体中的责任和义务，从而庶人、工、商各安其位、各司其职，并制定车服、旗章、贽币、瑞节、班爵、贵贱之差别，使社会关系呈现出等差有别，而又安定有序的和谐统一。

西周的礼乐制度对中国文化的发展方向产生了至深的影响，其“人文转向”所蕴含的人道主义，注重用“人”的视角去解决现实中“人”的问题，这种分析问题的路径直接被孔子所继承。“到了春秋时期，‘以人为本’思想逐步得到确立，这一思想是西周‘德政民本’思想逻辑发展的必然结果。孔子在继承、丰富和发展了殷商以来人学思想的基础上，在当时复杂动荡的社会环境下，以恢复弘扬‘周礼’为己任，提出了较为系统实用的儒家人学思想，奠定了后来中国人学思想发展的基本格局。”[②] 孔子在继承西周思想的同时，亦是对其进行了改造和突破。西周“制礼作乐”的局限性在于它的宗法血缘制度，使其对现实社会的理解受到了某种局限性的影响，孔子通过对“德”字的延伸和“仁”学的发明，将“人与人”的互动关系超越了宗法血缘的局限，使“人”进入了普遍性、广泛性的社会关系之中，并对此关系进行反思和调节。所以，先秦儒家思想从产生到发展，皆是以“人”为中心，关怀人、尊重人，去解决现实的“人”的问题。

正因为如此，先秦儒家思想中“人”的“有限性”与“无限性”不是绝对的对立，而是在现实中呈现出一种“欲不可去，节之为善”的人

---

① 徐元诰撰，王树民、沈长云点校：《国语集解·周语上》，中华书局2002年版，第33—34页。

② 王杰：《儒家文化的人学视野》，中共中央党校出版社2000年版，第58页。

道主义追求。既肯定人在现实生存和生活中所需的物质利益，即“欲不可去”；又主张对人的欲望适当地进行节制和调节，以促进社会的和谐稳定和自我的人格完善，即“节之为善”。如孔子在强调“君子”与“小人”之别时，又主张“因民之所利而利之”（《论语·尧曰》），在主张“见利思义”时，亦是主张“富而后教”。足见孔子眼中的“利”并非不可取，关键在于用何种手段或方式去“取利”以及“取利”的目的是用来满足私欲还是用来利益大众。所以，先秦儒家思想由承认现实生活中的“欲不可去”，直接进入了现实社会关系中的“节之为善”，并在现实的社会关系中砥砺人格，进而实现“人”之“有限性”与“无限性”的有机结合。正是在此意义上，孔子既说管仲不知礼，又赞叹管仲“如其仁”，就在于管仲能够帮助齐桓公“九合诸侯”，制定“尊贤育才”、“无曲防”、“无遏籴”的葵丘之盟，以此利益大众，“由此可见，依孔子意见，谁能够使天下安定，保护大多数人的生命，就可以许他为仁”[①]。这种以“人”为主线和中心点的思想，可以理性地对待现实中“人”的“有限性”与“无限性”的关系问题，既能以“无限性”的可塑性和趋向性来约束、调整“有限性”，又能认识到“有限性”在现实的“人”的生存和生活中的不可或缺，从而完成“欲不可去”与“节之为善”的有机统一，即“人”之“有限性”与“无限性”的和谐共存。

所以，先秦儒家思想中的“人”在其“有限性”与“无限性”的理论框架下自然展开，主张对“有限性”中的“欲不可去”有一个清醒的认识和反思，而不是任由人的生物本能自由的展开，人与禽兽之区别便是人可以认识到自身的本能方面，从而去调整和约束，使其既可满足自己生存的需要，又能不妨害“无限性”的向上发展。而动物，则对自身所具有的自然本能毫无觉知，其生存和种族延续皆是在不自觉的过程中完成，人却可以完成对自然本能的超越，并对其进行自觉地“反思”。先秦儒家思想中的人学所体现的人性论便是帮助人们去自觉地“反思”这种与生俱来、不可学、不可事的生物本能，使其被限制在“适度”的范围。这

---

① 杨伯峻：《论语译注》，中华书局2015年版，第20页。

也就是古人所讲的“人莫不饮食也，鲜能知味也”[1]，人人都无法摆脱“人”之“有限性”中“欲不可去”的饮食之“利”，但是人的独特之处便是能够在“无限性”的向上发展中对此“利”进行调节和约束。所以，圣人通过对道德的内在自觉性涵养，或通过“制礼作乐”的外在方式对其进行调整，以促进人的改造和提升，实现“人之为人”的终极价值指向，并最终达成“人”之“有限性”与“无限性”的辩证统一。

① 李学勤主编：《礼记正义·中庸》，第1424页。

附录二　先秦儒家“义”观念的三重理论维度

一　引言

“义”观念是中国哲学史发展历程中一个重要的哲学概念或范畴，它涵盖了“天人”观、“群己”观、“命力”观等主要哲学范畴，是打开儒家思想密码的一把钥匙。本文将从“义”观念的“宗教性”、“宗法性”、“自觉性”三种理论维度对儒家“义”观念作一个详细的梳理，从而加深对儒家“义”观念发展历程的理解，以及更好地把握儒家“义”观念的内在逻辑理路。本文所总结“义”观念的三种主要理论维度只是每个发展阶段的主要特征，并不代表三种理论维度之间的完全“扬弃”，往往这三种理论维度是夹杂其中，互为融合，并作为一个整体的哲学框架出现在古代哲人的思想当中，笔者只是为了清晰地呈现出“义”观念的主要理论特征及发展历程，而将三种理论维度进行单独地论述和解析，但在我们把握和研究“义”观念时，切莫挂一漏万、以偏概全。

二　“义”的“宗教性”：殷商时期之宗教仪式

“义”字之甲骨文主要写为，主要字形结构为+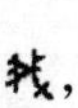，为会意字。（我）字代表有利齿的戌即一种武器[①]；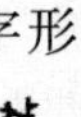（羊），即祭祀所用之牺牲“羊”。据陈梦家考证，现存的甲骨文资料中已表明当时人类已经开始豢养牛羊家畜，而“羊”因肉质鲜美且容易繁殖，故，“羊”成为祭祀仪式中常用的牺牲[②]。就目前所出土的甲骨文资料显示，甲骨文中

① 参见徐中舒：《甲骨文字典》，四川辞书出版社 2014 年版，第 1380 页；刘兴隆：《新编甲骨文字典》，国际文化出版公司 2005 年版，第 864 页。

② 陈梦家：《殷墟卜辞综述》，中华书局 1988 年版，第 556 页。

的“义”字未有孔子以降的“宜”即“适宜”之说①，刘兴隆释“义”为地名和仪仗②，徐中舒释“义”为“善”或地名③。

“义”字早期的字义究竟如何呢？庞朴先生根据“义”与“宜”的相关性，并根据殷墟甲骨文及前人研究，认为“宜”为“俎”，进而释“义”为“杀”，认为“宜之本义为杀，为杀牲而祭之礼”④。“宜”即“宜祭”，如《尔雅·释天》谓：“起大事，动大众，必先有事乎社而后出，谓之宜”⑤，《尚书·泰誓上》云：“类于上帝，宜于冢土”，孔传：“祭社曰宜，冢土，社也”⑥ 中的“宜”皆指古代的一种重要祭祀仪式，在殷墟卜辞中亦是出现“宜牢”⑦ 这种祭祀形式。正如徐复观所讲：“一切民族的文化，都从宗教开始，都从天道天命开始”⑧，“义”字发展历程当然也不例外，在殷商宗教背景下而产生的“义”字，必会体现出其时代的特征。再加之“义”与“宜”、“宜”与“俎”的相联性，笔者认为，“义”字早期的宗教意味是可以肯定的，它在“宜”祭的仪式之中得到体现和完成，从而与“宜”相融相洽，并表现出一整套规划化和秩序化的宗教仪式。

“义”字早期的宗教蕴涵与当时殷商所处的“率民以事神”宗教文化背景相匹配，远古时期，人类的生产力和认知能力处于低级阶段，对于无法征服的自然环境充满了恐惧和敬畏。自然界的“斗转星移”“山泽风雷”“寒暑更替”，现实生活中的“生老病死”“分合离散”“喜怒哀乐”让人们产生了困惑和焦虑。殷商时期，“鬼神”和“人道”往往是交杂而生、并行不悖，面对自然和人事而产生的疑惑、恐惧往往不从“我”（人

① 李孝定：《甲骨文字集释》，“中央研究院”历史语言研究所1970年版，第3801页。

② 刘兴隆：《新编甲骨文字典》，国际文化出版公司2005年版，第865页。

③ 徐中舒：《甲骨文字典》，四川辞书出版社1990年版，第1382页。

④ 庞朴：《儒家辩证法研究》，中华书局2009年版，第20—30页。

⑤ 李学勤主编：《尔雅注疏·释天》，十三经注疏标点本，北京大学出版社1999年版，第183页（以下凡引该书，只标注书名、页码）。

⑥ 李学勤主编：《尚书正义·泰誓上》，第273页。

⑦ 《甲骨文合集》第32028片，引自《商周古文字读本》，语文出版社1989年版，第37页。

⑧ 徐复观：《向孔子的思想性格回归》，选自《新儒家学案》下册，中国社会科学出版社1995年版，第608页。

道）出发寻找原因和解决问题的方法，而是寄托在“我”之外的“鬼神”，将自我意识融入到无休无止的奉神事鬼、卜筮祭祀、祖先崇拜的仪式当中。“殷墟卜骨数以万计，事无大小，都要请问鬼神”[①]，这种神秘的宗教气氛笼罩在殷商的政治结构和社会生活之中，从而将“我”之主体意识异化为种种宗教仪式。在殷墟卜辞中我们可以看到，当时的殷商人日日卜筮、事事卜筮，涉及范围之广，所用仪式之繁杂，所献牺牲之丰富令今人都瞠目结舌，表明殷商时期的卜筮和祭祀已渐趋规范化和秩序化。也正是在一次次的卜筮和祭祀之中，将自己与现实（自然、社会）的关系转化成了“人”与“鬼神”的关系，且在此关系中，“鬼神”居于主导地位，至少人的内在自觉性处于萌芽阶段，并没有觉醒。

“帝”在殷商时期具有绝对的至高权威，在卜辞中多次出现“帝”字，如“帝其降祸”、“今三月帝令多雨”、“帝令雨足年”[②]等，亦如《尚书》中的“予畏上帝”、“帝乃震怒”等。胡厚宣讲道：“殷代在武丁时就有了高高在上主宰着自然和人类一切命运的统一之神的宗教信仰。殷人相信在天上存在着一个具有人格和意志的至上神，名叫帝或上帝”[③]，但，陈梦家认为“殷人的上帝是自然的主宰，尚未附以人格化的属性”[④]。围绕着“帝”的自然性与人格性以及“帝”与祖先的关系，有着诸多的争论和分歧。

但可以肯定的是，殷商人已从自然神灵的崇拜和“万物有灵”的原始宗教信仰中取得了突破，从而抽象出“帝”的观念，再加之“祖先神灵化”思想的产生，已表明殷商人在“被动”地适应日月星辰、云风雨雪、山川河岳等自然现象而调节自身的同时，已将祖先（先公先王）置于“人（商王）”与“帝”之间。在殷商的神灵观念里，地上世俗之事不能直接上告于“帝”，需由先王先公宾于“帝廷”、“帝所”从而向“帝”转告人间的种种请求，从而，使被神灵化的祖先去“调节”地上与天上的关系，并通过各种规范化和秩序化的祭祀制度和占卜仪式来表达和预测自己（商王）的祈求。

---

① 范文澜：《中国通史简编》第1编，人民出版社1964年版，第123页。

② 陈梦家：《殷墟卜辞综述》，中华书局1988年版，第572—573页。

③ 胡厚宣：《殷卜辞中的上帝和王帝》（上），《历史研究》1959年第9期。

④ 陈梦家：《殷墟卜辞综述》，中华书局1988年版，第580页。

值得注意的是，殷商之宗教观几乎没有道德因素夹杂其中，“道德观念在卜辞中没有痕迹”①。商王通过祖先神与“帝”进行单线而直接的联系，实为“人”与“自然”的互动，一切的稼穑、征战、风雨、灾祸皆占卜和祭祀于“帝”与被神话的先公先王，并没有意识到自身以及所处社会的因素，从而将自身及现实的社会因素异化为通过祭祀和卜筮连接的神秘力量，这种异化与其说是一种向“帝”和“祖先神”的祈福禳祸，不如说是一种与大自然抗争时的心理寄托和心理安慰，从而没有在“反思”之中去创造价值，设立道德。所以，“殷人所具有的宗教信仰本质上是属于‘自然宗教’的形态，而尚未进至‘伦理宗教’的形式。殷人的信仰不仅未能体现为一定的教义形式，而且殷人信仰的上帝只是‘全能’，而非‘全善’。”②

由“义”与“宜”祭的联系，我们可以肯定“义”字初期的“宗教性”，再加之上文所述的殷商宗教特征，笔者认为“义”（宜）是祭祀“帝”和“祖先”的已具有规范化和秩序化的宗教仪式，且无过多道德价值因素，并没有从“人道”方面进行阐释，而是商王与祖先神、“帝”单线联系的一种手段和工具，体现了殷商时期的王权意识，以及相随而生的等级制度。

“义”观念的这种“宗教性”并没有随着殷商的覆灭而被消解，反而在被继承和转化中得到了新的诠释。墨子将“义”观念与他的“明鬼”“天志”思想相联系，提出需明天鬼之“所欲”“所憎”从而“兴天下之利，除天下之害”③的思想，将“人事”与“鬼神”相配合，具有浓烈的宗教意味。但是，墨子思想中的“鬼神”已具备“赏善罚恶”的道德属性，其“义”观念也被赋予了“天下之利”的道德责任感。

孔子的“未能事人，焉能事鬼”④“气者，人之盛也；魄者，鬼之盛也。夫生必死，死必归土，此谓鬼；魂气归天，此谓神。合鬼与神而享之，教之至也”⑤，亦是表现出孔子对“鬼神”的某种认可。在上博简

① 侯外庐、赵纪彬、杜国庠：《中国思想通史》（第一卷），人民出版社1957年版，第64页。

② 陈来：《古代宗教与伦理：儒家思想的根源》，三联书店2009年版，第126页。

③ （清）孙诒让撰，孙启治点校：《墨子间诂》（上册），中华书局2001年版，第81页。

④ 李学勤主编：《论语注疏·先进》，第146页。

⑤ 杨朝明、宋立林主编：《孔子家语通解》，齐鲁书社2009年版，第207—208页。

《鲁邦大旱》中孔子重视“刑”和“德”⑥的同时，亦是重视“君子以为文，庶民以为神”[①] 的宗教祭祀仪式，既体现出重“人事”的人文精神，也体现出“事神”的宗教情怀，是对殷商宗教文化的继承与改造。特别是上博简《鬼神之明》中对待鬼神有所明、有所不明的态度“使东周的鬼神信仰呈现出了多样或多元性的局面”，[②] 进一步证实自殷周以降，对待“鬼神”的探讨并没有停止，在“人文转向”的同时也保留了某些宗教的属性。

三　“义”的“宗法性”：西周时期之宗法制度

“宜”作为殷商时期重要的祭祀仪式，已具有相当完备的规章制度和礼仪秩序，作为与之联系紧密的“义”必然会在形式和内容上承继“宜”祭的某些祭祀仪礼。“义”字原为“礼仪”的“仪”字。据刘翔考证，在殷周时期“仪”字还没有单独出现，“义”与“仪”实为一字[③]。《说文》释“义”为：“义，己之威仪也”[④]，段玉裁注：“从羊者，与善美同意”[⑤]，将“己之威仪”与“善”联系在一起，表达一种秩序的美和行为的合法性。据上文笔者所述，“义”（仪）在祭祀和卜筮中表现和突出了商王的王权意识和仪式的等级化、秩序化，并以此来保证氏族贵族的权利及统治的合法性。“巫觋文化发展为祭祀文化，才一方面有了后来由祭祀礼仪衍生出的整个规范体系——礼；另一方面发展了祭祀阶层，即分化的祝、宗、卜、史。西周的礼乐文化正是在此基础上得以发展出来”[⑥]，殷商“有册有典”，周人正是在殷商的宗教礼仪基础上因革损益，才发展形成了“礼仪三百”和“威仪三千”的周礼文化。

周礼文化的创立是对殷商维护氏族统治而创立的祭祀仪式的延伸和深

---

① 廖名春：《上博藏楚简〈鲁邦大旱〉校补》，《古籍整理研究学刊》2004年第1期。

② 王中江：《〈鬼神之明〉与东周的“多元鬼神观”》，《中国哲学史》2008年第4期。

③ 刘翔：《中国传统价值观诠释学》，生活·读书·新知三联书店1996年版，第112—113页。

④ （汉）许慎撰，（清）徐铉校订：《说文解字》（附检字），中华书局1963年版，第267页。

⑤ （汉）许慎撰，（清）段玉裁注：《说文解字注》，中华书局1981年版，第633页。

⑥ 陈来：《古代宗教与伦理：儒家思想的根源》，生活·读书·新知三联书店2009年版，第113页。

化。殷商政权的覆灭，周人在取得胜利之余，亦是感到惊恐和忧患，这样一个庞大的政权组织和战争机器在周人的进攻和殷人的自相倒戈之中显得是那样的不堪一击。殷商的礼仪制度是在祭祀和卜筮中完成的，是“帝”—“祖先”—“商王”宗教系统的附属，其宗教属性是主要特征，没有涉及过多伦理方面的因素，这种封闭的和单线的路径，将氏族贵族的权利和对“帝”的祈求混为一体，且商王居其主要位置，这就造成了“单极”的政权组织形式，王国维在讲到，“商人无嫡庶之制，故不能有宗法”[①]，殷商的这种“兄死弟及”“父死子继”的政治传统造成了极不稳定的政治后果，周人正是看到这样的政治后果，才在继承、改造一部分殷礼的同时，并创造了一部分自己的礼仪制度，这便是“礼不下庶人，刑不上大夫”[②] 的周代礼仪制度，与之相配的便是周代的氏族宗法制度。正是通过“义”（仪）来完成对氏族内的整合和控制，以及保证政权的稳定性和合法性，从而“百世不迁”。

从而在全国范围内形成了以“周天子”为中心、以血缘关系为纽带的宗法制度。周人将殷商宗教中的祭祀仪式从天上拉回了人间，为氏族生活的有序化和统治的稳定性服务，周人在提出“天命靡常”、“天命转移”的同时，提出了“皇天无亲，惟德是辅”、“以德配天”的思想观念，这种“援德入天”的做法，表明周人已开始从世俗的行为中寻找王朝兴替盛衰的原因，在维护氏族贵族政治权利的同时，也认识到了自己该尽的责任和义务，也正是意识到了自身在氏族生活中的责任和义务，才将原本作为祭祀仪式的“义”（仪）拉回了人间，使其面对的不再是喜怒无常、降灾降福的“帝”，而是活生生的人及其所处的社会环境，因而需要对人（主要是氏族贵族）进行行为、穿戴、仪容等各个方面的界定和规范，以保证整个氏族社会生活的秩序化和规范化，从而形成了大大小小的“义”，如君臣之义、成妇之义、父子之义、长幼之义、上下之义、班爵之义，旨在对氏族贵族的行为、上下、长幼、亲疏、贵贱进行严格的规范化和秩序化，具有氏族内部的规定性，亦是西周时期“义”（仪）的“宗

① 姚淦铭、王燕：《王国维文集·殷周制度论》第四卷，中国文史出版社 1997 年版，第 42—46 页。

② 李学勤主编：《礼记正义·曲礼上》，第 78 页。

法性”的表现。

所以，周人之“义”已从殷商宗教系统中“义”的祭祀仪式升华到了具体的宗法内容规定性，进而形成了一整套完整的礼仪制度，正所谓《左传》中所记载的“名以制义，义以出礼”①，这是周人的一种发明和进步。

值得注意的是，笔者在《尚书》中注意到“义”与“德”同时出现的情形，而且有一处是相连出现，如“同德，度义”（《尚书·泰誓上》）、“惟德惟义”（《尚书·毕命》）、“不敢替厥义德”（《尚书·立政》）。“德”字的道德内涵是周人的发明，在殷商时期“德”字“首先是一个宗教观念”②，周人“敬德保民”“以德配天”“皇天无亲，惟德是辅”中的“德”是由天到人的中介和转折，有德或无德、义德或暴德是关乎天命转向的关键因素，从而“德”被作为对统治者或氏族贵族的具体要求而提出，是对统治者行为的具体规范和内在的品质，如《尚书》中有四德：直、宽、刚、简（《尚书·尧典》），九德：宽、柔、愿、乱、扰、直、简、刚、强（《尚书·皋陶谟》），三德：正直、刚克、柔克（《尚书·洪范》）等，都形成了一种具体的德目，全无后期抽象的道德价值判断之意。《国语·晋语四》中讲道：“异姓则异德，异德则异类”，将“德”字与“姓”、“类”联系在一起，表现了“德”字亦是具有某种“姓”的“宗法性”和“类”的“具体性”，“它的原义显然并非道德，而可能是各氏族的习惯法规”③，显然“德”字的这种含义与“义”（仪）强调个人（氏族贵族）的具体的行为规范相配合，也许这正是“义”与“德”同时出现甚至相连出现的缘由，同时也证实了“义”字在西周时期的氏族内部规定性即“宗法性”。

所以，“义”字在西周时期表现为氏族贵族的具体礼仪规范，涉及具体的行为规范、道德操守、仪容穿戴等方方面面的内容规定性，是对殷商宗教文化系统中祭祀礼仪的继承和改造，由殷商时期“义”（宜）的“宗教性”转向“义”（仪）的“宗法性”。

---

① 李学勤主编：《春秋左传正义·桓公二年》，第152页。

② 刘泽华：《中国政治思想史》（先秦卷），浙江人民出版社1996年版，第12页。

③ 李泽厚：《中国古代思想史论》，天津社会科学院出版社2008年版，第14页。

时过境迁，随着周王室政治权力的旁落和氏族贵族制度的衰落，“义”（仪）的约束力渐渐消退，其生存的土壤——氏族社会也已渐渐崩塌，所以，“义”（仪）的时代任务业已完成。《左传》中记载“子大叔见赵简子，简子问揖让周旋之礼焉，对曰，是仪也，非礼也，简子曰，敢问何谓礼，对曰，吉也闻诸先大夫子产曰，夫礼，天之经也，地之义也，民之行也，天地之经，而民实则之，则天之明……”表示在春秋时期“仪”与“礼”已经开始分离，侧重“宗法性”的“义”（仪）已无法满足时代的要求，人们开始寻找和建立一种具有更高价值标准的“天之经”、“地之义”的“礼”，即不再满足于“宗法”的各种规定性和秩序化，而是设立一种具有内在自觉和内在原因且具有冲破氏族局限性，可广而推之的社会规范。

西周“义”观念的“宗法性”特征虽已渐渐消退，但是其对于氏族贵族所要求的规矩和条例即具体内容方面的部分却被继承下来，如《左传》中“六顺”、“六逆”之界定，孔子的“正名”、“孝悌”、“为政敬民”、“克己复礼”及《论语·乡党》所述的饮食、穿戴、仪容等方面的规定性，墨子的“德行、君上、老长、亲戚，此皆所厚也”[1] 的“可厚之义”，《管子》中“礼义廉耻”的“四维”之说，孟子的君臣、父子、夫妇、朋友之义，荀子的上下、贵贱、长幼、亲疏之辨，皆是对西周“宗法”制度内容上的继承和转化。随着孔子“仁学”的发明，将囿于氏族血缘的特殊性道德意识提升到了“为仁由己”的普遍性道德意识层面[2]，突破了西周以来氏族宗法制的血缘防线，在吸收了西周“义”观念的具体内容后，为其注入了新的灵魂。特别自孟子对“义”观念作出创造性的转换变为人心本有的“良知”、“良能”之后，“义”字被赋予了新的内涵和时代内容。这便是笔者下文所要论述的。

四　“义”的“自觉性”：“无适也，无莫也，义之与比”

“义者，宜也”[3]，“义”与“宜”之联系并非穿凿附会，有其文本的

---

① （清）孙诒让撰，孙启治点校：《墨子间诂》（下册），中华书局2001年版，第405页。

② 参见庞朴：《试析仁义内外之辨》，《文史哲》2006年第5期。

③ 李学勤主编：《礼记正义·中庸》，第1440页。

依据。《礼记·表记》：“道者，义也”，注曰：“谓断以事宜。”[①]《左传·庄公二十二年》中“酒以成礼，不继以淫，义也”[②]的“义”也是取“宜”即适宜之说，表示饮酒不可过度以至于乱礼。亦是氏族社会逐渐瓦解后，“仪”与“礼”分离的结果，以“义”即“适宜”释“礼”，注重方法论的灵活性，不再是“宗法制”教条的内容规定性。又如，“信近于义，言可复也”[③]，朱熹注曰；“义者，事之宜也。”[④]都将“义”释为“合适”、“适宜”或“具有条理性”，以此来表示人之行为、事物、现象等的合宜性和适当性，具有现实的道德规范内容及君子所当有的内在品质作为前提，但又不是教条的行为规范，而是动态的判断能力即“自觉性”，以此来指导人们的日常行为及仪容穿戴，也就是“君子之于天下也，无适也，无莫也，义之与比”[⑤]，要结合随时变化的条件及环境而处处“适宜”。

在郭店竹简《五行篇》中有这样的表述：“不直不肆，不肆不果，不果不简，不简不行，不行不义”[⑥]，将“直”、“肆”、“果”、“简”、“行”与“义”联系在了一起。这种联系并不是凭空将其捏造在一块，而是具有很强的逻辑性在其中。“直”、“肆”、“果”是所提的道德规范要求及君子所当有的内在品质，而要达到的目的是“简”即“不以小害大，不以轻害重，犹权衡也”、“行”即“正当”之意，最后完成“义”，强调“小”与“大”、“轻”与“重”之间的“权衡”，从而做出适宜且“正当”的行为判断。“义者，宜也”在此得到了很好的阐释，所以，“义”既有具体的道德和行为规范等内容的规定性，又有方法论“自觉性”的意味。

又如，《论语·颜渊》中的“夫达也者，质直而好义，察言而观色，虑以下人”[⑦]，此处“直”与“义”相对出现，作为互相的补充。正如文

---

① 李学勤主编：《礼记正义·表记》，第1472页。

② 李学勤主编：《春秋左传正义·庄公二十二年》，第268页。

③ 李学勤主编：《论语注疏·学而》，第10页。

④ （宋）朱熹：《四书章句集注》，中华书局2011年版，第53页。

⑤ 李学勤主编：《论语注疏·学而》，第50页。

⑥ 本段所引郭店楚简的简文及诠释均引自郭沂《郭店竹简与先秦学术思想》，上海教育出版社2001年版，第175页。

⑦ 李学勤主编：《论语注疏·颜渊》，第167页。

中的“观色”是对“察言”的补充一样，“好义”是对“质直”的补充。“直”字多作“直率”讲，表示无畏惧、无踌躇、无顾忌地去践履自身所认可的道德规范、价值标准或思想观念，而无任何妥协或回旋的余地，“义”便是在此意义上对“直”做了补充。“义”不是静态的，而是随着时间、地点和环境的变化而变化，它既是一套行为准则又是一种灵活的方法论，是一种以“我”为主体的“自觉精神”。所以，在孔子眼里“义”可以是君臣父子的上下、远近之分，也可以是邦有道或无道的可进可退。自孔子以降，“义”字以“我”为主体的“自觉性”大于“义”字在内容上的规定性，“义”字的抽象性大于“义”字的具体性。强调“我”对于“义”的发挥作用即“我”的主体性，是自西周以来“人的自觉性”觉醒的延续。

就像荀子所说，“水火有气而无生，草木有生而无知，禽兽有知而无义，人有气有生有知亦且有义，故最为天下贵”[①]，“气”、“生”、“知”等现实性的存在并不是人之为人的原因，只有用“义”去主动“适应”外界、“影响”环境和“创造”价值才是“最为天下贵”的，所以圣人制“礼法之大分”，使贵贱、长幼、上下、亲疏各得其所，从而国治而民安。

孟子与告子的“义内”、“义外”之辩，更将“义”的内在自觉属性深刻地阐释了出来。在孟子那里，“义”被作为人之本性所具有的“良知”与“良能”，更是与“仁”一起贵为“天爵”，其求取的方式已不再是通过繁杂的宗教仪式祈祷于天，也不是教条式地遵行“宗法制”的礼仪规定，而是“反求诸己”的“求其放心”，表达了一种超越现实的诉求，一种创造价值、影响环境的渴望，不再被束缚于现实条件当中而不能自拔，反而应当具有“不可夺志”的勇气、“死而后已”的决心、“为仁由己”的自信，方可“浩然正气”与宇宙同流。其“由仁义行，非行仁义”[②]的思想，更是强调“义”为内在之动力和人文之自觉，而不是去单纯地“行”教条式的规矩和条例。

“义”字早期的“宗教性”和“宗法性”则是“我”处理与自然、

① （清）王先谦撰，沈啸寰、王星贤点校：《荀子集解》，中华书局2012年版，第162页。

② 李学勤主编：《孟子注疏·离娄下》，第223页。

社会及他人关系时所形成的特殊属性，为“此时此地此景”所支配，并没有将人的内在“自觉性”表现出来，周代虽“以德配天”、“敬德保民”将其天命观和礼仪制度打上伦理的烙印，将“民”的观念引入政治领域范畴，具有一定自觉意识的觉醒，但更多的只是德目上的伦理细化，是殷商宗教祭祀仪式在氏族宗法制背景下的内容填充和转化，是维护氏族贵族统治的一种工具和陪衬，并没有上升为人格素养的主体，且“人”受“义”的支配，而不是“义”的主体。人是“义”的主体，将人的“自觉性”与“义”相联系，便是殷周之后的主题了。

综上所述，“义”字具有强调宗教仪式的“宗教性”、强调行为规范的“宗法性”和强调以“我”为主体的“自觉性”的内在蕴含，其“宗教性”和“宗法性”最终被“自觉性”统一包涵在内，即自孔子以降“义”字由具体走向抽象，由形式性和内容规定性转向方法论的“自觉性”，更是从“现实”向“自觉”的转变，这符合人类思维逻辑发展的规律。

因为，人类虽是“现实”的一种存在，具有现实的情感、意识和感觉等自然而然的“现实”表达，并限制于客观的地域、环境之中。但，人亦是一种“自觉”的存在，具有某种“向上”的冲劲和冲破现实束缚的愿景，具有内在的“自觉性”，孟子将其表述为“良知”、“良能”，人的“自觉性”不再是“被动”地接受自身及外界的“影响”、“压力”或者“干扰”，而是主动地去“适应”外界、“影响”环境和“创造”价值，从而“尽性知天”、“成己化物”，体现出人之所以为人的内在原因，并进一步肯定人之为人的尊严、高贵和独立性，具有很强的“主动性”。这种“主动性”正是“自觉性”的价值核心，侧重于“影响”环境和“创造”价值，不再是逆来顺受、随波逐流、浑浑噩噩的沉溺于现实之中，而是在现实中完成人的价值，体现出人之异于禽兽的尊贵，并最终成为“义”字的内在价值灵魂。

附录三　先秦“义利观”的四种理论形态

义利观作为中国哲学的一个重要范畴，突出地表现了中国哲学的特质。中国哲学并不特意强调范畴概念，“重视的是事物的性质、功能、作用和关系，而不是事物构成的元素和实体”①，看似玄学的问题，其实是在论述人的社会伦理价值问题。

早自成周，敬天保民，合德于天的思想已经显示出中国哲学治世的特点。重德在于安邦，安邦而后天下平，这里面“德”既是为政的目的，又是为政的手段，是不可分割的整体。但是，“德”不是抽象的，而是有着具体的内容，涉及到形而上的伦理观念和形而下的实践要求，“德”的精神要求是高尚而纯粹的，“德”的具体实践又是灵活的。古今中外，道德问题衍生出的价值之争不计其数，从而传统义利观应运而生，深深地扎根在中国传统文化土壤当中，从而“义”与“利”紧紧地围绕着中国所特有的伦理思想生根发芽。

一　义与利的含义

“义”在甲骨文中，本义为“从我羊”，是一个会意字，表示一个人头戴羊形冠饰，故原意为“礼仪”的“仪”，后来假借为“适宜”、“合意”，指公正、合理而应当做的事情或者行为。《释名》曰：“义，裁制事物，使各宜也。”“义”的内涵比较丰富，而且又有鲜明的特点，无论仁义、正义、道义、公义、都要求公正无私，坚持原则，内心公正才能处理好现实问题。这种对公义的重视和追求，无疑是古人生存经验升华为理性的结果，而非凭空产生的先验伦理。后世儒家也承认这一点，人类的伦理

---

① 李泽厚：《中国古代思想史论》，天津社会科学院出版社2007年版，第30页。

纲常是随着社会的发展而产生的。在理论形态中，“义”表示人们的道德规范和政治原则。“利”在甲骨文和金文中，表示为割禾需刀的锋利，后引申为“利益”、“好处”、“财利”。在哲学范畴的辩论中，指人们的物质利益和功利（主要指私利）。

二　传统义利观的形成

“义”与“利”，何者应当成为人生基本价值取向的争论，并不是一开始就有的。《尚书》中“义”与“利”都有出现，如“强而义”、“兹乃三宅无义民”、“视民利用”。《左传·襄公九年》曰：“利，义之和也……利物足以和义。”《左传·昭公十年》曰：“义，利之本也。”《国语·晋语》曰：“夫义者，利之足也；贪者，怨之本也。废义则利不立，厚贪则怨生。”但是早期“义”与“利”并不是相对的两个哲学范畴，在这个时期“义”与“利”是互通的并不排斥对方。

最早将“义”与“利”作为一对哲学范畴进行讨论的是儒家学派，“虽然‘义’的观念在孔子之前已经出现，但一般认为，只是在孔子那里，‘义’才成为一个重要的哲学观念。”① 儒家认为义利关系是人类社会生活中的基本矛盾和主要问题，“义利之说，乃儒者第一义”②。孔子说：“君子喻于义，小人喻于利。”（《论语·里仁》）在这里孔子将“义”和“利”对立起来，开启了中国传统哲学中的义利之辨。从而也奠定了义利之辨的本质基础，即道德价值与功利价值何者应当成为人生和社会的基本价值取向。

三　义利观在先秦时期的具体表现

（一）重义轻利

孔子最早提出“义”和“利”的关系问题，在儒家看来“义”的内涵十分丰富，不仅仅局限于个体修养和政治伦理，更有一种合乎人类社会乃至宇宙规律的形而上意义，守“义”是对秩序和理性的坚守。应该指

---

① 张岱年：《中国哲学大纲》，中国社会科学出版社 2008 年版，第 386 页。

② 《与延平李先生书》，朱熹：《朱子全书》第二十一册，上海古籍出版社 2002 年版，第 1082 页。

出，早期儒家“义”的思想和周礼有莫大的渊源。周礼强调秩序和法度，对不同的社会阶层规定不同的义务。由于孔子服膺周礼，仁义也指克己复礼，不逾规矩。因此，早期儒家所强调的“义”，既是为人处世的道德自觉，也是周礼基础上的义务规定。“义的观念是形式的观念，仁的观念就具体多了。人在社会中的义务，其形式的本质就是它们的‘应该’，因为这些义务都是他应该做的事。”① 孔子明确地对“义”与“利”做了两个方面的规定：一是“君子喻于义，小人喻于利。”（《论语·里仁》）二是“见利思义”，确立了重义轻利的理论基调。

在礼崩乐坏全面动荡的战国时代，对道义的强烈追求催生出了许多哲学流派。孟子对“义”进行明确定义，进一步丰富了“义”的内涵，使“义”作为中国人的道德原则得以固定下来。孟子认为，行“王道”于天下“何必曰利？亦有仁义而已矣”（《孟子·梁惠王上》），“人皆有所不为，达之于其所为，义也”（《孟子·尽心下》），“非其有而取之，非义也”（《孟子·尽心上》）。孟子所认为的“义”，具有强烈的道德自觉性，并有着普遍的心理基础。“生亦我所欲也；义亦我所欲也。二者不可得兼，舍生而取义者也”（《孟子·告子上》），从而主张“舍生取义”。在孟子那里，“义”要求刚正不阿，知耻尚勇，是一种做人的骨气和毫不妥协的精神，说到底就是要坚守人类道德原则，并为之付诸实践。

很多学者认为孟子只准言“义”，不准言“利”，这种说法并不全面。孟子是从两个不同的层面去分析“义”和“利”。首先是治国方略的意义上进行探讨，孟子所说的“义”指的是王道，“利”指的是霸道。其次是人禽之分意义上的义利，孟子认为人之所以为人，是因为人有道德感，即有“义”。要成为一个人就必须有道德，但是孟子并不否认人必须有一定的“利”才能生存。所以，在这一层意思中，既要求“利”以维持生存，又要求“义”以成为一个有道德的人，这两点并不矛盾。所以我们在分析孟子的义利观时，一定要分清这两个不同的层次。要把孟子的思想放在一个具体的时空关系中来分析，当时正处于战国纷争之时，“孟子特别针对这种争逐私利的社会背景，高唱义利之辨，意图拨乱而返之正，自有其

① 冯友兰：《中国哲学简史》，北京大学出版社 2010 年版，第 37 页。

特别之用心。”①

荀子在义利观的阐述中，更是提出了“公义”的概念。将“义”明确地限定在“公”与“私”两个范畴之下，进而提出“以义制利”的概念，“圣王在上，图德而定次，量能而授官，皆使民载其事而各得其宜，不能以义制利，不能以伪饰性，则兼以为民。”（《荀子·强国》）所以荀子对于“不学问，无正义，以富利为隆”（《荀子·儒效》）和“言无常信，行无常贞，唯利所在，无所不倾”（《荀子·不苟》）的“俗人”、“小人”则给予极端蔑视。荀子在这里对“义”作了如下定义：“所以限禁人之为恶与奸者也”（《荀子·强国》），突出了“义”的强制性。

可见，儒家的义利观在总体上是“重义轻利”。虽然也承认“利”在个人生存发展中的作用，但是“义”仍是所有价值标准的圭臬，其地位和统摄作用不容置疑。

（二）重利轻义

重利轻义的代表是法家学派，历史上对儒家义利观构成最大威胁的莫过于法家。“法家义利观的核心是尚法治而弃仁义，重利而贱义，即不同于儒、墨，亦不同老、庄，是独具特色的。”②

儒法的义利之争不仅仅是主义之争，而是实现社会长治久安的方法论之争。法家主张以利益实现社会整合，达到富国强兵的目的，达到社会安定的实际效果。可以说，儒法义利之争，不在于孰轻孰重，而在于通过何种途径去实现社会进步。法家无疑是现实的、激进的、也是务实的，商鞅认为儒家学说迂阔不实，无益于耕战，韩非子对人性持悲观态度，主张君主以权术和利益驾驭臣民，将儒家斥为五蠹之一。儒法对义利问题的争论，是古代社会从分裂走向统一的必经阶段，在社会动荡时期，功利主义思想容易在社会运行中占据上风。儒家亦是承认，行仁义需要一定的社会条件。

既然单纯的伦理道德无法对社会竞争构成实际约束，缺乏利益调和的社会必定要通过强有力的措施来避免解体，利益无疑是影响个体行为的最有效手段。法家认为人的天性是逐利的，人们以功利作为唯一的价值评价

---

① 黄俊杰：《孟学思想史论》第一卷，台湾东大图书公司1991年版，第144页。

② 葛荣晋：《中国哲学范畴通论》，首都师范大学出版社2001年版，第538页。

标准，根本不会主动去崇尚道德。商鞅变法通过建立赏罚分明的耕战体制，给下层阶级一定的实际利益，进而调动全社会的积极性，因为法家学派坚信人贵在功，功利是人的价值标准。所以将秦国打造为高效的战争机器，使秦国一跃成为战国时期的强国。只有“人主挟大利以听治”，“人臣挟大利以从事”，为政“计之长利”就会实现霸主事业。

法家以现实利益为工具，注重社会实效，把“礼乐、诗书、修善孝弟、诚信贞廉、仁义、非兵羞战”斥为“六虱”，认为儒家所倡导的仁义无益于国家实力的增强。如果说管子的务实主义还保留些仁义的外衣，在法家那里则完全视仁义为可鄙的，法家的功利主义将义利之争推向白热化，对后世产生了深远的影响。由于利益分配在社会整合方面的巨大作用，利益展现了很强的实效性和吸引力。秦始皇统一六国之后，以吏为师，焚书坑儒，使儒家遭到毁灭性打击，法家思想完全占据了上风，义利之争以秦国的实际胜利暂时告一段落。

（三）义利合一

提出“义利合一”这种观点最早的是墨家学派，墨家学派与儒家有着千丝万缕的关系，我们可以在墨子的思想中看到一些儒家的影子。虽然所讲的具体内容不一样，但是儒墨都贵“义”，加之墨家的思想者多为小生产者，比较了解下层劳动人民的生活，故其思想比儒家思想要更加的具体，从而也必然导致更加注重人们的生活状况，而不是一味强调道德的作用。墨家的核心思想是“兼相爱，交相利”，顾名思义，就是义利合一。

墨子的兼爱观就是要人们实现真诚相爱的朴实道德意识，将他人之国看作自己之国，将他人之家看作自己之家，将他人之身看作自己之身。所以，我们还可以看到墨子的兼爱思想受到儒家仁义思想的影响，同样强调“义”这种道德力量，“天下有义则生，无义则死，有义则富，无义则贫，有义则治，无义则乱。”（《墨子·天志上》）

墨家充分肯定“义”的价值的同时，更是用“义”去解释“利”，从而表达贵利的思想，提出“利，所得而喜也”（《墨子·经上》），所以墨子充分地肯定了“利”的作用。墨子认为“义”与“利”并不矛盾，“义”能保证“利”，只有实现“公利”的“义”才称得上“义”。所以，义与利不是对立的而是相互协调的。同时我们还要注意，墨子所讲的“义”的基本内容是“公利”，而公利才是评价人们的行为是“义”还是

“不义”的唯一标准。墨子所讲的“义”是以“利”为内容和基础的，从而使“义”与“利”相结合。

墨子的“志功合一”思想同样也为义利并重的观念提供了理论基础，墨子认为动机“志”和效果“功”同样重要，应该“志功合一”。后期的墨家更加注重墨子的这一思想，在承认“志”与“功”的区别时更强调志功的合一，不应只是注重道德的动机更要注重结果的“公利”。所以墨家认为仁义道德的最高使命是“兴天下之利，除天下之害。”（《墨子·明鬼下》）墨子的“三利”思想更是将其表达了出来，“上利天”、“中利鬼”、“下利人”，其中的重心显然是“下利人”，而天与鬼都是虚说。“墨子的有鬼论和‘天志’是同样的，鬼神是懂得他的学说的赏罚者，……‘兴天下之利，除天下之害。”①

（四）义利双弃

义利双弃论的代表是道家学派，道家的这种观点与他们的创始人老子、庄子的哲学立场是分不开的。

老子对于“义”和“利”的理解源于他对于“道”的解释，老子对于概念的定义是持否定态度的，所以他认为一旦定义了“道”便是“非常道”，一旦定义了“名”便是“非常名”。在这种哲学前提下，老子也对“义”与“利”持否定态度，从而形成了他的义利双弃观。老子的另外一个核心思想是“道法自然”，他认为天下万物，当然也包括人类，应该“任其自然”，强调“无为”，而不应该人为地去干涉任何事情。所以，老子对于“义”和“利”的态度便是“绝圣弃智，民利百倍；绝仁弃义，民复孝慈：绝巧弃利，盗贼无有。”（《老子·十八章》）老子认为所谓的“义”与“利”都是人为所定，那么这种人为所定的概念与“道”相悖，不符合“道法自然”的规律，所以要取缔它们。

庄子继承了老子的思想，在老子“道法自然”上，庄子更加注重自身的“逍遥”。在《庄子》中，更是突出了庄子对于自身自由逍遥之追求，庄子不只是反对概念的人为定义，更是反对俗世的繁文缛节，“因为庄子认为人生之所以受压迫、不自由，乃由于自己不能支配自己，而须受

---

① 侯外庐、赵纪彬、杜国庠：《中国思想通史》（第一卷），人民出版社 1957 年版，第 221 页。

外力的牵连。”[①] 他的那一句“有人之形，而无人之情”说出了庄子对于社会中人为之礼法的蔑视。同样，在这种基础上，庄子对于“义”与“利”也是持否定态度的，“民之于利甚勤，子有杀父，臣有杀君，正昼为盗，日中穴阫。”（《庄子·庚桑楚》）可见，庄子对于“利”是持批评态度的，认为“利”为“大乱之本”。庄子认为这种“大乱之本”的“义”是出于“尧舜之间”的，因为庄子对于所谓的圣人之道也是持否定态度的，他甚至说儒家是“巧虚伪事”，“尧不慈，舜不孝”，从而引出他对于“义”的否定。

老子和庄子之所以对于“义”和“利”采取双弃的态度，在很大程度上是因为他们认为“义”与“利”是对“道”和“见素抱朴，少私寡欲”、“返璞归真”的背离。庄子认为所谓的“小人”、“士”、“大夫”、“圣人”都为了名利而陨落，都不是“道”和人性的体现。圣人所谓的仁义在老子和庄子的道家看来是社会颓败的一种表现，正是因为人们不能恢复自然无为的本性，才会出现仁义道德，进而对社会造成极大的危害，所以道家要绝义弃利。

四 结语

通过对先秦“义利观”四种理论形态的阐述，我们会有一个对义利观大概的了解。总的来说，“重义轻利”在中国传统文化中一直占据着重要的地位，对塑造中华民族性格和共同文化心理发挥了巨大的作用。中国传统义利观一直强调“君子忧道不忧贫”的高风亮节，强调“富贵不能淫，贫贱不能移，威武不能屈”的“大丈夫”气概。正是在“义”与“利”之间做出了正确的选择，我们才能克服“见利忘义”、“损人利己”的“自私自利”的行为，才能真正体会到中国古人那种“天地万物为一体”的思想。真正认识到自己是整个社会的一分子，“天下兴亡，匹夫有责”。才能将自己的“利”与国家、人民的“利”紧紧地结合在一起。

义利观是中国传统文化的精髓与核心观念，贯穿于中国几千年的文明史中，指引着人们的行为和价值规范。对中国的经济、政治、文化等诸多方面产生了深远的影响。在当代，随着经济一体化和市场商品化的进一步

① 徐复观：《中国人性论史·先秦篇》，九州出版社 2013 年版，第 355 页。

发展，人们的道德意识并没有随之提升，相反是拜金主义、个人主义泛滥，自由主义、地方主义横行，重利轻义思想普遍、价值规范失衡等问题不断出现，不得不让我们深思和反思社会的种种病态。邓小平同志明确指出：“经济建设这一手我们搞得极为有成绩，形势喜人，这是我们国家的成功。但风气如果坏下去，经济搞成功又有什么意义？会在另一方面变质，反过来影响整个经济变质，发展下去会形成贪污、盗窃、贿赂横行的世界。”① 所以，习近平主席讲到：“中国传统文化博大精深，学习和掌握其中的各种思想精华，对树立正确的世界观、人生观、价值观很有益处”，学习把握“中华民族传统美德”，有助于“正确处理义与利、己与他、权与民、物质享受与精神享受等重要关系”，所以，充分并辩证地运用传统的义利观去分析和解决社会问题，是我们当今的一大课题。传统义利观通过在当代的发展，势必会对建设社会主义核心价值观、建立知荣知耻新型社会、提高国民素质和激发主体个人的道德风貌产生巨大的作用。

① 《邓小平文选》第三卷，人民出版社1993年版，第154页。

参考文献

（一）著作图书

［1］葛荣晋：《中国哲学范畴通论》，北京：首都师范大学出版社2001年版。

［2］黄亮宜：《社会主义义利观——面向21世纪的价值选择》，郑州：河南人民出版社2002年版。

［3］赵馥洁：《中国传统哲学价值论》，北京：人民出版社2009年版。

［4］王泽应：《义利并重与义利统一》，长沙：湖南人民出版社2001年版。

［5］黄俊杰：《孟学思想史论（第一卷）》，台北：东大图书公司1991年版。

［6］梁涛：《郭店竹简与思孟学派》，北京：中国人民大学出版社2008年版。

［7］朱熹：《朱子全书》，上海：上海古籍出版社2002年版。

［8］侯外庐、赵纪彬、杜国庠：《中国思想通史》（第一卷），北京：人民出版社1957年版。

［9］《邓小平文选》（第三卷），北京：人民出版社1993年版。

［10］张岱年：《中国哲学大纲》，北京：中国社会科学出版社2008年版。

［11］杨伯峻：《论语译注》，北京：中华书局1980年版。

［12］杨伯峻：《孟子译注》，北京：中华书局1960年版。

［13］梁启雄：《荀子简释》，北京：中华书局1983年版。

［14］杨伯峻：《春秋左传注》，北京：中华书局1990年版。

[15] 吴龙辉：《原始儒家考述》，北京：中国社会科学出版社 1996 年版。

[16] 唐凯麟、曹刚：《重释传统——儒家思想的现代价值评估》，上海：华东师范大学出版社 2000 年版。

[17] 张国钧：《先义与后利——中国人的义利观》，昆明：云南人民出版社 1999 年版。

[18] 龚长宇：《义利选择与社会运行》，北京：中国人民大学出版社 2007 年版。

[19] 吕世荣：《义利观研究》，开封：河南大学出版社 2000 年版。

[20] 牟钟鉴：《儒学价值新探索》，济南：齐鲁书社 2001 年版。

[21] 黄伟合、赵海琦：《善的冲突——中国历史上的义利之辨》，合肥：安徽人民出版社 1992 年版。

[22] 曹海军：《权利与功利之间》，南京：江苏人民出版社 2006 年版。

[23] 龚长宇：《义利选择与社会运行：对中国社会转型期义利问题的伦理社会学研究》，北京：中国人民大学出版社 2007 年版。

[24] 焦国成：《中国古代人我关系论》，北京：中国人民大学出版社 1991 年版。

[25] 徐克谦：《中国传统思想与文化》，桂林：广西师范大学出版社 2007 年版。

[26] 曹旭华：《经济思想史论集》，杭州：浙江大学出版社 1995 年版。

[27] 余英时：《士与中国文化》，上海：上海人民出版社 2003 年版。

[28] 吴龙辉：《原始儒家考述》，北京：中国社会科学出版社 1996 年版。

[29] 陈谷嘉：《儒家伦理哲学》，北京：人民出版社 1996 年版。

[30] 刘蕴梅、余光贵：《中国哲学概论》，成都：四川大学出版社 1998 年版。

[31] 朱熹：《朱子全书》，上海：上海古籍出版社 2002 年版。

[32] 冯友兰：《中国哲学史》，郑州：河南人民出版社 1988 年版。

[33] 张岱年：《中国伦理思想研究》，南京：江苏教育出版社 2009

年版。

［34］侯外庐、赵纪彬、杜国庠：《中国思想通史》，北京：人民出版社 1957 年版。

［35］黄俊杰：《孟学思想史论》，台北：东大图书公司 1991 年版。

［36］石磊：《儒教天道观》，北京：国家图书馆出版社 2010 年版。

［37］阮元：《十三经注疏》，北京：中华书局 2009 年版。

［38］徐中舒：《甲骨文字典》，成都：四川辞书出版社 2014 年版。

［39］刘兴隆：《新编甲骨文字典》，北京：国际文化出版公司 2005 年版。

［40］陈梦家：《殷墟卜辞综述》，北京：中华书局 1988 年版。

［41］李孝定：《甲骨文字集释》，台北："中央研究院"历史语言研究所 1970 年版。

［42］庞朴：《儒家辩证法研究》，北京：中华书局 2009 年版。

［43］李学勤主编：《十三经注疏·尚书正义》，北京：北京大学出版社 1999 年版。

［44］李学勤主编：《十三经注疏·春秋左传正义》，北京：北京大学出版社 1999 年版。

［45］李学勤主编：《十三经注疏·礼记正义》，北京：北京大学出版社 1999 年版。

［46］李学勤主编：《十三经注疏·仪礼注疏》，北京：北京大学出版社 1999 年版。

［47］李学勤主编：《十三经注疏·论语注疏》，北京：北京大学出版社 1999 年版。

［48］李学勤主编：《十三经注疏·孟子注疏》，北京：北京大学出版社 1999 年版。

［49］张光直：《中国青铜时代》，北京：生活·读书·新知三联书店 1982 年版。

［50］（清）王先谦撰：《荀子集解》，沈啸寰、王星贤点校，北京：中华书局 2012 年版。

［51］范文澜：《中国通史简编（第 1 编）》，北京：人民出版社 1964 年版。

[52] [英] 弗雷泽:《金枝》，徐育新等译，北京：中国民间文艺出版社 1987 年版。

[53] 陈来:《古代宗教和伦理：儒家思想的根源》，北京：生活·读书·新知三联书店 2009 年版。

[54] 胡厚宣、胡振宇：《殷商史》，上海：上海人民出版社 2003 年版。

[55] 牟钟鉴、张践:《中国宗教通史（上册)》，北京：中国社会科学出版社 2014 年版。

[56] 刘翔:《中国传统价值观诠释学》，北京：生活·读书·新知三联书店 1996 年版。

[57]（汉）许慎撰:《说文解字（附检字)》，（清）徐铉校订，北京：中华书局 1963 年版。

[58]（汉）许慎撰:《说文解字注》，（清）段玉裁注，上海古籍出版社 1981 年版。

[59] 姚淦铭、王燕：《王国维文集·殷周制度论（第四卷)》，北京：中国文史出版社 1997 年版。

[60] 王杰：《先秦儒家政治思想论稿》，北京：人民出版社 2010 年版。

[61] 刘泽华:《中国政治思想史（先秦卷)》，杭州：浙江人民出版社 1996 年版。

[62] 李泽厚:《中国古代思想史论》，天津：天津社会科学院出版社 2008 年版。

[63] 朱熹:《四书章句集注》，北京：中华书局 2011 年版。

[64] 陆九渊:《陆九渊集》，北京：中华书局 1980 年版。

[65] 杨伯峻:《孟子译注》，北京：中华书局 2008 年版。

[66] 张岱年、方克立主编:《中国文化概论》，北京：北京师范大学出版社 2004 年版。

[67] 阮元:《揅经室集》，北京：中华书局 1993 年版。

[68] 郭沫若:《郭沫若全集（历史编第 2 卷)》，北京：人民出版社 1982 年版。

[69] 徐复观:《中国人性论史·先秦篇》，上海：华东师范大学出版

社 2005 年版。

［70］康有为：《孟子微·礼运注·中庸注》，楼宇烈整理，北京：中华书局 1987 年版。

［71］李零：《郭店楚简校读记》，北京：中国人民大学出版社 2007 年版。

［72］徐元诰撰：《国语集解》，王树民、沈长云点校，北京：中华书局 2002 年版。

［73］王杰：《儒家文化的人学视野》，北京：中共中央党校出版社 2000 年版。

［74］贺麟：《文化与人生》，上海：世纪出版集团 2011 年版。

［75］徐复观：《中国人性史论·先秦篇》，北京：九州出版社 2013 年版。

［76］唐君毅：《中国哲学原论·原性篇》，香港：新亚研究所 1974 年版。

［77］袁保新：《孟子三辨之学的历史省察与现代诠释》，台北：文津出版社 1992 年版。

［78］萧公权：《中国政治思想史》，北京：商务印书馆 2015 年版。

［79］（清）孙诒让撰：《墨子间诂》，孙启治点校，北京：中华书局 2001 年版。

［80］（清）王先慎撰：《韩非子集解》，钟哲点校，北京：中华书局 1998 年版。

［81］蒋礼鸿撰：《商君书锥指》，北京：中华书局 1986 年版。

［82］（清）郭庆藩撰：《庄子集释》，王孝鱼点校，北京：中华书局 1961 年版。

［83］（魏）王弼注：《老子道德经注校释》，楼宇烈校释，北京：中华书局 2008 年版。

［84］徐复观：《新儒家学案·向孔子的思想性格回归》，北京：中国社会科学出版社 1995 年版。

（二）期刊文章

［1］吕世荣：《义利之辨的哲学思考》，《哲学研究》1998 年第 6 期。

［2］王泽应：《义利之辨与社会主义义利观》，《道德与文明》2003年第5期。

［3］钱逊：《先秦义利之争》，《清华大学学报》1986年第2期。

［4］刘舸：《义与利的本质和目前我国义利观建设的根本原则》，《学术交流》2003年第4期。

［5］李培超：《当代中国义利之辨论析》，《湖南师范大学学报》1998年第5期。

［6］傅宗良：《先秦儒家义利论述评》，《学习与思考》1982年第4期。

［7］张国钧：《义利范畴的三层内涵》，《人文杂志》1992年第3期。

［8］皮伟兵、焦莹：《先秦儒家义利观新探》，《伦理学研究》2011年第6期。

［10］谢振锁、刘玉明：《孔孟荀义利观一致论》，《管子学刊》1996年第2期。

［11］张书印：《先秦儒墨义利观的共同点及其借鉴》，《理论探讨》1990年第5期。

［12］胡寄窗：《先秦儒家的经济思想》，《教学与研究》1963年第1期。

［13］毛园芳：《义利统一是和谐社会的价值观基础》，《理论学习》2005年第6期。

［14］李亚彬：《孔、孟、荀义利观研究》，《哲学研究》1997年第11期。

［15］王泽应：《义利关系的不同类型及其实质》，《南通大学学报（社科版）》2006年第3期。

［16］李培超：《当代中国“义利之辨”论析》，《湖南师范大学学报（社科版）》1998年第5期。

［17］张国钧：《儒道互补义利论比较》，《中国社会科学院研究生院学报》1994年第2期。

［18］陈晓龙：《先秦儒家的“义利观”及其现代意义》，《西北师范大学学报（社科版）》2001年第11期。

［19］杨树森：《论儒家义利观的历史演变及现代意义》，《社会科学

辑刊》2001 年第 2 期。

［20］卢运山：《先秦儒家义利思想对和谐社会建设的有益启示》，《理论学刊》2007 年第 8 期。

［21］胡厚宣：《殷卜辞中的上帝和王帝（上）》，《历史研究》1959 年第 9 期。

［22］陈梦家：《商代的神话与巫术》，《燕京学报》1936 年第 20 期。

［23］刘宝俊：《战国楚简“悳”字形义考辨》，《语言研究》2014 年第 1 期。

［24］刘翔：《由“德”字的本义论周代道德观念的形成》，《深圳大学学报（人文社会科学版）》1986 年第 1 期。

［25］屈万里：《仁字含义之史的观察》，《民主评论》1954 年第 23 期。

［26］李学勤：《从简帛佚籍〈五行〉谈到〈大学〉》，《孔子研究》1998 年第 3 期。

［27］梁涛：《〈大学〉早出新证》，《中国哲学史》2000 年第 3 期。

［28］张汝伦：《义利之辨的若干问题》，《伦理学研究》2010 年第 3 期。

［29］庞朴：《试析仁义内外之辨》，《文史哲》2006 年第 5 期。

［30］杨义芹：《先秦儒家伦理思想论析》，《齐鲁学刊》2009 年第 1 期。

［31］朱海林：《略论先秦诸子义利观》，《船山学刊》2005 年第 1 期。

［32］刘丰：《从郭店楚简看先秦儒家的“仁内义外”说》，《湖南大学学报（社会科学版）》2001 年第 2 期。

［33］范正刚：《“义”辨》，《江海学刊》1996 年第 5 期。

［34］周桂钿：《儒家之“义”是“杀”吗——与庞朴同志商榷》，《孔子研究》1987 年第 2 期。

后 记

《先秦儒家义利观研究》的写作是以笔者的博士论文为基础，并经过两年时间的修改而完成。时光荏苒，如白驹过隙。博士毕业后，转眼间已工作两年。看着业已修改完成的书稿，不禁会想起写作过程中的点点滴滴。从写作主题的拟定、资料的搜集到写作大纲的梳理，都凝聚着笔者写作的一个初衷，就是希望读者能够在本书的引导下对“义”与“利”这两个中国哲学理论范畴进行一个全面而深刻的认识以及思考，进而在“义利之辩”这一理论线索下对中国传统文化有一个清晰的认识，并以此为基础结合现实问题，对当下新出现的社会情状有一个新的思考路径和视角。

在《先秦儒家义利观研究》此书的写作中，笔者所面临的最大理论难题是怎样将“义”与“利”的辩证统一关系清晰地阐释出来。在广泛地搜集资料和反复的理论思考中，笔者最终选择了儒家人学的理论视域对“义”与“利”的辩证统一关系进行全方位的阐释，并尽可能地以最详尽的先秦儒家经典资料对“义”与“利”的辩证统一关系进行梳理和佐证。故而，希望读者在阅读此书时，能够以儒家人学的理论思路，以现实的“人”的理论视域对先秦儒家的义利观思想进行了解和剖析，从而对先秦儒家义利观思想的理解做到化繁为简。大道至简，此言不虚。当我们以现实的“人”的视域去分析和阐释“义”与“利”的辩证统一关系时，我们便可以清晰地看到，先秦儒家的义利观思想始终以现实的“人”为理论原点，既强调“义以为上”的伦理价值指向，也尊重现实当中的“人”的生理、情感、生活需求，从而达成了“义”与“利”的和谐统一，促成了“义”与“利”这两个理论范畴在先秦儒家思想中的平衡发展。

本书的写作还希冀读者能够以人类文明发展模式和人类社会形态兴替

的纵向思维框架去思索先秦儒家义利观思想的理论价值和历史定位。在人类漫长的文明发展进程和人类纷繁的社会形态兴替中，“道义”与“利益”是任何文明模式和社会形态不可或缺的两大元素，单线式的“道义”统摄“利益”或“利益”定义“道义”皆不是先秦儒家义利观思想的价值指向和理论定位。先秦儒家在春秋战国“礼崩乐坏”的社会动荡之中所提出的义利观思想，凝聚了现实的社会思考和文明发展方向的探索，最终确立了“道义”与“利益”的双向性互补关系，并将两者统一于“人”的价值当中，在“人”的生命历程和内在价值之中完成“道义”与“利益”的有机统一，以促进“人”的发展为理论内核，这是先秦儒家人文思想的集中体现，并为现代社会的发展提供了一个思维向度。

任何学术研究都不可能尽善尽美，一个问题的解决会引起另一个新问题的产生，一个理论视域的阐释会引起与另一个理论视域阐释的冲突或矛盾，“待完成”的状态似乎是学术研究的一个规律，本书当然也不例外。笔者会继续砥砺前行，尝试以新的理论视域完成书中未完成的任务和新出现的理论问题，同时，希望读者能够批评并指出本书的不足之处，这是对我的最好的鼓励和奖赏！

最后，看着业已完成的书稿，让我不禁想起了在中共中央党校的三年博士研究生的学习生涯。在三年的中国哲学专业学习中，我尽最大的努力夯实了自身的专业基础，并收获了终身受用的人生道理，这些离不开所有老师的教诲和同学们的帮助。

感谢我的博士生导师王杰教授，王老师一丝不苟的治学态度和循循善诱的教导方式给予我无尽的启迪。他教导我要读书但绝不能读死书，要重理论但绝不能轻现实，要重治学但绝不能轻做人。也正是在王老师的悉心指导和启迪下，使我在博士论文的写作中开阔视野、细化提纲、丰富论证，从博士论文的开题、撰写，至最后论文的修改和润色，王老师都悉心指导，在此表达对王杰教授无限的感激之情！

感谢山东社会科学院国际儒学中心的涂可国主任，您对《先秦儒家义利观研究》书稿的最后修订提出了宝贵的意见，并不辞辛苦地指导我对书稿的逻辑框架和内容调整作出了富有成效的修改。同时，是您让我在山东社会科学院的工作中找到了新的学术研究方向和学术动力，在此表达对涂可国主任的无限感恩之情！